Johann Martin von Einzing

# Abriß des heutigen Churfürstenthums Bayern

Johann Martin von Einzing

**Abriß des heutigen Churfürstenthums Bayern**

ISBN/EAN: 9783744611794

Hergestellt in Europa, USA, Kanada, Australien, Japan

Cover: Foto ©ninafisch / pixelio.de

Weitere Bücher finden Sie auf **www.hansebooks.com**

Johann Martin Max Einzingers

von Einzing

# Abriß

des

heutigen Churfürstentums

# Bajern

München

Gedruckt bey Maria Magdalena Mayrin,

verwittibten Stadtbuchdruckerinn.

1767.

Ihro
Churfürstlichen
Durchlaucht,
dem
Durchläuchtigsten,
Großmächtigsten,
Churfürsten
und
HERRN, HERRN
Maximilian Joseph
In ober- und niedern Bajern, auch der obern Pfalz Herzoge, Pfalzgrafen bey Rheine, des Heil. R. R. Erztruchsessen und Churfürsten, Landgrafen zu Leuchtenberg,

Meinem gnädigsten Churfürsten, und Herrn,

# Durchläuchtigster Churfürst, Gnädigster Herr, Herr!

Der Abriß des heutigen Churfürstentums Bajern, welchen Euer Churfl. Durchl. in tiefester Ehrfurcht zu Füssen zu legen die höchste Gnade habe, ist nichts anders als ein Schuld-verpflichtester

Zins, welchen höchstdero vollkommener Schutz von mir mit desto grösserem
Rechte fordert, je reitzender jene
Weltgepriesene Huld gewesen, mit
welcher höchstdieselben meinen bajerischen Löwen so anders, nicht wegen einiger meiner Würdigkeit, sondern weilen die von GOtt über die
Erden gesetzten Hoheiten auf gelehr-
te Bestrebungen, und auf deren Ver-
fasser gnädigst herabzusehen pflegen,
aus einem Ueberflusse höchst dero an-
gestammten Zuneigung zun Wissenschaften aufzunehmen geruhet haben.
Was könnte mir nun wohl, nachdem
die älteren und mittleren Zeiten des
großen Churfürstentums Bajern
in einen historischen Abriß vermit-

tels

tels meines bayerischen Löwens gebracht, vom größeren Reitze und Eindrucke seyn, eben dieses gesegnete Land aus dem geographischen, physikalischen und politischen Gesichtspunkte zu betrachten, als das bewunderungswürdige Beyspiel einer so großmüthigen Aufnahme? In denen zweenen Bänden des bajerischen Löwen schrieb ich nicht nur ein Verzeichniß der alten Reichsturniere und derjenigen Adelichen Geschlechter, welche denenselben in Person beygewohnet, sondern ich lieferte auch die Geschichte der alten Bajer bis auf den alten Ausgang der Mero- und Agilolfinger, ferners der Herzoge aus verschiedenen Häusern, benanntlich

lich aus dem Karolingischē, Sächsischen, Welphischen, Oesterreichischē &c. Von den Herzogen und Churfürsten aus dem Hause Wittelsbach, ließe ich mir angelegen seyn die ältesten Stammregister nicht minder als von den Vorigen anzuführen: Ich wagte mich überdieß an die Beschreibung der im ältern und mittleren Zeitlaufe entstandenen Kriegen, und Unruhen dieses Kreises, wie auch der Ansprüche und Gerechtsamen des heut glorwürdigst regierenden Durchläuchtigsten Hauses, und was sonst insgemein von einem kurzen Begriffe einer Churbajerischē Geschichtskunde erwartet wird. Von diesem historischen Abrisse einen Sprung auf gegengenwärtige Blätter zu machen, wurde mich das Bewustseyn meiner natürlichen Blödigkeit nur gar zu gewiß abgehalten haben, falls nicht theils die Ehre für tugendhafte Mitbürger eine gute Wahl der Materie getroffen zu haben, theils und hauptsächlich der so huldreich als tiefsinnig beschäftigte Anblick Euer Churfl. Durchl. ein Herz voll unterthänigster Zuversicht zu dieser Unternehmung in mir erwecket hätte. Von diesem thätigen und würkenden Gnadenfeuer ganz erhitzet und angezündet werden die Geister in mir rege um in dem Geographischen Theile vorzustellen die Lage, Benennung, Ansehen, Grösse und Gränze der Lande, so im Churbajerischen

X 5 Kreise

Kreise liegen, die Flüße und Seen, Wälder und Berge samt der besonderen Eintheilung des gedachten Churkreises. In dem Physikalischen hingegen das klima, die Beschaffenheit, die Ober- und Unterirrdische Fruchtbarkeit nebst denen Eigenschaften der Gebürge, und Thäler, Waldungen und Gehölze, wie auch die Bergwerke, Mineralien, Foßilien und andere Naturalien, ferners die Gesteine und Perlen samt den Grotten und Erdlöchern, Bädern und Gesundheitsbrunnen, endlich im Politischen, welcher aufs nächste folgen soll, die allgemeine Landesverfassung und was im̃er zu diesem Fache gerechnet wird. Und obwohlen um einen vollständigen kurzen Abriß denen beglück-

glückten Einwohnern dieses geschmük=
ten Erdreiches zu liefern, alles aus
der Topographischen Beschreibung
ins Kurze gebrachte in reiner Donau=
Mundart vorstellig zu machen in tie=
fester Devotion gesuchet, so ha=
be doch alle Schriften und Quellen
anzuzeigen, aus welchen diese kurze
Landseinsicht ist geschöpfet worden,
aus den Ursachen für unnöthig ge=
halten, theils weilen vieles der eige=
nen Erfahrniß zuzuschreiben habe,
theils weilen das übrige mit dem heu=
tigen Zustande in einem solchen Zeit=
abschnitte ohne das übereinsstimmet,
in welchem durch weiseste Verfügung
Sr. Churfl. Durchl. die Bücher und
Urschriften nicht mehr unter dem
Staube in Moder und Schimmel lie=

gen

gen; sonder nach umgestürztem Throne des Vorurtheiles und der Dumheit die Sonne der Wissenschaften über die Herzen der Churbajerischen Einwohner mit Gewinnung der völligen Oberherrschaft aufzugehen beginnet. Der schwache Schwung meiner kühnen Feder entfernet mich zwar unendlich weit von der Vermessenheit zu glauben, daß meine an Tag gegebene Arbeit zur Aufklärnug des Verstandes und zum Wachstume der schönen Wissenschaften einen unfehlbaren Einfluß haben werde: allein eine edle freymüthige Kühnheit heisset mich hoffen, daß Euer

Chur=

Churfl. Durchl. auch einen Strahl dero ersprießlichsten Hulde, deren Höchstdieselben die unter dero glorreichisten Unterstützung blühende hiesige Akademie der Wissenschaften zu würdigen pflegen, auf einen eifrigen Verehrer derselben zu werfen gnädigst geruhen werden: wozu auch noch die Pflicht kommet, das vom Himmel mir verliehene Pfund zum Besten des Nächsten und des Staates anzuwenden; die Pflicht, sage ich, welche machet, das diese zwar geringe, jedoch devotiste Aufsätze, obschon sie kein würdiges und Höchstdero erlauchtigsten Einsichten

an=

angenehmes Opfer sind, doch für ein erträgliches Unterpfand meiner unterthänigster Dankbarkeit hingehen können. Die Annehmlichkeit ist eine besondere Eigenschaft der Dinge, welche das Empfindungsreiche Gefühle rühret, selbiges belebet, aufmerksam und ein wenig tiefsinnig machet. In dem Tempel des Geschmackes, in dem Büchersaale des Tucidides, Gottscheds, Gellerts, Wolfs, Leubnitz, bey den Bildsaulen der Archimeden und der Homere finden wir die Gesätze des angenehmen, welches eben so mächtig als reitzend ist. Hier wird der Urstof des Angenehmen

von

von den unsaubern Schlacken wie Gold geschieden. Der Schöpfer Alles Angenehmen, welcher Könige herrschen heisset und Fürstenstühle setzet, erhalte, seegne und verherrliche den angenehmsten Churfürsten in Bajern, den weisesten Vater des Vaterlands, den besten Fürsten, samt dem Durchläuchtigsten Hause bis an das Ende der Zeiten. Dieser inbrünstigster Wunsch nähere sich zur höchsten Stuffe eines herrlichen Flors: der Eindruck davon, welcher mein Gedächtniß überall begleitet, wird mich allzeit so lebhaft rühren, daß ich mich noch an dem letzten Hauch mei-

meines Lebens erinnern werde, daß ich davor in ehrerbietigster Treu und tiefester Ehrfurcht ersterbe.

Euer Churfl. Durchl. in Bajern
Meines Gnädigsten Herrn,
Herrn 2c. 2c.

München den 21. Herbstmonats
1767.

Unterthänigst gehorsamster
Joh. Martin Max Einzinger
v. Einzing, JCtus, nec non actual
publ. Cæsareus & Monachii immatriculatus Notarius ac Judex Chartular.

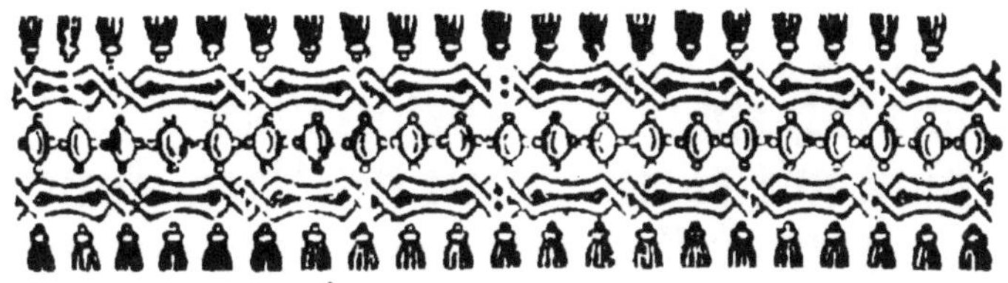

# Geographischer, Physikalischer und Politischer Abriß des heutigen Churfürstentums Bayern.

Ein jedes Land kann und soll vierfach, nämlich Geographisch, Physikalisch, Politisch und Historisch abgerissen seyn, wenn ein ganzer Landsabriß jenen Nutzen dem Leser verschaffen soll, welchen niemand, der nicht unter dem allergeringsten Haufen mithinlaufen will, entbehren kann. Wer also einen solchen vollständigen Abriß der Nach-



welt

welt zu liefern gedenket, der muß sonder Zweifel eingestehen, daß gleichwie sich eine Landsbeschreibung nicht bloß mit einem jeden heutigen Lande sondern billig mit allen angränzenden Ländern desselben beschäfftiget, den Regeln der Schreib- und Lehrart nichts gemäßer, als daß man gleich Anfangs jedes Land zu erst Geographisch entwürfet und sowohl aus dem Chorographischen oder Topographischen als aus dem Hydrographischen Gesichtspunkte kenntlich machet, ehe man schreitet desselben physikalische und politische Beschaffenheit oder Staats- Abwechslung zu beschreiben. Die eigentliche Lage eines jeden Landes nebst Flüssen, Bächern, Seen, Gebürgen, Waldungen, und Thälern rc. leidet, ausser den seltesten Begebenheiten keine Veränderung. Nach der geographischen Beschreibung, welche zu Kriegs- und Friedenzeiten denen In- und Ausländern zu Hause und auf der Reise unaussprechlichen Vortheil

theil versprichet, findet sich gleich der bequemste Platz, die Physikalisch-Oeconomische Landseigenschaft in ihrer unverfälschter Gestalt vor den Augen des Handelsmann oder des Hauswirths vorzustellen. Hierauf folget in der schönsten Ordnung die Betrachtung des heutigen politischen Zustandes. Den vierten, nämlich historischen Theil machet eine ächte Geschichtskunde aus, wozu die Zeit- und Stammregister der regierenden Häuser guten Grund legen. Den historischen Theil des Churfürstentums Bayern, welcher die Veränderungen und Geschichte der ältern und mittlern Zeiten in sich begreiffet, hab ich schon in den zweenen Banden meines Bayrischen Löwen weitläufig und gründlich auszuarbeiten mich bemühet. Ein eben so weitläufiger geographischer, physikalisch und politischer Theil davon ist ein Plan, der für meine Umstände zu groß ist als daß ich mich darzu anheischich machen sollte. Meinen guten

ten Willen soll ein kurzer Abriß des heutigen Bayerlands in etwas ersetzen. Denn es gehet doch auch allerweil in diesem Fache zu, wie bey der Optik und der Perspectiv, wo man bald das Kleine ins Große, bald das grosse ins Kleine mit beybehaltenem Verhältniße des ganzen und all ihrer Theile zubringen und dadurch dem Auge zu Hülfe zu kommen suchet. Ich schreite zum Anfange.

Des

# Des Churfürstentums Bayern

## Geographische Beschreibung.

DA nun also von Bayern die Rede, nicht aber die Meinung ist, weitläuftig wider den gefaßten Vorsatz zu handlen, so setzet man zum voraus, daß die Gränzen des alten, und heutigen Bayern ungemein weit unterschieden seyn: Das alte und neue Bayern hat fast einen ähnlichen Unterschied mit der alten und neuen Welt; denn jene heisset bekanntermassen ein Inbegrif von Europen, Asien und Afriken: Diese hingegen schliesset in ihrem Schoosse Amerikes samt den meisten sogenannten unbekannten Ländern ein. Gleichwie nun die alte um vieles grösser ist als die neue Welt; also übertrifft das alte Bayern um sehr vieles das neue. Altbayern begriff innerhalb ihrem Umfange alle bayerische Landen, so dazumahl unter einem Erzfürsten oder vielmehr unter einem Könige stunden, nämlich das jetztige Herzogtum Ober- und Nieder Bayern, Ost- oder Oesterreich, Nieder- und Ob der Ens, Karnten, Steyer, Tirol, Krain, Salzburgerland samt der Ambergischen, oder Obern-Pfalz mit ihren Anstössen. Die Einwohner dieses alten Bayerlands hatten sogar mit den Schwäbischen Landen, den Rhein unberührt, in der hochdeutschen Sprache ihre besondere Mundart, welche die Donauische hiesse. Das heutige Bayern hingegen kann entweder als einer von dem zehen Kreisen des deutschen Reichs, oder ein Erbland des jetzt-regierenden Churhauses betrachtet werden: In ihrer ersten Betrachtung begreiffet selbiges in sich die Obere Pfalz, das Ober- und Nieder Herzogtum Bayern samt dem Erzbistume Salzburg, und gränzet gegen Morgen an Oberösterreich und Böhmen, gegen

Ab-

Abend an Schwaben, gegen Mitternacht an Franken, und gegen Mittag an das tyrolerische, kärntische und andere Gebürge. Ihre Größe der Weite nach belauft sich von Suden bis Norden auf 47. und vom Untergange bis Aufgang oder der Breite nach von Osten bis Westen auf 33. deutsche Meilen, worunter nur allein das vom Hause Bayern gestifte Ertzstift Salzburg, welches in dem vor Alters sogenannten Norico, das ist, über den Innfluß lieget, in der Länge und Breite ohngefähr 18. deutsche Meilen in sich fasset. Uebrigens machen die 2. Rentämter München und Burghausen das Oberbayern, die 2. Rentämter Landshut und Straubing das Unter- oder Niederbayern aus. auf der Erdkugel kommet Bayern von Mitternacht gegen Mittag fast zwischen den 48ten und 50ten Grad einschlüßlich, vom Aufgang aber gegen Niedergang zwischen den 31ten und 34ten Grad, wie in der Sauterischen Landkarten zu ersehen. Die Längen und Breiten einiger der fürnemsten und bekantesten Oerter in Bayern sind folgende: Amberg z. E.

| | Länge. | | Kürze | |
|---|---|---|---|---|
| | Gr. | Min. | Gr. | Min. |
| Amberg. | 33. | 54. | 49. | 29. |
| Freysing. | 36. | 45. | 48. | 24. |
| Ingolstadt. | 34. | 23. | 48. | 40. |

| | | | | |
|---|---|---|---|---|
| Landshut. | 31. | 8. | 42. | 28. |
| München. | 34. | 32. | 48. | 58. |
| Neuburg Bayr. | 34. | 7. | 48. | 39. |
| Neuburg Pfälz | 33. | 17. | 49. | 22. |
| Paßau. | 36. | 40. | 48. | 30. |
| Regenspurg. | 35. | 2. | 48. | 49. |
| Salzburg. | 36. | 26. | 47. | 44. |
| Straubing. | 35. | 34. | 48. | 49. |
| Schneeberg. | 35. | 22. | 50. | 38. |

Die fürnemsten und gebrauchlichsten Strassen sind von München gegen Nürnberg 24. Meilen. Gegen Salzburg 8. M. Gegen Augspurg 9. M. Nach Regenspurg 18. M. Von Regenspurg gegen Augspurg 18. M. Gegen Prag 28. M. Auf Leipzig 37½. M. Auf Landshut 10. M. Auf Nürnberg 12. M. Von Freysing auf Passau 17½ M. Auf Landshut 5. M. Auf Augspurg 7. M. Von Ingolstadt nach Augspurg 9. M. Nach Amberg 11. M. Von Landshut auf Regenspurg 10. M. Auf Nürnberg 18. M. Auf Salzburg 15. M. Von Landsperg auf Insprug 13. M. Auf Augspurg 4. M. Von Passau auf Linz 11. M. Das mehrere zeiget anliegende Tabel.

In ihrer zweyten Betrachtung hingegen, um dasjenige, was das heut regierende Haus des Bayern in diesem Kreise besitzet, von

ß.
att.
ttingen.
Osterhor

| 16 | Pfaff | |
|---|---|---|
| 22 | 7 | N |
| 15 | 19 | 26 |
| 6 | 20 | 26 |
| 6 | 12 | 17 |
| 25 | 13 | 15 |
| 2 | 10 | 13 |
| 8 | 3 | 4 |
| 23 | 8 | 1 |
| 3 | 16 | 22 |
| 24 | 12 | 15 |
| 3 | 11 | 17 |
| 23 | 10 | 3 |

von dem übrigen abzusöndern, so ist vorläufig zu erinnern, daß das heutige Herzogtum Bayern verschiedene unmittelbare Glieder des Reichs, die von ihren Gränzen eigentlich ganz umgeben sind, als wie ein geschlossenes Land in sich fasset: als das Bistum Regenspurg, das Bistum Freysing samt ihrer Grafschaft Werthenfels, Eschenlohe, die Abbteyen Kaisersheim und St. Emeram, die Stifter Ober- und Niedermünster, nebst dem ehemaligen Reichsstand Kloster Roth, die Grafschaften Ortenburg und Haag, in soweit letztere zu Lehen vom Kaiser genommen worden, die Herrschaften Stauf, und Ehrenfels, Maxelrhain, Alt- und Neu-Frauenhofen samt der Stadt Regenspurg nebst andern Graf- und Herrschaften, so alle nach und nach dem jetzt regierenden Wittelspachischen Hause als Landsherrn zugefallen, worunter folgende sind, Phalley, Libenau, Laber und Sintzing, Bogen, Grünbach, Wasserburg und Hall, Neuberg, Pümberg, Schärding, Dachau, Mospurg, Burghausen ꝛc. Denn was dem Abbten zu Kaisersheim wegen seiner ohnweit Neuburg an der Donau und der Stadt Donauwerth gelegenen Abbtey und Kloster anbelanget, so ist im Jahre 1758. den 22. Juni bey dem bayrischen Kreisschluße im Dominicaner Kloster zu Regenspurg ausgegefallen, daß die Abbtey Kaisersheim für einen Bayerischen Kreisstand, weilen es daselbst seinen Grund und Boden liegend habe, zu achten sey. Zum Rentamte München wird auch noch ferners gerechnet, was über den Lech, der Sinkel und der Wertag dem regierenden Hause zugehörig: als da sind Wiesensteig, Dürnau, Hameltshausen, Mindelheim, Hochenschwangau, Donauwert, Werttingen, Wemding rc. Daß also das Land, so heut zu Tag eigentlich das Herzogthum Bayern heisset, an Salzburg, Berchtolsgaden, Passau, wie auch an Oberösterreich, Tyrol, ingleichen an Schwaben, Pfalzneuburg, Oberpfalz, und an Böhmen derjenigen in Bayerischen Wald getroffenen Ausmarchung zur Folge, welche bey letzthin unter Direction Ihrer Excellenz Baron von Ickstatt Churfürstlich geheimen Rath gehaltenen Commißion ist beliebet worden, anstosset und in der Breite 21. in der Länge 36. im ganzen Umkreise aber 100. deutschen Meilen bey nahe enthält. Anerwogen das Erzbistum Salzburg, und das Bistum Passau samt der gefürsteten Probstey Berchtolsgaden selbst der Lage nach von dem heutigen Herzogtume Bayern so unterschieden sind, daß von diesem nur ein Theil diese geistliche Länder berühret. In der Alten Pfalz (denn Pfalz-Neuburg heisset die Junge) in

der

der alten Pfalz, sage ich, welche zwischen Franken und Böhmen lieget, anbey auch noch über der Donau an Obern- und Niedern Bayern stosset, gehöret alles dem Hause Bayern, ausgenommen die Pfälzischen Herzogtümer Neuburg und Sulzbach, wie auch, die dem Fürsten vom Lobkowitz zugehörige gefürstete Grafschaft Sternstein; Massen die uralte Landgrafschaft Leuchtenberg, und die Grafschaft Wolfstein, wegen welcher zwischen Bayern und dem Hohenloischen Hause Stritt war nach Abgang ihrer Herren, nicht minder als Cham, Heydeck, Rothenberg, Braiteneck, Ober-Sulzbürg und Pyrnbaum, wie auch das angränzende Landgericht Hirschberg, welches obgedachter Freyherr Excellenz dem Churhause Bayern gewonnen, denen Churfürsten aus Bayern zu Theile geworden. Der Probst zu Rhemsee, und der Abbt zu Waldsassen, welche noch im Jahre 1532. unter den unmittelbaren Reichsgliedern stunden, erkennen auch heut zu Tage die Lands-Oberherrlichkeit des Churhauses Bayern: Die Ambergische Regierung in der Obern-Pfalz uneingerechnet, bestehet das Oberbayern aus denen Regierungen München und Burghausen, das Niederbayern aber aus denen Regierungen Laudshut und Straubing, von welcher Eintheilung, und Ver-

fassung

fassung das mehrere unten in der politi-
schen Landbeschreibung folgen wird. Die Grösse des Landes und die Zahl der Einwehner ist noch nicht allerdings bestimmet. Vermög einer auf dem Landtage 1669. angestellten Untersuchung soll die Anzahl sich folgendermassen verhalten. 4. Hauptregierungen: 35. Städte. 94. Theils offene, theils geschlossene Märckte. 8. Stifter. 75. Klöster. 4720. Schlösser und Edelmannssitze: 1478. Dörfer. 28709. Kirchen. 3361200 Einwohner. Ja in München allein rechnet man 40000. Seelen; und die Zahl der Edelleute in ganzen Lande soll sich auf 6000. belaufen. Die Städte heissen also: Abensberg, Aicha, Burghausen, Braunau, Deckendorf, Dinglfing, Dietfurt, Erting, Filhofen, Friedberg, Furt, Gravenau, Ingolstadt, Kelheim, Landsberg, Landshut, Landau, München, Mospurg, Neustadt, Oettingen, Osterhofen, Pfaffenhofen, Rain, Reichenhall, Schärding, Straubing, Sch[illegible] Stadt am Hof, Schrobenhausen, Donauwert, Trainstein, Weilheim, Wasserburg, Wemding. Wenn Pfaltz und Bayern aber zusammen genommen werden, so entstehet folgende Rechnung. 5. Hauptregierungen. Städte bey 50. Märkte über 100. [illegible]sehnliche Klöster und Prälaturen. 86. Collegiat- oder Chorstifter. 13. Rural-Deca-

na-

naten oder Capiteln. 71. Pfarrereyen bey 1500. Vicariat-Filial uno Sacellen bey 2000. Kirchen auf dem Land 28709. Land- und Pfleggerichter 126. Schlösser, Hofmarch und adeliche Sitze 1500. Dörfer, Weyler und Einödden 12000. Schifreiche Flüsse. 5. Andere Wässer, so Namen haben 1270. Grosse Seen 16. Kleine Seen 160. Fischweiher 1350. Grosse Gebürge und Gehöltze 720. Grosse Förſt und Wälder 360. Beamte, so das ganze Land zu verwalten haben 3871. Die Städte der Obern Pfalz sind folgende: Amberg. Aurbach, Bernau, Eschenbach, Gravenwert, Freyenstadt, Hirschau, Kemnat, Nabburg, Neuburg vorm Wald, Neumark, Kötz, Waldmünchen, Tirschenreit, Pfreimdt.

Die Märkte in denen Rentämtern Bayerlands sind folgende: Altmanstein, Essing, Ror, Ainling, Altomünster, Inchenhofen, Küebach, Aibling, Dachau, Pruck, Haag, Kösching, Diessen, Mainburg, Hochenwart, Geisenfeld, Pöttmes, Riedenburg, Neupeuern, Rosenheim, Schwaben, Gräfing, Tölz, Türkheim, Gaimersheim, Pföring, Sigenburg, Vohburg, Wolfertshausen, Holzkirchen, Wartenberg, Eberspeunt, Vilsbiburg, Velden, Reispach, Dorfen, Eggenfelden, Gern, Würmannsquick, Eckmühl, Gäukofen, Mä-

sing

fing, Geisenhausen, Chöstlarn, Griesbach Minster, Hals, Geiselhöring, Pfaffenberg, Euchendorf, Simpach, Au, Nandelstatt, Wolnzach, Plädling, Neumarkt, Rottenburg, Pfäffenhausen, Erbspach, Frontenhausen, Gerzen, Pilzsting, Teispach, Pleinting, Tütling, Abach, Pfeter, Lankwat, Schierling, Kötzting, Falkenstein, Pogen, Eschlkam, Neukirchen, Viechtag, Ruemannsfelden, Hengersperg, Hofkirchen, Schönberg, Regen, Zwisel, Wünzer, Crayburg, Friburg, Mauerkirchen, Althaim, Märkhl, Tüßling, Aurolzmünster, Riedt, Altenmarkt, Trospurge In der Obern Pfalz befinden sich folgende Märkte: Hainpach, Schnaitpach, Culmain, Pressat, Waldeck, Viechtag, Schwarzenfeld, Neukirchen, Schwarzhofen, Lauterhofen, Pruck Rieden, Sulzbürg, Pyrnbaum, Schnaitach, Turmdorf, Eslarn, Moßbach, Tumpach, Conersreit, Falkenberg, Mitterteich, Neuhaus, Peitl, Nittenau, Roting.

Ansehnliche Klöster, werden in Bayern und in der Obern Pfalz gezehlet 86. als Altaich, das niedere, Abbt der Benedictiner.
Altaich das obere, Abbt der Benedictiner.
Allerspach, Abbt der Cistercienser.
Altenhochenau, Priorin der Dominicanerin.
Altomünster, Abbtißin der Brigittinerinen.

Alt-

Altmilmünster, Comenthur Johanniter-oder Malthesers Ordens.

Ander, sonst Heil. Berg, Abbt der Benedictiner.

Anger in München, Abbtißinn der Clarißinen.

Aspach, Abbt der Benedictiner.

Attl, Abbt der Benedictiner.

Au, Probst der regulirten Chorherrn.

Beyharting, Probst der regulirtē Chorherrn

Beyrberg, Probst der regulirten Chorherrn

Benedictbayern, Abbt der Benedictiner.

Bernried, Probst der regulirten Chorherrn

Biburg, Rector der Jesuiten.

Blumenthal, Commenthur deutsch Ordens Ritter.

Castell, Rector der Jesuiten.

Chiemsee - Frauenwert, Abbtißinn der Benedictinerinen.

Chiemsee-Herrenwert, Probst der regulirten Chorherrn.

Dietramzell, Probst der regulirten Chorherrn

Diessen, Probst der regulirten Chorherrn.

Ebersperg, Rector der Jesuiten.

Endorf, Abbt der Benedictiner.

Etall, Abbt der Benedictiner.

Fürstenfeld, Abbt der Cistercienser.

Fürstenzell, Abbt der Cistercienser.

Gars, Probst der regulirtenChorherrn.

Geisenfeld, Abbtißinn der Benedictinerinen.

Gnadenberg, Superiorinn Mariä Heimsuchung in München.

Gotteszell, Abbt der Cistercienser.
Heil. Creutz in Donauwert, Abbt der Benedictiner.
Hochenwart, Abbtißinn der Benedictinerinē.
Inderstorf, Probst der regulirten Chorherren
Kaisersheim, Abbt der Cistercienser.
Kücpach, Abbtißinn der Benedictinerinen.
Malerstorf, Abbt der Benedictiner.
St. Mang bey Regenspurg, Probst der regulirten Chorherren.
Methen, Abbt der Benedictiner
Michlfeld, Abbt der Benedictiner.
Münchsmünster, der Jesuiten.
Neustift, Abbt der Prämonstratenser.
St. Nikla ober Passau, Probst der regulirten Chorherren.
Osterhofen, Abbt der Prämonstratenser.
St. Oswald, Probst der regul. Chorherren.
Baumburg, Probst der regulirten Chorher.
Päring, Benedictiner Ordens.
Polling, Probst der regulirten Chorherren.
Priffing, Abbt der Benedictiner.
Prüel, Prior Carthaus.
Raittenhaßlach, Abbt der Cistercienser.
Ranshofen, Probst der regulirten Chorher.
Reichenbach, Abbt der Benedictiner.
Reichersperg, Proßt der regulirten Chorher.
Reitberg, Oberinn der Franciscanerinen.
Rinchnach, einverleibt nach Niederaltaich.
Ror, Probst der regulirten Chorherren.

Rott

Rott, Abbt der Benedictiner.
Rottenbuch, Probst der regulirten Chorherren.
St. Salvator, Abbt der Prämonstratenser.
Schefftlarn, Abbt der Prämonstratenser.
Scheuern, Abbt der Benedictiner.
Schlechdorf, Probst der regulierten Chorherren.
Schönefeld, Abbtißinn der Cistercienserinen.
Schönthal, Oberer der Augustiner.
Seligpforten, Abbtißinn der Cisterciensersinnen.
Selingthal, Abbtißinn der Cisterciensersinnen.
Seon, Abbt der Benedictiner.
Speinshart, Abbt der Prämonstratenser.
Staingaden, Abbt der Prämonstratenser.
Suben, Probst der regulierten Chorherren.
Tegernsee, Abbt der Benedictiner.
Thierhaupten, Abbt der Benedictiner.
Varnpach, Abbt der Benedictiner.
Viechpach, Priorinn der Augustinerinnen.
St. Veit, Abbt der Benedictiner.
Unser Frauenzell, Abbt der Benedictiner.
Walderpach, Abbt der Benedictiner.
Waldsachsen, Abbt der Cisterciensr.
Weiern, Probst der regulirten Chorherren.
Weichenstefen, Abbt der Benedictiner.
Weissenohe, Abbt der Benedictiner.
Weltenburg, Abbt der Benedictiner.
Wessenbrunn, Abbt der Benedictiner.

Windperg, Abbt der Prämonstratenser.
St. Zenno, Probst der regulierten Chorherren.

Ohne die Klöster und die sogenannten Mendikanten in Städten und Märkten, deren Anzahl weder an Größe, noch an Gelehrsamkeit, Eifer und Seelensorge denen ersteren nachgiebet.

Collegiat- oder Chor-Stifter sind folgende.

Altenötting.
Eßing.
Habach.
Illmünster.
Landshut.
Mattigkofen.
München.
Petersberg.
Pfaffenmünster.
Schliers.
Straubing.
Vilshoven.
St. Wolfgang.

Die bekanntesten Seen sind folgende. Abbtsee, Abersee, beede in Salzburgerischen: Ammersee, im Gericht Weilheim. Asee, gleichfalls in Weilheim. Bernsee, in Hohenaschau: Chiembsee, im Gericht Cling. Cochlsee im Gericht Weilham. Daubensee,

see, einer in Berchtolsgaden, der andere in Traunstain. Delbsee, im Gericht Tölz. Dumb in Reichenhall. Forchensee, einer in Berchtolsgaden, der andere in Traunstein. Goldensee in Neustatt. Grubsee in Landsberg. Helgersee in Salzburg, wie auch Hintersee. Illsee in Landsberg. Kansee in Hengersperg. Karpfsee in Weilheim, Obersee in Berchtolsgaden. Ostersee in Weilheim. Pelsee in Cling, wie auch Puechsee. Ramsee in Weilham, wie auch Riechsee, und Rinksee. Ritzsee in Wasserburg. Rorsee in Weilheim, R. Winkl in Cling. Schliersee in Hohenwaldeck. Siinsee in Rosenheim. Stafflsee in Weilheim. Stumpfsee in Hochenwaldeck. Tegernsee in Wolferzhausen. Untersee in Weilheim. Ursee in Salzburg. Walchensee in Weilheim. Walersee in Salzburg. Weitsee in Traunstein. Wolfsee in Wolferzhausen. Würmsee in Starnberg. Mattsee in Salzburg. Zellersee in Salzburg.

Die fürnemsten Wälder sind folgende: Abbiswald in Salzburg. Achenwald in Tölz. Aichelohe in Wolferzhausen. Amseln in Ried. Birschwald in Rauchlöschberg. Dornach in Erding, Dürnperg in Crantsperg. Dürnbuch in Vohburg. Ertelmos im Ried. Eslwald in Mörmosen. Frikerau in Salzburg. Greven in Pfarkirchen, Haungschaid in Rottenburg. Hienerloch in Wolferzhausen. Hirschperg in Miterfels. Hönhart in Friedburg und Ried. Honhaimer in Kehlheim. Im Esel in Wemding. Im Kirnthal in Mauerkirchen. Im Spismol in Fridburg. Krenwalt in Fridburg. Langwalt in Regen. Lichtenthan in Salzburg. Neuburger in dem Hr. Neuburg. Oettingen in Oetting. Parsperg in Starnberg. Pfreimtsch in Treswitz. Pirschwald in Schongau. Priel in Freising. Rafach in Neuburg. Roßbach in Kötzting. Sachran in Hochaschau. Salach in Neumarkt in der Pfalz. Schwebel in Thonaustauff. Stainperg in Grießbach. Stauffer in Donaustauf. Veilnvorst in Pfaffenhofen, wie auch der Vernbacher. Voglsang in Dinglfing. Voglwald in Salzburg. Weilhart in Braunau. Wildenman in Pfaffenhofen. Winklau in Kehlheim. Wurzer in Kirchberg.

Die Berge, so vor anderen bekannt sind. Aettwa im Regen: Am Miesing in Traunstein. Am Milstain in Salzburg. Am Selbleck in Reichenhall. Bognhorn in Reichenhall. Braitenstain in Aibling. Braut in Tölz. Brunstein in Marqvartstein,

wie

Wie auch Campen. Cramer in Werdenfels. Creizeck in Wolferzhausen. Dischberg in Kötzing. Eckh, einer in Tölz, der andere in Marquartstein. Eißpach in Rosenheim. Faistenberg in Bernstein. Falkenberg in Tölz. Falkenstein, einer in Salzburg, der andere in Berchtolsgaden. Fiechtlberg in der Pfalz. Gaisberg in Salzburg, wie auch Geling. Gramansperg in Tölz. Grimperg in Hochwaldeck, wie auch Gwatenstein. Hallerberg in Reichenhall. Harlachberg in Viechtag. Haselthal in Weilheim. Haunsperg in Salzburg. Heiperg in Reichenhall. Hirschberg in Kötzing einer, der andere in Zwisel, der dritte in Wolferzhausen. Hirschbichl in Berchtolsgaden. Hochenärl in Tölz. Hochenau in Landssperg. Hochriß in Rosenheim; In Köchlen in Weilheim. Jochel in Hohenaschau. Keidersperg in Kötzting. Keßlberg in Weilheim, wie auch Kienperg. Kinigsberg in Kötzting. Königsberg in Berchtolsgaden. Köplsberg in Kötzting. Közn in Tölz. Kofel in Weilheim. Kuefluchte in Werdenfels. Kuglberg in Reichenhall. Langen in Weilheim. Lattenperg in Reichenhall. Luegstain in Aurburg. Lusen in Bernstein. Lysen in Passau. Milknöbl in Berchtolsgaden. Milkopf in Landsberg. Ochstain in Salzburg.

Paingarten in Hochwaldeck. Plaichen in Landsperg. Planberg in Tölz. Plesberg in Kötzting. Poden in Wolferzhausen. Pricklstein in Weilheim. Puechberg in Salzburg. Rabeneck in Rosenheim. Rabenpalf in Reichenhall. Rächl in Bernstein. Ranperg in Wolferzhausen. Rauschberg in Reichenhall, wie auch Reiteralbm. Retenstein in Wolferzhausen. Reuterwinkl in Marquartstein. Ridl in Aurburg. Rinkperg in Wolferzhausen. Risenberg in Hochenwaldeck. Rörlstain in Tölz, wie auch der Romstain. Rossersperg in Rosenheim. Rot in Naternberg. Rotlach in Rosenheim. Rotwant in Hochwaldeck. Rumansperg in Marquartstein. St. Blaß in Griesbach. Schafberg einer in Weilheim, der andere in Schärding. Schergen in Weilheim, wie auch Schimperspitz. Schönberg in Tölz. Schwarzenbacher[illegible] in Berchtolsgaden. Schwerzenberg in Neuburg. Setzperg in Wolferzhausen. Siglfeld in Aurburg. Silberberg in Viechtag. Simblberg in Wolferzhausen. S[illegible]horn in Reichenhall. Speibnkäs in Tölz. Spitzing in Hochenwaldeck. Spitzberg in Cham. Stainberg in Passau. Stauffen in Salzburg. Stirnberg in Kötzing. St[illegible] in Tölz. Stafflberg in Landsberg. S[illegible] in Marquartstein. Sulzberg in T[illegible]

ner,

ner, der andere in Aibling. Tannperg in Salzburg, wie auch der Teißnberg. Teulsperg in Neumark. Tiergart in Salzburg, wie auch der Tratperg. Trauchberg in Landsperg. Tufftenberg in Wolferzhausen. Veldalben in Marquartstein. Velspach in Tölz. Vern in Aicha. Vilzmoß in Zwisel. Unterberg in Aurburg. Untersperg in Salzburg, wie auch Ursperg. Walwer in Wolferzhausen. Watzman in Berchtolsgaden. Weitalm in Marquartstein. Wendlstein in Aibling einer, der andere in Salzburg. Wexl in Marquartstein. Wicklalm in Aurburg, wie auch Zidlmos. Wiltfeier in Landsperg. Wurzen in Reichenhall.

Das Bayerland wird über dieß mit fünf schifreichen Wässern, der Donau, dem Inn, dem Lech, der Salza und Iser bereichet. Wozu auch einige die Loysach rechnen nebst 1270. geringen Flüssen. Die bekanntesten Flüsse und Bächer sind folgende. Abens. Ach. Acha. Achen. Aha. Ainpach. Aiterach. Albnbach. Altmühl. Altpach. Alza. Ambs. Amper. Antissen. Arzbach. Aschach. Attl. Aupach. Aurpach. Auschbach. Aussersiainp. Biberschwell. Bina. Camp. Clampach. Clingenbach. Creusn. Diestobel. Dießbach. Diessenbach. Dorfen. Dürnach. Ebrach. Eisenbach. Eglfing. Enzpach. Erzenpach.

pach. Erzmos. Feilnbach. Fenzenbach. Flamz. Flintschbach. Fünster. Gaisach. Gensbach. Glon. Goldach. Greben. Gretenbach. Grienpach. Großlaber. Gürten. Haferspach. Hagerbach. Haidbach. Haslbach. Himelmos. Hirschbach. Hopfenbach. Jenbach. Jlach. Jlm. Jlmenspach. Jlmus. Jlz. Jm Baurpach. Jsen. Kalt. Kaltbach. Kaltseskirch. Katzbach. Keidersbach. Ketzenpach. Kiferpach. Klassenbach. Klainlaber. Kolbach. Kuchepach. K. Vilslaber. Ladesenbach. Laim. Lanquit. Lauffenbach. Lautrach. Lech. Lepach. Leutzna. Lue. Maisach. Maisenbach. Manquald. Marbach. Mattich. Metnach. Michlpach. Mosach. Müetnach. Mülbach. Mura. Nab. Nierbach. Obernach. Oelpach. Oschn. Otten. Pamer. Par. Pebrach. Pfeter. Pommer Praun. Prien. Puechpach. Rab. Raisach. Regen. Retenpach. Retepach. Rinchnach. Riß. Rot. Ro[illegible] Rothahen. Rotlpach. Rott. Sach[illegible] Särching. Sala Salza. St. Joha[illegible] Schaftnbach. Schierla. Schmicha. Sch[illegible]pach. Schwabenbach. Schwal. S[illegible]zach. Schwarzenbach. Schwarzloser. [illegible] Schwarzbach. Schwarzregen. Schw[illegible] Schwerzenberg. Schwerzbach. Sempt. [illegible]pach. Sicherpach. Simb. Simpach. [illegible]pach. Stainpach. Starzell. Step[illegible] Strogen. Sulz. Sulzpach. S[illegible]

[illegible]

manspach. Tanspach. Tarn. Taschepach. Taukhel. Teisnach. Teufelbach. Tirckhen. Traitnpach. Traun. Valdep. Velspach. Vils. Vischbach. Usel. Walchen. Waldnab. Warmpestrich. Weierpach. Weilacha. Weisbach. Weissag. Weisachen. Weisloser. Weisregen. Wentpach. Wertach. Wilfetzbach. Wochenbach. Würm. Jetenpach. Zeitlbach.

Dieses wird auch auf den Bayerischen Landkarten zu sehen seyn. Die älteste ist die sogenannte Apianische Karte. Die Sauterischen Landkarten sind zwar sehr bekannt, die Homänischen aber werden jenen noch vorgezogen. Allein da beyderseits die ächte Mittagslinie manquirte, so hat die hiesige Churbayerische Akademie letzhin durch eine auf den rechten Meridian abgefaßte Landkarten diesen Fehler zu verbessern gesuchet. Ja wir haben noch was bessers, richtigers und vollständigers zu hoffen, sobald der berühmte Landmesser Mischel mit seiner allbereits angefangener trigonometrischer Landsmessung wird fertig geworden seyn.

Gleichwie aber die Absicht ganz und gar nichts ist, den ganzen bayerischen Kreis zu beschreiben, sondern nur die Landen des jetzt regierenden Churhauses Bayern, so kann

das

das Ertzstift Salzburg und ein grosser Theil von der Obern Pfaltz völlig übergangen werden, nämlich die junge Pfalz: Hier ist zu erinneren, daß man von der Obern Pfalz keinen richtigen Begriff sich zu machen vermag, falls man nicht die im 6ten Jahrhunderte zu Stand gekommene Eintheilung der Obern Pfaltz in die alte und junge, deren jene dem jetzt regierenden Churhause Bayern, diese aber einer Pfalzneuburg-Sulzbachischen Linie, einfolglich dem jetzigen Churfürsten von der Untern Pfaltz zugehöret. Diese junge Pfaltz, so sich in die Westliche und Ostliche abtheilet, grenzet gegen Ost an die böhmischen pragenser und pilser Kreisen gegen West an die Obere Pfaltz, gegen Sud an Nieder Bayern, nämlich an das straubingerische Rentamt und an das regenspurgerische Gebieth, gegen Nord aber an Franken und wieder an Böhmen. Ihre Aemter sind folgende: Gundlfing, Lauingen, Höchstätt, Barsagel, Constein Graispach, Monheim, Neuburg, Purkheim, Ranerzhofen, Tatenhausen, Reicherzhofen, Hemau, Pointen, Laber, Berezhausen, Luppurg, Velburg, Regenstauf, Burglengenfeld, Haimsacker, Schwandorf, Haideck, Hilpolstein Allersperg, Sulzbach, Parkstein, Weiden, Flos, Vohenstrauß, Pleystain, Ehrenfels, Helfenberg. Unter diesen 29. Aemtern der

Jungpfalz sind die berühmtesten Oerter, Neuburg, Monheim, Sulzbach, Weiden, Regenstauf, Höchstätt, Hemau. etc. Die alte Pfalz hingegen, welche Churbayern zugehört, gränzet gegen Ost an die junge Pfalz, gegen West und gegen Nord an die fränkische Nachbarschaft, gegen Mittag an Niederbayern und kann in dem westlichen, südlichen und nordlichen Theil betrachtet werden. Sie enthalt in sich 23. Aemter, die also lauten: Amberg, Aurbach, Bernau, Eschenbach und Gravenwert, Freidenberg, Freystadt, Hartenstam, Hirschau, Kemnat, Waldeck, und Preßat, Murach, Neuburg, Neumark, Nittenau oder Wetterfeld, Pfaffenhofen und Haimburg, Podenwehr, Pruck Rieden, Röz, Rotenberg, Salern und Zeitlarn, Sulzbürg und Pirnbaum, Turndorf und Holnberg, Treswitz und Tennensperg, Tumpach, Viechtelberg, Waldmünchen, Waldsassen und Tirschenreit, Wetterfeld und Nabburg.

Das Ertzbistum Salzburg, welchem der mitten durchhin fliessende Salzafluß seinen Namen gibet, gränzet gegen Ost an Obersteyermark, und an Oberösterreich, gegen West an Tyrol, gegen Sud ebenfalls an einen Theil der gefürsteten Grafschaft Tyrol und an Oberkahrnten, und endlich gegen

Nord

Nord an Bayern: ihre Breite von Morgen gegen Abend belaufet sich auf 24. deutsche Meile aufs höchste, ihre Länge aber von Mittag gegen Mitternacht auf 17. Meilen, die gefürstete Probstey Berchtolsgaden mit eingeschlossen. Die vornemsten Oerter in diesem Erzbistume sind Salzburg, Dittmaning, Werfen, Hallein, Laufen, Rastadt ꝛc. Wie sehr dieses Land vor der allzumilden im Tefferrnkerthall an den tyrolischen Gränzen im Jahre 1684. unternommenen Verfolgung der über 20000. Unterthanen, so für lutherische Glaubensgenossene sind befunden worden, bevölkert ware, ist um desto mehr zu erachten, weilen dieß Land, obschon sonst gar bergigt, nicht nur an vielen nutzlichen Sachen, als an Viehzucht und Fischen fruchtbar und zimlich wohl angebauet, absonderlich vor der letzteren Auswanderung der über 20000. Menschen, sondern auch an Silber, Kupfer, Eisen, und anderen Mineralien reich ist, auch darinn viel Salz gesotten wird. Dieß ganze Salzburgerland bestehet aus 40. Aemtern, deren einige Land, andere Pfleg- und wieder andere Richterämter heissen: Es sind folgende. Abbtenau, Althenthan, Bischofhofen, Dietmanning, Fugen, [illegible]stein, Glaneck, Großarl, Golling, H[illegible], Halnburg, Haus, Hüttenstein, Lau[illegible], Lengberg, Liechtenberg, Lofer, Liechten[illegible]

Ma[illegible]

Mattsee, Mautterndorf, Mittersil, Moßheim, Müldorf Neuhaus, Raschenberg, Rattstatt, Rauris, St. Johannes, Soldeck, Stall, Stauffeneck, Straswalchen, Taxenberg, Tetlheim, Wartenfels, Werfen, Windisch Matterey, Ytter, Zell in Pinzgöw, Zell im Zillerthall. Der Erzbischof davon ist in weltlich- und Geistlichen Sachen regierender Herr: Die in diesem Erzstifte unterhalb der Hauptstadt Salzburg gelegene gefürstete Probstey Berchtolsgaden hat auch ihren eigenen Herrn, so ein Abbt und unmittelbarer Reichsstand ist: ihr Gebieth ist zwar klein, jedoch einträglich. Ihre vornemste Oerter sind Berchtolsgaden, Schollnberg, und St Bartholome. Diese Probstey hat weder Land- oder Pfleg- noch Richterämter, sondern Gnadschaften, als da sind Awer, Bischofwiser, Königseer, Rambsauer, Salzberger, Schönauer, Schwarzer; hierinnen sind auch gute Salzbergwerke anzutreffen.

Das freye Bistum Passau, so im Herzogtume Bayern, und zwar zwischen Niederbayern, Oberösterreich, Salzburg und Böhmen lieget, auch in ihrem Bezirck eben nicht groß ist, zählet bischöfliche Aemter und Oerter, wie folgen: Fürsteneck, Hafnerzell, Leoprechting, Neuburg

Ob-

Oberhaus, Obernberg, Ridenburg, Riechtenstein Waldkirchen, Wegschaid, Wolfstein. Sonst besitzet auch der Bischof zu Passau, so ein unmittelbarer Reichsstand ist, und in geistlichen Sachen dem Apostolischen Stuhl unmittelbar unterworfen, auch in Oesterreich vortrefliche Güter, haltet aber seine Residenz in der Stadt Passau; seinem Residenzschloße fehlet es weder an Pracht noch Bequemlichkeit; ja die durch den Donau und Innfluß in drey Städte abgetheilte Stadt Passau ist nicht nur der Lage nach angenehm, und sehr wohl gebauet, sondern hat auch eine solche umliegende Gegend, welche alles in Uberfluß darreichet, was zum Lebens Unterhalt nöthig ist. Zur Ausgang der Stadt vereinigen sich der Inn- und Ilzstrom mit der Donau. Das um den Iserflus in Oberbayern herumliegende, und von Oberbayerischen Herrschaften umgebene Bistum Freysing ist ein unmittelbarer Reichsstand, hat in Bayern Freysing, Arching, Isen, Burkrhain, Werdenfels, Germischgau, Partenkirchen, Mittewald: in Oesterreich Enzersdorf, Hollenburg, Almerfeld, und Waldhofen: in Krain Bischofslack ꝛc. Das Niederbayern um die Stadt Regenspurg herumliegende freye Bistum Regenspurg, hat in obgedachter Reichsstadt ihre Bischöfliche Residenz, sonst aber in Bayern Wörth,

Do-

Donaustauf, Bertenstein, die Vogtey und Gerichte zu Volden, Ebersbrunn ꝛc. und Hochenburg in der Obernpfalz, in Oesterreich hingegen Pechlarn im Viertel Oberwienerwald zwischen Ips und Melck am Fläßlin Erlebach. Die in der Obern Pfalz um den Naabfluß gelegene gefürstete Grafschaft Sternstein hat einen kleinen Bezirck, worinnen Neustatt, Sternstein, Schönsee, Waldau und Waldthurn liegen. Die in Niederbayern zwischen dem Inn- Donau- und Vilsfluße gelegene Grafschaft Ortenburg hält in sich Alt- und Neuortenburg als die Residenz nebst einigen andern Dorfschaften und Gütern: Diese Grafen besitzen auch die Herrschaft Neideck, wo die von Anzenkirchen das Schenkenamt bekleideten, nebst anderen Gütern. Die zwischen der Naabe, und dem Sulz, auch der Altmühl in der Obern Pfalz gelegene Reichsherrschaft Breiteneck bestehet aus 5. Aemtern als Breiteneck, Freystädl, Helfenberg, Hohenfels und Hollstein,

Hierzu gehört auch die freye Reichsstadt Regenspurg nebst Sanct. Emmeram, Ober- und Niedermünster. Diese ehemalige Residenzstadt der Bayrischen Könige hat ihren Namen von dem schönen Fluße Regen, welcher in dem böhmischen Gebür-

gen

gen entspringet, bey dem Marktflecken Zwisel in Niederbayern eintritet, und so denn vom Morgen Nordwestwerts bey Cham vorbey, nach Nittenau in der Obern Pfalz fortflies-set, von da aus aber sich bald auf einmal gegen Mittag wendet, bey Regenstauf die Obere Pfalz verlasset, und bey seinem abermaligen Eintritt in Bayern unterhalb Stadt am Hof, Regenspurg gegen über, in die Donau fällt. Allein der Hauptsitz der bayerischen Regenten wurde nach langer Zeit endlich nach Landshut, und so denn nach München verleget, Regenspurg aber von Kaiser Friderich dem ersten unter Herzog Heinrich dem Löwen, als dieser bekanntermassen wegen beschuldigter Felonie seiner L[illegible] entsetzet wurde, zur freyen Reichstadt [illegible] macht, auch nach vielen dißfalls entstan[illegible] Schwierig- und Streitigkeiten, indem [illegible] stets gedacht sie wieder zu einer Land[illegible] machen, unter Kaiser Maximilian d[illegible] bestätiget worden. Doch trägt der [illegible] Schultheiß die criminalgerichte von [illegible] bayern zur Lehen. In ihrer Ringm[illegible] findet sich auch der Bischofshof, in welch[illegible] der unmittelbare Bischof von Regen[illegible] befehlen hat, wie auch die gefürstete A[illegible] zu St. Emmeram, und endlichen di[illegible] lichen Stifter Ober- und Nieder[illegible] wo sowohl in jenem als in diesem die [illegible] sinn ein Reichsstand ist. Zum bayerischen Kreise gehören endlich auch die zwo unmittelbaren Reichsherrschaften, Alt- und Neufrauenhofen, so denen daher genannten und abstammenden Freyherren zugehören.

Alle Graf- und Herrschaften, welche seit 1180ten Jahre dem Durchlauchtigsten Hause von Bayern sind zum Theile worden, sind als so viele Pflegämter dem Herzogtume oder der Pfalz einverleibet, und in alte, und neue Anfälle getheilet; Alte sind Dachau, Abensperg, Mospurg, Pogen 2c. deren Zustandes man sich von darum nicht mehr erinnert, weilen sie dem Hause Bayern sind zugefallen, ehe und bevor das jetzt regierende Bayerische Haus sich in die Pfälzische und Bayerische Linie abgetheilet hat. Neue hingegen werden die jenigen genennet, deren Zustand dessentwegen noch nicht in Vergessenheit gerathen, weilen auf ihnen Sitz und Stimme beym Reichstage haftet, und erst nach obgedachter Theilung an Churbayern gekommen, und also zwar ein Theil vom Bayerische Kreise, nicht aber vom Herzogtume oder vielmehr Churfürstentume Bayern sind: Von dieser letztern Gattung sind Leuchtenberg, Cham, Hals, Haag, Obersulzbürg und Pürnbaum, Hochenwaldeck, Breiteneck, Rottenberg, Wissensteig, Dürnau,

Gamelshausen und Bedernau, Mindelheim, Türkheim, Hochenschwangau oder Schongau und Donauwert Die Haupttheile vom Bayerischen Kreise sind also 1. die Oberpfalz, 2. das Herzogtum Bayern und 3. das Erzstift Salzburg. Die Nebentheile aber sind jene obenangeführte neue Anfälle: Das Recht der Erstgeburt wurde seit Albert dem 5ten in den Haupttheilen ohne allen Ausnahm eingeführet: in denen Nebentheilen höret zwar solches auf, als an welchen auch schon die nachgebohrnen Theil genommen haben: Allein seit dem 1705ten Jahre wurden dessen kein nachgebohrner mehr theilhaftig. Unterdessen bleibet noch die Frage zu beantworten übrig, wem nach Abgang der Wilhelmischen Linie diese neue Zufälle zu gehören, dem Reiche, dem Hause Pfalz, denen Allodialerben, oder wem? Unter den neuen Anfällen werden folgende Landen gerechnet.

1. Das vom kleinen Sulzflüsse hergenañte und in der Obernpfalz 2 Meilen von Neumark liegende Obersulzburg es bestehet in einem befestigten Bergschlosse nebst einem unten am Berge ligenden Flecken, wozu noch gehören die Dörfer: Hofn, Elmsdorf, Mühlhausen, Bachhausen, Könersdorf, Grashof, Kreckhofn, Sulzkirchen, Ohlhau-

hausen, wie auch das ehemals unter eben diesem Berge gestandene Unter- oder Niedersulzburg, welches eingegangen und wovon man nur die Ueberbleibslein noch sehen kann. Diese Herrschaft Sulzburg kam nach Absterben ihrer eigenen Herren an die Herren von Wolfstein, weilen der Herr von Wolfstein Werner die Margareth, des letzten Herrn von Sulzburg Schwester zur Ehe gehabt. Wovon mehr in meinem Bayerischen Löwen im zweyten Bande unter dem Namen Wolfstein nachzusehen stehet. Wolfstein samt dem jetzt beschriebenen böhmischen Afterlehn Ober- und Untersulzburg, wie auch Markflecken und Schloß Pirnbaum nebst zugehörigen machten nebst noch andern Allodialgütern, deren Anzahl auf 78. gestigen, die Grafschaft Wolfstein aus. Nach Ausgang obgedachter Herren von Wolfstein nahm Bayern Besitz von den unmittelbaren Reichslehngütern, Wolfstein, Sulzburg, nebst Zugehörungen und Pyrnbaum; die Gräfinn von Gieg aber erhielt als Allodialerbinn die 78 Allodialstücke.

2. Das Schloß Breiteneck nebst einem Markflecken, so den Titel einer Reichsherrschaft führet. Es liegt im Rentamte Neuburg der Oberpfalz 1 Meil von Dietfurt und 6 von Amberg: nach Abgang der Gra-

sen von Tylli ist es dem Churhause Bayern zugefallen.

3. Die ehemalige Markgrafschaft Kham, so in der Obernpfalz an dem Zusammenfluße der Kham und des Regen 7 Meilen von Regenspurg lieget, und heut zu Tag unter die Niederbayerischen Oerter Rentamts Straubing gerechnet wird. Es gibt ein haltbares Grenzort gegen Böhmen ab; allein im letzten Kriege vom 1742ten Jahre war es von Oesterreichern geplündert und abgebrennet, weil zur rechter Zeit kein Entsatz angelanget. Ich sahe den Brand mit Erstaunung an.

4. Die in der Obernpfalz nicht weit von Pfreimbt gelegene Landgrafschaft Leuchtenberg. Die ehemaligen Landgrafen von Leuchtenberg liegen vielfältig zu Waldsachsen und in meinem Bayerischen Löwen ist viel davon zu lesen. Leuchtenberg in sich selbst ist ein feines Bergschloß, mit einem dabey befindlichen kleinen Markflecken, allwo eine Vogtey oder Landamt angeleget ist.

5. Die gegen Aufgang an Tyrol grenzende Grafschaft Hochenwaldeck, welche denen ausgestorbenen Reichsgrafen von Waldeck und Machselrain zu gehörte.

6. Die Grafschaft Haag, worinnen ein sehr wohlgebauter und ziemlich grosser Markflecken nebst zweyen Schlössern enthalten ist, wovon das eine das Obere, so auf der Höhe gegen Norden zu lieget, das andere aber das Unterschloß heisset, und näher nach der Marktkirche gegen Mittag zu stehet. Diese Grafschaft liegt in Obernbayern am Innflusse im Bistume Freysing zwischen Wasserburg und Freysing. Es hat der Ort und die Grafschaft Haag vom Kaiser Karl dem 5ten die Freyheit erhalten, das ein jeder, so einen Unglücksfall oder sonstige Fatalität gehabt, hieher fliehen, und gleichsam eine Freystadt oder einen Schutz finden kann.

7. Die eine halbe Stunde von Passau an der Ilz in Niederbayern gelegene Grafschaft Hals bestehet in einem Markflecken, nebst einem Landfürstlichen Schlosse auf einen Felsen, und in einem Pfleggerichte, so unter die Regierung Landshut gehöret. Die Grafen dieses Namens waren sehr berühmt: Allein nach ihrem Absterben kam die Grafschaft an die Landgrafen von Leuchtenberg, und durch Kauf an die abgestorbenen Herren von Eichberg, sodenn an die Grafen von Degenberg u. endlich an das Churhaus Bayern.

8. Donauwert, diese Stadt hat ein schönes Ansehen, und ist aus einer freyen

Reichsstadt eine Bayerische Landstadt worden, wie und auf was Art. ist im ersten Bande meines Bayerischen Löwens zu sehen: sie ist in die länge und etwas bergigt gebauet. Gegend Nord erblicket man das auf einem Felsen erbauete Schloß, welches die Burg genannt, fast wie auf der Stadtmauer lieget, und ein Wohnsitz der ehemaligen von Kyburg gewesen. Der unweit davon liegende Schollenberg ist wegen der Schlacht, so der Churfürst von Bayern und die mit ihm allierte Franzosen wider den Herzog von Marlborug und den Prinzen Eigen Ludwig von Baaden im Jahre 1704 gehalten.

9. Rottenberg in Franken an den Grenzen der Obernpfalz fast 3 Meilen von Nürnberg. Es ist dieses Schloß in den ältesten Zeiten ein wichtiges Raubschloß gewesen, worinnen nebst denen Wohnungen der [illegible]erben, denen es lange Zeit zu gehöret, [illegible] Schloßkirche und etliche Gewölber und [illegible]ställe gestanden. Es wird Rotenberg [illegible]net, weilen das dasige Bergschloß mit [illegible] Ziegelsteinen bedecket gewesen. Wenzel [illegible] Sohn Kaisers Karl des 4ten verliehe [illegible] dieß Schloß samt dem Städtlein [illegible] der Kapelle denen Pfalzgrafen am [illegible]. Im Jahre 1478 hat Otto Pfalzgraf [illegible] Rhein und Herzog in Bayern das [illegible] Schloß,

Schloß, nebst dem damals abgebrannten Städlein und dem Markte Schneitach an etliche 40 fränkische Ritter verkaufet und zu Afterlehn verliehen, doch mit Vorbehalt gewisser Stücke. Es hat verschiedene Abwechslungen gehabt und heut gehört es wieder zu Bayern.

10. Wiesenstaig, dieß ganz gut gebauete und mit Ringmauern umgebene Städtlein, so nebst dem Zugehöre eine Reichsgrafschaft ausmachet, lieget in Schwaben an der Fils 2 Stund von dem Bollerbad in einem engen Thale, mit sehr hohen Bergen umgeben. Es ist auch ein feines Schloß da, worinnen der Bayerische Obervogt wohnet. Es kam ein Theil von dieser Reichsherrschaft an Leuchtenberg, und von Leuchtenberg an Churbayern, welches mit dem Hause Fürstenberg Möskirchen diese Herrschaft für unzertheilig verwaltet und genüßet.

11. Bredernau ein wohlgebauter Markflecken 2½ Meile von Memmingen gelegen und eine Stunde von Arlesried. Ehemals war es der Wohnsitz der Grafen von Muggenthal: heut aber hat es Churbayern an sich erhandlet. Ihre noch Aeltere waren die Herren von Stebenhabern, von Hätzlingshofen, Memmingische Patritzien. Diesen

Ort, so die hohe und niedere Gerichtsbarkeit besitzet, ist sonst in die Schwäbische Ritterschaft steuerbar.

12. Dürmau oder Turna ein Marktflecken nebst einem Herrschaftlichen Schlosse nahe bey Bollerbade, zwischen Weilheim und Göppingen gelegen: gehörte bevor dem Baron von Degenfeld, heut dem Churhause Bayern, wie auch das Rittergut Gamelzhausen, nächst bey Wiesenstaig.

13. Die in Schwaben ausserhalb Puechslers und Memmingen an dem Wasser Mündl in einer tiefe liegende Stadt Mündelheim, ausserhalb dessen ein Schloß auf den St. Georgenberge stehet, lieget im Allgeu, und begreiffet in sich ein Land von 36 Dorfschaften; diese Herrschaft ist zu einem Fürstentume erhoben, dem Churhause Bayern restituiret, und nunmehro als ein besonderes Pfleggericht zur Landesregierung München gezogen.

14. Der 3 Meilen von Memmingen in der Baroine Böhin ehemals gelegene und fein gebaute Marktflecken Jlertissen, am Jlerstrom.

15. Die in Schwaben zwischen Augspurg und Dillingen gelegene Herrschaft Wertingen jenseits des Wassers Schmutter.

16. Die Grafschaft Schwabeck und Türkheim, dann die Herrschaften Mattsäß, Anglberg, Amberg, und Oster-Ettringen, so alle unweit von Mindelheim liegen.

17. Die in der Gegend, der Ries genannt, auf der Schwäbischen Grenze zwischen Schwabischöttingen und Monheim eine halbe Meile von Nördlingen gelegene Stadt Wemding. Es war Anfangs nur ein Stammgut der Ritter gleiches Namen: Sodenn ist es allmählig zu einem Marke angewachsen, und unter den Grafen von Oettingen gar zu einer Stadt gemacht und mit Ringmauern umgeben worden. Man kann hievon im zweyten Bande meines Bayerischen Löwen nachschlagen. Allein gleich man den Vortheil bey der Lage und Beschreibung der Städtgen, Märkten, Klöstern, Schlößern oder Ritterhufen, Edelmannssitze und Hofmarchen nicht leichter spüret, absonderlich bey Durchzügen, Belägerungen, Schlachten und anderen Kriegsoperationen, als wenn ein umständlicher Entwurf derer in Lande sich befindenden Gewässern und Brücken dem Gedächtniße einverleibet wird, also wollen wir von dem festen Lande uns ein wenig zu den Flüssen und Seen

Seen wenden; massen nicht nur allein der Handel und Wandel, sondern auch die Bequemlichkeit und das Vergnügen sowohl durch den natürlichen Lauf als durch gute Leitung und Canäle der durchströmenden Flüsse und bewässernden Seen bey den Einwohnern ungemein befördet wird. Wenn man denen Regeln der Hydraulick und Hydrostatick gemäß verfahret, so kann man einen Fluß zu grosser Bequemlichkeit des Landes schiffbar machen oder denselben zu einer Festung hinzuziehen, wie die Donau von St. Salvator nach Ingolstadt und von Sessan nach Straubing zum unwidersprechlichen Vortheile ist geleithet worden. Obgedachter Donaufluß ist zwar schon durch die immer auf Ulm zurauschende Iler in Gesellschaft der Blau schiffbar geworden; allein dessen Leitung hat Ingolstadt zu einer Vestung und Mäutstadt gemacht. Die Kunst ersetzet es, was die Natur nicht gibet; wenn nur derjenige, der solches Werk unternimmet, die Hydrodynamick im Kopfe hat, so wird er Linien, Flächen und Körper berechnen, die nur Meßkünstler kennen, und in dem Drucke der flüßigen Materien entdecken: er wird Luft- und Wassersaulen sehen, und nicht allein den rechten Gebrauch und Nutzen kennen, welchen Druckwerke, Plumpen [illegible] Saugewerke, Spritzen, Sprin[illegible]

Was-

Wasserleitungen, mit und ohne Schleusen, dem Bayerlande verschaffen. Die lustigen Seen zu Starnberg, Tegernsee Chiemsee, Würm- und Amersee nebst noch andern, die schnellfliessenden Flüsse, absonderlich die Iser, der Inn, der Lech und die Donau tragen nicht nur zu jedes besondern Lust viele Ergötzlichkeiten bey, sondern reichen auch köstliche Fische dar, so wie der Flus die Altmühl die besten Krebsen. Die Berge bey Reichenhall eröffnen die freygebigen Adern des Salzwesen, so der Churfürstlichen Cammer grosse Reichtum verschaffet.

Auf der Iser, so unweit dem Bayerischen Gebürge im Tyrol entspringet, wird alljährlich eine ungemeine menge Holzes nach München, und grossen Theils auch die Flösse von daraus nicht minder als auf den Inn in Oesterreich verführet. Der bey Hilkerzhausen entspringende Fluß Ilm gehet bey Reicherzhausen und Pfaffenhofen vorbey, bewässert das Ilmerthal, Rorbach, Geissenfeld, Ritterswert, Ilmerdorf, und fällt unterhalb Vohburg in einen Arm von der Donau.

Der in dem südlichen Theile des Erzstift Salzburg entspringende Fluß Salzach, insgemein Salza genannt, ergüeßt sich ins Bayerland heraus, nachdem er bey dem al-

alten Gräflichen Schloße und Stammhause Mittersill vorbey in der Krümme nach Bischofshof, Golling Hällein gegen Mitternacht durch die Hauptstadt Salzburg laufet, und von daraus an der rechten Seite von Lauffen und Dietmanning vorbey denen Oberbayerischen Gränzen bey Ettenau einem Bayerischen Dorfe sich nähert, sodenn gleich rechter Seites der Stadt Burghausen, so 13 Meilen von München lieget, derselben Burgfrieden bewässert, und kurz darauf zwischen denen ohnweit davon liegenden Oertern Braunau und Märkl sich in den Inn stürzet.

Die in Tyrol unweit Ehrenberg aus einem kleinen See entspringende Loisach, flüsset zwischen denen Städtgen Germisch und Partenkirch durch die Werdenfelsische Grafschaft bey dem bayerischen Gränitzflecken Au nach Eschenlohe dem Stammhause der abgestorbenen Eschenlohischen Grafen, und nach dem Markt Murnau; worauf sie sich in einer Krümme in den Cochlsee hinein und heraus wieder schmeisset, und fast gerad nach Wolfertshausen gegen Mittenacht zueilet, allwo sie sich mit der Isar vergeschwistert. Die in dem Oberbayerischen Pfleggerichte Ammergau an dem tyrolischen Gränzen ohnweit dem Kloster Ethall entspringende und bey dem Kloster Raitenpuch sich nach Morgen krümmende

mende Amper nimmet den Weeg nach Weilheim und so denn weiters nach Mitternacht durch den Amersee nach Fürstenfeldbruck, Dachau, Trantsperg und fällt bey Isereck einem schönen Churbayerischen Jagdschlosse in Niederbayern unterhalb Mospurg in die Iser.

Die ohnweit Dorfen entspringende Vils gehet nach Biburg, Rutting, Reispach, und endlich stürzet sie sich bey der Stadt Vilshofen in Niederbayern an dem Passauischen Gränzen in die Donau. Dieser Fluß Vils ist nicht zu vermischen mit dem Fluße gleiches Namen, an welchem Amberg die Hauptstadt in der Obern Pfalz lieget; denn diese letztere Vils entspringet ohnweit Vilseck, gehet durch Amberg bey Rieden, und Schmidmihl vorbey, und da sie immer gegen Mittag laufet, fällt sie ohnweit Kalmünz in dem Fluß Nab, und verliehret ihren Namen. Diese Ambergische Vils mag bey gutem Wasser von Amberg aus auf einen Schif 200. Zenten ertragen.

Die Rott, ein ohnweit Wurmsheim einem in Vilsbiburger Landgericht gelegenen Schlosse entspringender Fluß, rinnet bey Neumarkt zwischen Scherneck und Massing, wo sie das Wasser Purnach mit sich nimmet, gegen Aufgang fort, lasset Eggenfelden und Pfarrkirchen Mitternachtwerts, Ainzingkirchen

chen aber und Neudeck Mittagwerts liegen, und wirffet sich zwischen Pulhaim, und Inzing in den Innfluß fast schnurgrad gegen Schärding hinüber.

Sempt ein kleiner Fluß in Oberbayern. Er entspringet ohnweit Anzing, verlasset den hiernächst liegenden See und wälzet sich Nordwerts nach Ottenhofen und Arding, bis er sich unter Mospurg bey Preysing in die Isar ergiesset.

Der auf der böhmischen Gränze im Böhmerwalde entspringende Ilzfluß laufet Sudwerts auf Bernstein, Eberhardsreit, Diessenstein, Fürsteneck, Hutern bey Hals auf Passau zu, allwo er sich mit der Donau vergeschwistert.

Der aus zweyen hinter den straubingerischen Gericht Zwisel an dem Böhmischen Gebirge gelegenen Wässern entstandene Fluß Regen nimmet ohnweit Zwisel das Flüßl Rinchmach zu sich und gehet gegen Aufgang bey dem Mark Regen vorbey, bewässert Rumansfelden, Viechtag, Kötzing, Cham und trittet bey Weterfeld in die Obere Pfalz: nun eilet er bey Peilnstain, Nittenau nach Stephling, allwo er sich auf einmal nach Sud drehet, und laufet recht Schlangenweise bey

Re-

Regenstauf vorbey, bis er zwischen Weichs und Stadt am Hof Regenspurg gegen über welcher Stadt er den Namen gegeben; sich in die Donau ergießt. Der im Leukthale aus dem hohen Taffenberge entspringende mittelmäßige Saalefluß, nachdem er gegen Aufgang nach Saalfelden geloffen, wendet er sich urplözlich nordswerts nach Hofer, und da er kaum Bayern bey Reichenhall begrüsset, so gehet er gleich wieder zwischen Staufeneck und Plain ins Salzburgerische und fällt nicht lang hernach ohnweit Salzburghofen in die Salzach.

Fast auf gleiche Weise befeuchtet die aus dem fränkischen Kreise bey Dietfurt ankommende Altmühl nicht viel bayerische Oerter: Sie lasset Prun, Randeck, Essing linkerseits liegen und theilet sich bey Kelheim in zweene Arme dergestalten, daß sie mit der Donau, in welche sie sich allda stürzet, diese Stadt zu einer vollkommenen Insel machet.

Diesen Flüssen kommet auch noch hinzu der aus zweenen Wässern, nämlich aus der Wald- und Haidnabe entstehende Nabfluß welcher bey der Stadt Pfreimdt mit dem Wasser Pfreimd zusammen fliesset, und nimmet hinter Schwarzfeld den über Zangerstein Westwerts zueilenden Schwarzachfluß zu sich und, nachdem er Schwandorf, und Burg-

lemlengenfeld benetzet, vereiniget sich zu Kalmünz unterhalb mit der Vils, und trit in einem zimlich starken Strome hinter Kilnhofen in Bayern, da er dem gleich zwischen Prissing und Regenspurg in die Donau fällt.

Welchen Lauf auch die hinter Parsberg und Luppurg entspringende Laber beobachtet. Diese, nachdem sie Ehrenfels und Beretzhausen rechter Hand hat liegen lassen, so setzet sie ihren Sudwerts genommenen Lauf fort ins Bayern, befeichet den Marktflecken Laber, und fällt zwischen Priffing und Abach in die Donau.

Der aus dem Schlierset in der Grafschaft Hochenwaldeck entspringende Fluß Manguald gehet nach Norden und bey Miesbach, Weyern und der Valley vorbey, und nachdem er sich allda nach Orient geschwenket, so laufet er zwischen Aibling und Puelach dem Innstrome zu, in welchen er sich bey Rosenheim, nachdem er noch zuvor das Wasser Kalt zu sich genommen, stürzet.

Der zwischen Hall und Insprug hinter dem Gebirge in der tyrolischē Herrschaft Tauer entspringende grosse Isarfluß nimmt gleich bey der tyrolischen Gränitzvestung Schärnitz seinen Abschied, kommt bey Benedictbeyern und Tölz weiter ins Bayern heraus, und nachdem

dem er bey Wolfertshausen die Loysach zu sich genommen, so begrüsset er München, gehet sodenn ganz ohngehindert nach Ißmaring, Freysing, Mospurg, allwo er die Amber zu sich treten lasset. Jetz aber ist er gleich zu Landshut, Dinglfing, Landau, Plädling, und vergesellschaftet sich unterhalb Naternberg, Deckendorf gegenüber mit der Donau dergestalten, daß man fast eine Vierlstunde das Isarwasser von der Donau hinwegkeñet.

Zwischen den Churbayerischen und schwäbischen Gränzen strömmet fast immer ein Fluß, Lech genannt, welcher in Tyrol auf dem Tannberg, etwann 6. Meilen Oberhalb Reut entspringet. Bey Ehrenberg einem Schloße und vesten Paß in Tyrol gegen Schwaben eine Viertel Meile von Reute, Ehrenberger Klause genannt, verlasset er den tyrolischen Boden, legt sich zu Füssen zwischen bayerischen und schwäbischen Gränzen als einen Schidmann, krümmet sich sodenn etwas mehr ins Bayern herein, bewäßert Schongau, Rauchlöschberg, Landsperg, Kaufering, Gerezhausen, Lichtenberg und gehet immer fort Nordwerts nach Augspurg: Nun eilet er mit Risenschritten nach der Donau, in welche er sich ohnweit der Stadt Rhain unterhalb Donauwert oberhalb den Frauen-Kloster Schönefeld stürzet. Der unweit dem bayerischen Friedberg entspringende Aichau, oder Achafluß giebt dem Lech das Geleit bis auf Rain, welche Stadt als er durchfliesset, so sucht er unterhalb Schönefeld seinen Gespann in der Donau.

Der in Graubünden einer eignen Republik ohnweit dem Julierberg entstehende Fluß Inn nachdem er einen kleinen Theil von seinem Vaterlande gesehen, fanget bey Finsterung seine Wanderschaft ins Tyrol an, gehet nach Landeck und Schrofenstein: allda wendet er seine Marschroute etwas gegen Aufgang nach Stambs, Inzing Zirle; nun giebt er der Hauptstadt Inspruck seinen Namen, und setzet seine Reise weiter fort etwas gegen Norden nach Hall, Schwatz, Ratenberg, Wergl und Kuefstein. Jetzt nimmet er Urlaub von Tyrol, und besiehet das liebe Bayerland, er strudelt bey Aurburg, Falkenstein, Rosenheim, Wasserburg, Kraiburg Vorbey, krümmet sich zu Mühldorf wiederum etwas nach Orient, bewässert verschiedene Oerter in Bayern, nimmet zwischen Oetting Braunau die zweenen Flüße Alza und Salza zu sich, schiesset zwischen Frauenstein und Ering nach Obernberg Ridnburg, empfanget unweit Inzing den Kluß Rott und trägt denselben unterhalb Schärding und Neuburg zwischen Passau und Instatt in die Donau.

Nun

Nun wollen wir die bayerische Hydrographi enden mit dem gröstẽ Fluße in Europa, welchem Doneschingen ein Schloß und grosser Flecken der Fürstenbergischen Grafschaft in Schwaben eine Meile von Villingen den Ursprung; sein von Abend gegen Morgen über 700. Meilen fortgesetzter Lauf hingegen einen doppelten Namen gegeben, nämlich den Namen Donau, so lang er Schwaben, Bayern, Ober, und Unterösterreich durchströmet, den Namen Ister aber, sobald er die deutschen Gränzen verlasset. Ja er theilet seinen Namen wieder verschiedenen Oertern mit, als dem Donauthal, jenem Striche Landes nämlich, darinne von seinem Ursprunge an bis an das Hegou Sigmaringen, Dutlingen, und Moringen liegen, wie auch der Stadt Donauwert, und dem Markflecken Donaustauf. Kaum wird er bey Ulm von denen Unterwegs hineingeflossenen Wässern so stark, daß er Schiffe träget, so kommet mit ihm wochentlich die ordinarie Ulmerschiffahrt nach Bayern, und verschaffet gleich beym Eintrite, so zu sagen, denen Einwohnern und der Burgerschaft von Ingolstadt durch die Stapelgerechtigkeit grossen Vortheil, Kraft welcher alle auf der Donau hier vorbeygehende, und mit Eisen, Stahl, und andern Kaufmannsgütern beladene Schiffe 3. Tage still liegen, und ihre Waaren um billigen Preiß zum

Kaufe darbiethen müssen: gehet sodann nach Vohburg und Kelheim, umschliesset jenen Marktflecken mit der Ilm, diese Stadt aber mit der Altmühl wie eine Insel. Sein nach Wien führender Lauf giebt der Stadt Regensburg schöne Gelegenheit zur Handlung und Gewerbe, da man Getraide, Holz und vielerley Victualien nicht minder dahin schaffet, als der Vertrieb des Salz darauf in die übrige Nachbarkeit nach Donauwert ꝛc. stark gehet: und ohneracht dieser Fluß seinen vorigen Lauf, worüber nunmehro ein Bschlagt bey Sossau lieget, verändern und zu den Stadtmauern der Stadt Straubing sich nähern müßte, so macht er doch die ganze Gegend sehr fruchtbar und suchet unterhalb der Altstadt seinen vorigen Rinnsall. Und gleichwie die Stadt auf jenem Platze, wo er jetzt laufet, vormals pflugte, also hat sie zum ewigen Angedencken einen Pflugschaar in ihr Wappen setzen wollen: sie beehrt sodann mit ihrem Gnadenfluße den Bogenberg, Irlpach und Deckendorf, nimmet darauf den Isarfluß zu sich und macht Vilshofen zu einer schönen Mautstadt, rinnet bey Windorf nnd doblstein vorbey, und ehe und bevor er bey Hafnerzell sich vom bayerischen Boden beurlaubet, so theilet er die Stadt Passau mit der Ilz und mit dem Inn in [illegible] Theile, nämlich in klein Passau, Innstadt,

Ilz-

Ilzstadt und ins Oberhaus: Hierauf durchschiesset er Ungarn und das ganz übrige Europen bis ans schwarze Meer, in welches er durch 6. Arme mit solcher aus 60. unter Wegs zu sich genommenen großen Flüssen zusammgebrachte Menge des Wassers und mit solcher Heftigkeit sich hineinschmeisset, daß er seine Farbe und seine Süßigkeit, wie man sagt, bey 20. Französische Meilen im Meer behaltet.

Im Bayern befindet sich auch eine zimliche Anzahl der Seen, wovon hier die namhaftesten angeführet werden. Wir wollen diese Beschreibung vom bayerischen Meer (denn also wird der Chiemsee genannt) anfangen und es in jener Welt endigen. Dieser ist der gröste See in Bayern und enthält 7. Meilen in seinem Umkreise. Seine Lage hat er in Oberbayern zwischen dem Inn- und Alzaflusse im Pfleggerichte Cling Rentamts Burghausen. Es ist ein Bischof allda nebst zweyen vornehmen Klöstern, deren eines Herrenwert und das andere Frauenwert heisset. In jenem sind Augustiner-Chorherren, in diesem aber Benedictinernonnen vom Adel. Beyde Klöster stehen unter dem Bischofe; der Bischof selbst aber unter Salzburg: beyde Klöster liegen auf Inseln allda. An Fischen ist der See sehr reich. Uebrigens gränzet er an Puechberg, Grabenstett, Hirschau, Stekheim, Weidach, Seepruck, Gstat, Praitprun ꝛc.

Der Amersee im Pfleggerichte Landsperg Rentamts München ist 2. Meilen lang und 1. Meile breit, gränzet an Stegn, Prandprunn, Elwang, Hersching, Ander, Aitenried, Vischn, Gadern, Diessen, St. Alban, Holzhaus, Utting, Schöndorf, St. Nikla; giebt der Amper den Durchzug frey, wie er selbst ehedem frey war; nunmehro aber ist eine gewiße Fischerzunft allda aufgerichtet, so ihre eigene Ordnung und ihren besondern Seerichter hat.

Der Würmsee, so auch sonst Starnbergersee von dem daranliegenden schönen Churbayerischen Lustschlosse benamset wird, hat seine Lage im Amte Starnberg Rentamts München. Seine Länge erstrecket sich auf 15000 Schuh, seine Breite aber auf 3000. Er hat auch einen Ueberfluß an Fischen. Er liegt etwas über 4. Stunden von München und dienet treflich wohl zum Wasserjagden. Man lasset in dem anliegenden und mit Tüchern eingefangenen Holze den Hirschen loß, und forciret denselben in den dabey gelegenen Würmsee; die Landsherrschaft fahrt auf einem Gunderl ihm entgegen, sobald er überall

im

im Wasser von Hunde verfolget zuruck kehret, und gibt ihm den Fang. Dieser See prangt auch mit Lustschiffen und insonderheit mit dem sogenannten Bucentauro. Er gränzet an Starnberg, Percha, Hartkirchen, Perg, Aufkirchen, Albmanshausen, Amerland, Staudach, St. Heinrich, Seehaupten, Bernried, Garatshausen, Tuzing, und Pessenhofen.

Walchensee, liegt auf einer Höhe oberhalb dem Katzkopf und Kesselberg unweit des Klosters Benedictbayern im Gerichte Weilheim Rentamts München. Mitten darinnen ist ein unbewohnte Insel. seine lage ist zwischen dem Loysach- und Isarfluße, in welchen letzteren er sich auch durch das Wasser Lachnai gegen Morgen ausschüttet. Seine Ufer nebst dem umliegenden Erdreiche ist so locker, daß sein Wasser in dem unten gelegenen Cochelsee durchsickert. Es fanget aber dieser Cochelsee hinter Benedictbayern bey Prunbach an, ergiesset sich zwischen Cochl und Schledorf zimmlich weit, und gestattet der Loysach den Durchpaß. Sonst wird er insgemein Wallersee genennet, obschon der Wallersee bey Lichtenthan in Salzburgischen lieget.

Tegernsee im Gerichte Wolferzhausen Rentamts München zwischen dem Inn- und

Isarfluße ohnweit den tyrolischen Gränzen giebt dem hieran liegenden, und etwas befestigten, auch mit Geschütze versehenen Kloster den Namen, und stosset übrigens an Kalsprunn, an St. Quirin, Wesse, Awinkel, Egern, nimmet auch die zwey Wasser Rotach und Wailach zu sich, macht endlich eine kleine unbewohnte Insel.

Schliersee liegt in der Herrschaft Hohenwaldeck und giebt dem daranstossenden Augustiner Kloster den Namen, machet eine öde Insel und gränzet sonst an Vestehofn, Wei Vischhofen und Schliers dem Kloster. Gar nahe lieget der Stumpfsee annoch im Hohenwaldekischen.

Simbsee liegt der eine Helfte nach im Gericht Rosenheim und der andere nah im Gerichte Eling. Er gränzet an Kratn, Piezing, Neukirch, Peuerbach.

Staffelsee liegt im Gerichte Weilheim Rentamts München. Er stosset an Riedn, Seehaus, murnau, Ramsee und Obernach. Die Insel, welcher er machet, ist bewohnet

Eybsee liegt bey Unterkronau und machet eine unbewohnte Insel in der Grafschaft Werdenfels.

Bay=

Bayerische See. Sein Umfang ist zimlich groß und seine Lage findet man auf der Gränze zwischen Niederbayern und Böhmen. Nun wird, wie ich schon oben gemeldet, der Ort, wo dieser See seine Lage hat, in jener Welt genannt, da, wo der Pragenser Kreiß gränzet gegen den Passauer Wald zu.

So giebt es auch tiefe Brunnen im Lande als einer zu Maynburg auf dem Berge, wo die überbleibsen eines vornehmen Schlosses noch zu sehen. Zu Neupeuern ist ein Brunnen in dem Felsen bey 30. Klaftern tief. Zu Vilshut oder Wildshut hart an der Salzburgischen Gränze ist ein Churf. Schloß, mitten in dessen Hofe ein Ziehbrunnen sich befindet, so bis 50. Klafter tief ist.

Weilen die Brücken das Band sind mit welchem ein vestes Land mit dem andern, so die Natur durchs Wasser davon abgeschnitten, wieder zusammengebunden, und zur Bequemlichkeit der Einwohner vereinbaret wird, so wollen wir auch davon die namhaften anführen. Die trefliche steinerne Brücke über die Donau, so das bayerische Landstädtlein Stadt am Hof mit Regenspurg vereiniget, verdienet hier am ersten um so mehr angezogen zu werden, als sie unter denen 3. berühmtesten Brücken Deutschlandes gerechnet wird; Man sagt nämlich insgemein. Die Dreßner Brücke sey die schönste; Die Prager die längste; und die Regenspurger die stärkste. Der Ordnung nach aber zu verfahren, so hat die Donau eine Brücke zu Höchstätt, Donauwert, Marxheim, Neuburg, Ingolstadt, Vohburg, Neustadt, Kellheim, Regenspurg, Donaustauf, Straubing, Deggendorf, Vilshofen, Passau 2c.

Die Isar bekommet jetzt zu München eine Brücke von steinern Jochen, welche zum Theil schon fertig, und bis an den Gasterberg sich erstrecket. sonst hat sie eine brücke zu Tölz, München. Freysing, Mospurg, Landshut, Dingolfing, Landau, Platling. Hier ist noch anzumerken, daß die hohe Brücke an der Oberstadt zu Dingolfing von lauter Ziegelsteinen, mit einen Gewölbe, in der Höhe 12. Klafter und 70. Schritte lang sey. Der Inn hat Brücken zu Rosenheim, Wasserburg, Craiburg, Mühldorf, Neuötting, Märkl, Branau, Schärding, Passau. Der Lech zehlet folgende Brücke; zu Hohenschwongau, Schongau, Landsperg, Liechtenberg, Hochzollfriedberg, Lechhausen, Rhain. Die Loysach hat eine Brücke zu Wolfertshausen. Der Amberfluß zu Dachau, Crantsperg. Die Salzach zu Burghausen Die Alemühl zu Kelheim. Um

Um aber ein vollkommenes Geographisches Kenntniß van denen fürnemsten grossen und kleinen Oertern zu überkommen, so hab für thunlich erachtet, solche in einer Ordnung der Rentämter und Landgerichter vorzustellen und zu dem Ende die im Jahre 1557. unter Regierung Herzogens Albrechts des Fünften in Bayern abgefaßte Landtafel des Ober- und Niederbayern beyzulegen, wie folget.

Der Kürze halber werden aber in dieser Landtafel viele bayerische Oerter nur mit dem Anfangs Buchstaben bezeichnet, auf folgende Art. St. eine Stadt. M. ein Marktflecken. K. ein Kloster. Sch. ein Schloß. G. ein Gericht. H. ein Hofmarch. S. ein Sitz. T. ein Tafern. E. Edelmannsitz. A. ein Abbtey. P. ein Probstey.

Land-

# Landtafel

## Des Fürstentums Ober- und Niederbayern vom Jahre 1557.

Darinnen zu ersehen, was sowohl Albrecht der 5te Herzog in Bayern als auch der Geistliche und Ritterstand, dann die Städte und Märkte für Güter innegehabt. *

## In Obern Bayern

### Landgericht Schwaben

Ebersperg Abbtey, der Benedictiner Hofmark.

Wildenholz Schloß und Hofmark denen von Pinzenau.

Zinneberg Schloß und Hofmark denen von Pinzenau.

Glan Tafern und Hofmarkt, so weit die Dachtropfen gehen, denen von Pinzenau.

Oelckhofen ** Schloß und Hofmark denen von Nußdorf.

Lorenzberg Hofmark denen von Nußdorf.

Ottenhofen Sitz und Hofmark denen Herrn Schrenken.

* Heut in der Landtafel sind die Gerichter ganz mit andern Gütern verstärket oder geschwächet, auch die Nähmen der Gütern ganz verändert, daß man sich nicht mehr erkennen könne.

** Heut zu Tag Elkofen.

Fünßing Sitz und Hofmark denen Wiederspacherischen Erben.

Aichpichel ein Sitz denen Promerischen Erben.

Degernau zweene Sitze denen Hohenkircherischen.

Oberneüching ein Sitz und Sedlhof denen Neuchingerischen.

Oberneüching ein Sitz denen Partischen.

Anzing ein Sedlhof denen Sönderstorfischen

Kiersperg ein Sitz denen Hirschauerischen.

Gerstorffen ein Sitz denen Wagnerischen.

Aeuling * ein Sitz denen Hauzenbergischen.

Pöring Sitz und Sedlhof denen Moßerischen.

Wolfeßing ein Sitz denen Lanizerischen.

Eisendorf ein Sitz denen Soyschern.

Biburg ein Sitz und Sedlhof denen Taufkirchischen.

Mantstetten ein Sitz denen Köckischen Erben.

Markt Schwaben. **

Markt Gräfing.

* Hodie referuntur adhuc zu dem Gericht Schwaben. Asting, Emating, Hirschbichl, Schaldorf, ausgeschlossen aber sind Glon, Kiersperg, und Pfeuing, wann nicht etwann Aeuling heissen soll: und also von anderen Gerichtern.

Land-

## Landgericht Wasserburg.

Klster Rott, Abbtey, Hofmarck.
Kloster Aettl, Abbtey Hofmarck.
Razbach, Sitz und Hofmarch, den Abbten von Rott.
Zellerreith ein Sitz den Kernischen.
Burckh, zu Wasserburg, darauf der Burgses
Stadt Wasserburg. *

## Landgericht Traunstein.

Affing. daselbst hat der Probst zu Baumburg auf 6. Güter und einem Gut von Trichtlinger Wald, Hofmark.
Perchrenstein, Schloß und Hofmark den Törringischen.
Mezing, ingleichen. heut zu Tag Mäzing
Trichtling Hofmark, dem Gembachischen Erben. heut zu Tage Truchtlaching.
Neuenkirning Sitz und Sedlhof dem Pfluglischen, dieser Sitz und Hofmark ist dem Landsfürsten anheim gefallen.
Amerwang, Hofmark den Lambergischen.
Sondermayning Hofmark den Krieglerische
Inzell, Hofmark dem Kloster St. Zeno.
Marbang ein Sitz den Honoldischen Erben
Stadt Traunstain.

Land-

* Zu dem Landgericht Wasserburg ist hinzukommen Hochenburg. Item Razbach schreibt man heut Karbach.

## Landgericht Reichenhall.

Closter St. Zeno, Probstey, Hofmark.
Carlstein, Schloß Hofmark den Freschlische
Marzell, Sitz, Hofmarck denen Freysingerischen, heut Marzols.
Stadt Reichenhall.

## Landgericht Marquartstein.

Niederfels, ein Schloß und Hofmark denen Kresischen.
Prandtstätt, ein Sitz den Straßbergischen.
Burghausen, ein Sitz denen Goderischen Erben.

## Landgericht Aurburg.

Khirnstain, Burgstall und Sedlhof dem Landsfürsten.
Urfahrn, ein Sitz den Hoferischen.
Aurburg.

## Landgericht Rosenheim.

Neuenbeyern, Schloß, Mark und Hofmark denen von Thurn.
Ordorff, 2. Sitz, ein Sedlhof dem von Thurn. heut Korndorf.
Altenbeyern, ein Schloß dem von Wembling.
Sölhuben, ein Hofmark dem von Freyberg
Nußdorf, den Hoferischen.
Formach, Sitz und Gut denen Aschenheimerischen.

Welch-

Weiching, Sedlhof und Sitz dem Scheichenstul.
Innernstrahin, ein Sitz denen Rhaintrischē
Wurmbstorf, Sedlhof den Aiglischen Erben.
Schachen, ein Sitz und Sedlhof den Thainlischen Erben. heut Schechen.
Irzoll, ein Sitz den Schrenkischen Erben.
Markt Rosenhaim.

## Landgericht Aibling.

Beyharding, Kloster, ein Hofmark und Probstey.
Pettersberg, Probstey hat ein Hofmark, wird nicht in die Landschaft beschrieben.
Weyer, Probstey ein armes Kloster.
Fischbach, ein Probstey, und armes Klösterl, gehört dem Abbten von Scheyern. wird aber nicht in die Landschaft erfordert.
Berbing, ein Hofmark in Etter, gehört dem Abbt in Scheyern, nach Fischbach: der Pfarrhof liegt im Landgericht.
Schliers, Hofmark und Vogtgericht, gehört dem Landsfürsten.
Thann, ein Hofmark dem Kloster Fürstenfeld
Aign, ein Hofmark dem Kloster Pernried.
Wagen, ein Hofmark, halb dem Landsfürsten, halb den von Maxelrahin.
Wallnberg, Schloß und Herrschaft dem von Maxlrhain.

Maxlrain, ein Schloß und Herrschaft dem von Maxrhain.
Altenburg, an dem Mangfald ein Schloß.
Item Veldeling und Oedeling, beede Hofmark.
Puelach, ein Sitz den Auerischen.
Panz, ein Hofmark dem von Seyboltstorf.
Walkhenstain, Schloß und Hofmark den Hundischen.
Hohenraihn, Schloß und Hofmark denen Taufkirchischen.
Prandtenburg Schloß und Hofmark den von Pinzenau.
Item Redtenfelden, der Hofmark.
Hofen, ein Sitz den Perfelder.
Holzhausen, ein Hofmark den Wiederspacherischen.
Sammen, ein Sitz und Sedlhof, item Moseckh, der Sitz und Sedlhof den von Redkofers.
Högling, ein Sedlhof den Schweiglhardischen.
Prandtseckh, ein Sitz in dem Aiblingischen Burgfrid den Brandtischen.
Prandhansen, ein gefreytes Haus und Sedlhof den Brandischen.
Innernthann, Sitz und Sedlhof den Morzellerischen.
Pergkirchen, ein Sitz und Sedlhof den Morzellerischen.

In Mark Aybling, ein Sedlhof den Stainhauserischen.
In Markt, ein Sedlhof den Schwickhardischen.
Fischbach, Ober und Nieder dem von Maxlrhain.
Jacobsberg, ein Sedlhof den Auerischen. } *
Mark Aybling.

## Landgericht Tölz.

Hochenburg, Schloß, samt dem Hofmark Langrins den Hörwartischen.
Hebenberg, ein Sitz den Wöstnerischen.
Mark Tölz.

## Landgericht Wohlferzhausen.

Kloster Tegernsee, Probstey, Hofmark.
Degendorf, Hofmark des ermeldten Kloster.
Schöfftlarn, Kloster und Probstey Hofmark.
Dietramszell, Probstey, Hofmark.
Eurafpurg, Schloß und Hofmark.
Merlpach, Bayrbrun, Taufkirchen, Perg auf der Laimb Hofmark denen Torrischen.
Grienwalt, Hofelting, und Mehrbrun, dem Landfürsten.

* Von diesen Gütern ist denen Innhabern nicht in die Landschaft geschriben worden.

Se-

Sepenkhaind, Sitz und Hofmark denen Pinzenauischen.

Reichenspeyern, Schloß und Hofmark ingleichen.

Hermating, Sitz und Hofmark den Bardischen.

Kornstain, Schloß und Hofmark denen Seyboldstorffischen.

Aufhofen, den Seybolstorffischen.

Kaumbach, ein Sedlhof den Widerspacherischen.

Königsstorf, ein Sitz den Henkirchischen.

Hapfkirchen, ein Sitz den Pardischen.

Fräschhausen, ein Sedlhof den Uhrmüllerischen.

Allmanshausen, ein Sitz den Trainerischen Erben.

Markt, Wolferzhausen.

Markt, Holzkirchen.

Joanneskirchen, Hofmark denen Ridlerischen.

NB. Die Besitzer von denen Nachfolgenden Sedlhöfen schreibt man der Zeit nicht in die Landschaft.

Königsdorf, ein Sedlhof denen von Beyrn.

Münßing, ein Sedlhof den Senftlischen.

Hechenrhain, ein Sedlhof den von Beyrbergischen.

Aufhausen, ein Sedlhof den Thorisch- und Rosenbuschischen.

Egling, ein Dorf und ein Sedlhof dem Salzburger in München.

Neufarn, ein Sedlhof den Hörwartischen.

Perg, ein Sedlhof des Gottshaus Lehr.

Dinglharting, den von Scheffler.

Zu Riedt, ein Sedlhof und Scharwerks frey des Gottshaus Egershausen.

Camerloch, ein Sedlhof des Abbten von Tegernsee.

Sonderried, ein Sedlhof dem Stift unser Frau in München.

Arnhain, ein Sedlhof gedachtem Stifte.

Hochenstain, ein Sedlhof, den Senftlischen Erben.

## Landgericht Starnberg.

Planeck, Schloß und Hofmark den Lungischen zu Adlzhausen.

Seeholzen, ein Sitz und Sedlhof denen Ramingischen.

Päßing, ein Sitz und Hofmark den Reittnerischen.

Füeßberg, ein Siß den Ligsalzischen.

Passenhofen, samt Pöckhing Schloß und Hofmark den Hörwartischen.

Leittstetten, Schloß und Hofmark den Pemlerischen.

Nachfolgende werden nicht geschriben in die Landschaft.

Zu

Zu Hohenpfaffenhofen, ein Sedlhof des Kloster Beyrn.

Zu Hochstatt, ein Sedlhof des Kloster Beyrn.

Zu Purkhaim, ein Sedlhof des Klosters Fürstenfeld.

Zu Pfäffing, zwey Sedlhöf, und zu Wöbm, ein Gefreiter, dem Kloster Polling.

## Landgericht Weilhaim.

Kloster Ettal, Abbtey.

Kloster Benedictbeyern Abbtey, hat Gericht und Hofmark.

Kloster H. Berg Andechs, Abbtey samt seinem Hofmark.

Kloster Schlechdorf, Probstey hat den Hofmark zu Oellstadt.

Kloster Polling, Probstey Hofmark.

Kloster Bernriedt, Probstey Hofmark.

Stift Häbach, Probst, Dechant, Capitl, Hofmark.

Seefeld, Schloß samt seinem zugehörigen Hofmark den Törringischen.

Ifildorf, Schloß, Hofmark, doch auf Wiederruffen denen Tiechtlischen.

Telling, ein Sitz, und Hofmark auf Wiederruffen den Schöttlischen.

Riedren, ein Hofmark den Prummerischen.

Päll, drey Sitz den Perndorfischen.

Rameck, ein Sitz den Ramingerischen.
Gefreythaus, zu Weilhaim vorhero den Neüchingerischen, und Thomas Rechnerischen, hernach den Heimlingerischen.
Assech, ein Sitz den Bayrs Erben.
Egling, ein Sitz den Taberzhausischen
Eglfing, ein Sitz den Hundsbergischen.
Stegen, ein Sitz den Pitterichischen.
Zell, ein Sitz den Roßischen Erben.
Oderding, dem Landsfürsten.
Stadt Weilhaim.

Folgende Sedlhöf werden nicht in die Landschaft beschriben.

Grossen Weilhaim, ein Sedlhof, Oberschering, ein Sedlhof, Uffing, ein Sedlhof, diese alle deß von Beyrn.
Etting, ein Sedlhof, Lengenlaich, ein Sedlhof des Kloster Pollings.
Dietsch, ein Sedlhof dem Spital zu Weilhaim.

## Gericht Murnau und Ammergau.

Dieses Gericht- und Pfleg-Amt hat der Abbt von Ettal zu besitzen; man erfordert den Mark in die Landschaft wie andere Städte und Märkte; hat keinen Landsassen.
Mark Murnau.

Land-

## Landgericht Schongau und Peittingen.

Hat keinen Landsassen, Peittingen, in geistlichen Handen.

Stadt Schongau.

Pfleggericht Rauchenlechsperg und Herrschaft Peissenberg., hat keinen Landsassen.

Peissenberg, dem Kloster Staingaden.

Herrschaft Hochenschwangau hat keine Landsassen.

## Landgericht Landsperg.

Kloster Wessebrun, Abtey, Hofmark.

Kloster Rottenbuch, Probst und Erzpriester, Hofmark.

Kloster Diessen, Probstey, Hofmark.

Kloster Staingaden, Hofmark, Abbtey.

Lichtenberg, Schloß samt dem Hofmark dem Landsfürsten.

Scheiringen, dem Landsfürsten.

Haltenberg, das Schloß dem Landsfürsten.

Tinzlbach, denen von Törring.

Raisting, Schloß und Hofmark dem Kloster Diessen.

Adlzhoven, Schloß und Hofmark den Fuggerischen.

Kaltenberg, Schloß und Hofmark denen Hundischen.

Türkenfeld, Schloß und Hofmark denen Aresingerischen und Englmayrischen, hernach den Fuggerischen.

Schmiechen, Schloß und Hofmark den Fuggerischen.

Greiffenberg, Schloß und Hofmark den Perfallischen.

Hayneberg, Schloß und Hofmark denen Haynebergischen.

Grüniertshofen, ein Sitz und Hofmark, vorhero denen Soiterischen, hernach Hoferischen.

Weyhl, ein Hofmark des Commenthurs zu Blumenthal, wird nicht davon zur Landschaft beschriben, ob er sonst schon erfodert wird.

Utting, ein Hofmark den Pergischen, wird nicht davon beschriben.

Winkhl, ein Hofmark denen Pfefferhauserischen.

Westenackher, ein Sitz und Hofmark den Aresingischen.

Pürgen, Sitz und Hofmark den Hochenkirchischen, jetzt den Burgauischen.

Stambach, und Langwaid, zweene Hofmärke. den Perndorffischen.

Bauffering, Sitz und Hofmark den [illegible]denbuecherischen.

Windach, Sitz und Hofmark, den [illegible]lingerischen.

Em

Emmingen, Schloß und Hofmark den Michael Mändlischen von Deutenhoven.

Päring, Sitz den Päringischen.

Wabern, ein Sitz den Senftlischen Erben.

Haltenberg, Schloß, Sitz und Sedlhof den Sattlerischen.

Stoffen, Sitz und Sedlhof, den Pitterichischen.

Findringen ein Sitz den Vogtischen.

Stadt Landsperg.

Markt Diessen.

## Landgericht Möring.

Wöhringerzell und Reufflsbrun zweene kleine Hofmärke den Perwangerischen.

Folgende Sedlhöf werden in die Landschaft nicht beschriben.

Zu Pachern, ein Sedlhof denen Weyerischen.

Zu Möring, ein Sedlhof denen Tichtlischen.

Zu Furholzried, ein Sedlhof denen Eisenreichischen.

## Landgericht Friedberg.

Täsing, Schloß und Hofmark den Weichsischen.

Pacher, ein Hofmark denen von Wellern.

Strözling, ein Hofmark und Sitz denen Sigmertshausischen.

Oberumpach, ein Sedlhof denen Ridlerischen.

Stadt Friedberg.

Ein Sedlhof zu Ottmaring denen Weichsischen, wird aber davon nicht in die Landschaft beschriben.

## Landgericht Aicha.

Kloster Khuebach, Abbtißinn, Hofmark.

Altenmünster, hat einen Hofmark zu Aberzell.

Unterwüttlspach, ein Sitz und Sedlhof dem Abbt zu St. Ulrich, in Augspurg.

Blumenthal, Schloß und Sedlhof samt seinen zugehörigen Hofmärkten des deutschen Ordens.

Haßlangkreit, Schloß und Hofmark denen von Haßlang.

Großhausen, Sitz und Hofmark denen von Haßlang.

Griespach, Schloß und Hofmark samt mehrer darzu gehörigen Hofmärkten, denen Weichsischen.

Scherneġg, Schloß und Hofmark denen Halbisch- und Gumppergischen.

Aeſſing, Schloß und Hofmark denen Haßlingerischen.

Stunz.

Stunzbach, Sitz, und Sellenbach Hofmark denen Weichsischen.

Hilgerzhausen, Schloß und Hofmark denen Löschischen.

Tandern, Schloß und Hofmark denen Mändlischen, vorhero denen Lungischen.

Aschbach und Schnaidberg, zweene Hofmärke, denen Egkischen.

Grießbekerzell, Sitz und Hofmark denen Burgauischen.

Schönleuthen, Sitz und Hofmark denen Hinterskirchischen.

Pichel, Sitz und Hofmark denen Gumpergischen.

Sulzbach und Pach, zweene Hofmärke der Universität zu Ingolstadt, werden nicht erfordert.

Adlzhausen, Hofmark denen Adlzhausische.

Handzell und Schnellmanskreit, zweene Hofmärk denen Gumppergischen.

Rabpazell, Sitz und Hofmark denen Weichsischen.

Windten, Sitz und Sedlhof denen Nußdorffischen.

Stadt Aichach.

| | |
|---|---|
| Rüehbach, | Märkt und in Altenmünster hat dieß Kloster von Fürstenfeldpruck ein Priorat. |
| Altenmünster, | |
| Aindling, | |
| Immenhofen, | |

Land-

## Landgericht Rhain.

Kloster Thierhaupten, Abbtey, Hofmark.

Thilling und Feldthaim, zweene Hofmärken, dem Kloster Schönefeld.

Pothmeß, Gumpperg, Schloß, Mark und Gericht den Gumppergischen.

Ober und Nieder-Par, samt Wisenbach und Schloß den Muggenthalischen.

Gempsing, heut Gempfing, ein Hofmark nur in der Etter, der Abbtißinn zu St. Walburg in Eichstätt.

Hantzell, Hofmark, liegt zum Theile im Gerichte Aicha, den Gumppergischen.

Riedthaim, ein Sitz denen Vieregischen.

Scharn, ein Sitz denen Gumppergischen.

Veldern, ein Sitz denen Kreütterischen.

Haßlbach, ein Sitz denen Gumppergischen.

Stadt Rhain.

## Gericht Wemding.

In diesem Gerichte ist kein Landsaß vom Adl; allein das Spital hat Amerbach und andere Güter im Bezirkh nacher Wemding gehörig, darüber das Spital ihren eigenen Richter hat.

## Ingolstadt.

Diese Stadt hat keinen Landsassen; aber Gerlsing, Oetting, und Strainham haben ihre eigene Hofgerichte und werden durch einen Pfleger verwaltet. Land-

## Landgericht Kösching.

Schlechenstain, Sitz denen Egkischen.

Ein Gefreyter, Sitz und Sedlhof im Markte denen Prandischen.

Pram an der Forst, ein Sitz denen Wegmacherischen.

Rähnainn, Sitz und Sedlhof denen Janischen.

Lechen, ein Sitz und Sedlhof, den Kreuterischen.

Helßberg, bey Kösching ist Urbar auf den Kosten Ingolstadt, denen Mufflischen.

Gumperdorf, ein Mark, ein gefreyter Hof, wird aber nicht in die Landschaft beschriben, denen Kernlerischen.

Markt Kösching.

## Landgericht Schrobenhausen.

Der Ort hat einen Pfleger, das Moß-Gericht und Lehenschaft.

Oberndärpach, Schloß samt seinem Hofmärk und Dörffer, so man nennt in Gey denen Preisingerischen.

Niederärnpach, Schloß und Hofmark denen Sandizellischen.

Werkhof, ein Sitz und Sedlhof denen Weichsischen.

Portenau, ein Hofmark denen Gumppergischen.

Wan-

Wangen, ein Hofmark den Seyblstorfische.
Hierschenhausen, ein Hofmark denen Löschischen.
Sarlberg, Sitz und Hofmark denen Meitingerischen.
Münnebach, ein Hofmark denen Löschischen.
Eslzried, ein Hofmark denen Pürkhabmerischen.
Herzhausen, denen Purgauischen.
Stadt Schrobenhausen.

## Landgericht Pfaffenhofen.

Kloster Scheyern, Abbtey, samt seinen Hofmärcken.
Kloster Geissenfeld, Abbtißinn.
Kloster Hochenwart, Abbtißinn.
Schenkhenau, Schloß samt seinen zugehörigen Hofmärcken, denen von Seybolstorf.
Ritterswörth, Schlöß und Hofmark denen Seyblstorfischen.
Eyrnpach, Schloß und Hofmark denen Gumppergischen.
Rorpach, Schloß und Hofmark denen Rorpachischen.
Reicherszhausen, Schloß und Hofmark denen Pfeffenhausischen.
Rotteneck, Schloß und Hofmark, hat Stock und Galgen, und eine Herrschaft denen Tainigischen.

Starzhausen, Schloß und Hofmark denen Zeilhoferischen.

Neuen Purgstall, Schloß und Hofmark, wie auch Vöhrenpach, ein Hofmark denen Seyblstorfischen.

Königsfeld, Sitz und Hofmark denen Egkhischen.

Oberlauterbach, Sitz und Hofmark denen Schofhauserischen,

Freyhausen, Hofmark denen Hausnerischen.

Adlzhausen, Sitz und Hofmark denen Gumppergischen.

Uttenhofen, Hofmark, innerhalb des Etters, denen Ligsalzischen.

Illmünster, Hofmark, dem Stifte unser lieben Frauen in München.

Niederlauterbach, Hofmark und Probstey St. Emeran in Regenspurg.

Obergerezhausen, ein Sedlhof, wird in die Landschaft nicht beschrieben denen Seyblstorfischen.

Stadt Pfaffenhofen.

Hochenwarth, } Märkte.
Geisenfeld, }

## Landgericht Voburg.

Kloster Biburg, mit seinen Hofmärken.

Kloster Altmünster, Abbtey und Hofmark.

| | |
|---|---|
| Ursing, Hofmark | gehören dem Landfürsten. |
| Oberwörth, Hofmark | |
| Silberzhausen, Hofmark | |
| Bärland, | |

Oberhaußlath, Sitz und Hofmark und Ilnwerdorf, denen Ekhischen, samt dem Sitze und zweenen Höfen.

Wagkherstain, Schloß, Hofmark, samt dem Dörfl Dotting, und zweenen Höfen zu Niederhain.

Etling, Schloß, Hofmark, Thraun, Schloß, Hofmark, denen Nothaftischen.

Thränn, Schloß, Hofmark, an dem Hofmark Herr-Ekh auch ein Sechstthail denen Feurischen.

Tenting, Sitz, Hofmark, ausser der Güter so erst hinzu sind gekauft worden, dem Doctor Viguleus Hund.

Niederhaunstatt, Hofmark der Universität zu Ingolstadt.

Wolfhausen, Hofmark denen Moroldingischen.

Thailbaidt und Telling, zweene Hofmärk denen Mufflingischen.

Ruedorf, Sitz und Hofmark, denen Reschnischen., zu Wolzah.

Herrnegk, Sitz und Hofmark, denen Puschischen.

Roggolting, Sitz und Hofmark denen Schreperischen.

Er-

Erlach, Sitz und Hofmark dem Doctor Ayrnschmalz.

Meningen, von etlichen Gütern, den Kreuttischen.

Möhring, ein Sitz den Garhaimerischen.

Auf dem Thurn, zu Vohburg Burgsäß daselbst.

Vohburg,
Sigenburg,
Pfäring,
Gaimershofen,

Märkt.

## Landgericht Neustadt.

Niederulrain, Sitz und Hofmark, dem Doctor Viehhauser.

Irnsing, Sitz und Sedlhof den Präntlerische.

## Herrschaft Abensperg und Altmanstain.

Kloster Rohr, Probstey, Hofmark.

Kloster Päring, Probstey, Hofmark.

Sandegk, Schloß samt den Mark, Stift und Gericht Eßing denen Freymanischen.

Hagenhüll, Graschauer-Sitz, denen Muggenthalischen.

Ofendorf, ein Sitz denen Truzkirchischen.

Stadt Abensperg.

## Landgericht Riedenburg.

Commenthur zu Altmühlmünster, Hofmarks Freyheit dem Joanniter-Orden.

Kloster Schamhaupten, Probstey.
Prum, Schloß, Hofmark denen Köckhischen.
Wildenstain, Schloß, Hofmark denen von Wildenstain.
Feiglsperg, Schloß, Hofmark denen Seyblstorfischen.
Hacksmach, Schloß, Hofmark den Muggenthalischen.
Sonderstorf, Sitz, Hofmark, Hofmag und neuen Hinzenhausen, Schloß und Hofmark denen Muggenthalischen.
Ebersperg, Schloß und Hofmark, Harlanden, Hofmark, Tachenstain, Hofmark denen von Eckh.
Aiggoldting, Schloß, Mayrhof, Sitz, Hofmark denen Güssérischen.
Sandt, Hofmark wird nicht in die Landschaf beschrieben.
Markt Riedtenburg.

## Landgericht Mainburg.

Meihaun, Sitz und Hofmark denen Puschischen.
Eberhausen, Sitz und Hofmark denen Reisacherischen.
Mumbhausen und Pebenhausen, Hofmärke denen Seyblstorfischen.
Aiglspach, Sitz denen Wisenfelderischen.
Leuterbach, Hofmark dem Kloster Biburg.

Zu

Zu Aiglspach, zweene Sedlhöfe sie werden nicht erfodert, denen Taufkirchischen.

Markt Mainburg.

## Landgericht Crandtsperg.

Wässenhausen, Schloß samt seinen Hofmärken, darunter sind die, so allein in Ettern Hofmärken haben, als St. Lipps, Appercha, Jarz, Thurnsperg, Ainhoren, Achli und zu Puech, sind zweene Höfe, drey Sölden dem Kloster Weihenstephan gehörig, (und Landgerichtisch) dem Bischofe von Freysing.

Burgkhausen, Wippenhausen, Nieder- und Oberhummele, Windrhaim, Marzling, Dingenhausen, Altenhausen, zu Aest zweene Höfe, Dinhing, und Gartzlhausen, diese sind nicht Hofmärke, sondern Freysingische Burgfriedt. Zu Haindlfing, ein Sedlhof. Anmerkung. Dieses alles ist dem Bischofe zu Freysing gehörig, aber nicht alles Hofmärchisch, sondern was unterstrichen, das ist Freysingisch Burgfridt.

Kloster Weichenstephan, Abbtey samt der Hofmark Vötting.

Kloster Neustift, Probstey, Hofmark in der Gassen.

Enthalb der Glan, etliche Hofmärke dem Kloster Inderstorf.

Berching, Hofmark mit Dirrenißmaning, dem Landsfürsten.

Cammer, Schloß, Hofmark denen von Haßlang,

Cammerberg, Schloß, Hofmark denen von Pinau, samt Aiterbach.

Bözendorf, Schloß, Hofmark denen Haßlangischen.

Weichs, Schloß, Hofmark denen Weichsischen.

Eisenhofen, Schloß und Hofmark, Wasen und Petershausen, Tafern, innerhalb des Etters Hofmark, denen Furtenbacherischen zu Augspurg.

Paumhausen, Hofmark den Thurnischen, heut Paunzenhausen.

Rehlbach, Hofmark innerhalb des Etters, ausser der zweenen Höfen, der Stadt München.

Thalhausen, ein Sitz und Sedlhof, denen Promerischen.

Allershausen und Thanbach, Hofmärken denen Reindlischen.

Schönbichl, Sitz und Sedlhof denen Thanhauserischen.

Blanbercha, Sedlhof denen Sünzhauserischen.

Sigkenhausen, Schloß und Hofmark denen Sigkenhauserischen.

Land-

## Landgericht Dachau.

Kloster Fürstenfeld, Abbtey mit dem Mark Prugg und andern seine Hofmärken.

Kloster Inderstorf, Probstey.

Berneging, Schloß und Hofmark.

Stamhausen, Immenhofen, Immenhausen, Otterhausen, Mammendorf, Mänhofen, Hofmärke dem Landsfürsten.

Maisach, Gammerwang, Esing, Lindach, und Aunbach dem Kloster Ettall, Hofmärke.

Eistlgriedt, Schloß und Hofmark denen von Pern.

Egenhofen, Schloß und Hofmark denen von Schwarzenberg.

Lautterbach, Schloß und Hofmark denen Hundischen.

Sulzemoß, Schloß und Hofmark, dem Doctor Viguleus Hund.

Adlzhausen, Schloß, Hofmark des Auers-Erben.

Weigertzhofen, Schloß und Hofmärk denen von Adzhausen.

Günzkofen, Schloß und Hofmark denen Perwangerischen.

Spillerberg und Oberschweinbach, Sitz uud Hofmark denen Polheimerischen Erben.

Aernbach, Sitz und Hofmark Achazi Degernseers.

Weilbach, Schloß und Hofmark denen Erenreichisch und Doctor Jehronyschen Erben.

Groß Inzenmoß, Sitz und Hofmark denen Eisenreichischen.

Päsenbach, Sitz und Hofmark denen Bartischen.

Adlzhausen, Sitz denen Eisenreichischen.

Viebing, Sitz und Sedlhof denen Seybolstorfischen.

Rigniershausen, Sitz und Dorfgericht denen Stinglhainerischen.

Rhematen, etliche Güter denen Weissenfeldischen.

Rheittenhofen, Sitz und Sedlhof denen Reitterischen.

Zu Riemershofen, dem Docter Perbingerischen.

Mark Dachau.

## Ende des Rentamts München.

### Summa Summarum des Rentamts München.

Städte. 16. Märkte. 20. Klöster. 39. Schlösser. 77. Hofmärkte. 245. Sitze. 126. Sedlhöf. 73. Höfe. 4. Burgställ. 2. Herrschaften. 3. Stifter. 2. Gefreyte Häuser. 3. Gefreyte Höfe. 1. Gerichter. 2. Commenthur. 1. Moßgericht. und Lehenschaft. 1.

# Rentamt Burghausen.

## Die Stadt Burghausen.

### Das Landgericht Wiltshut.

Etnau, Hofmark dem fürstlichen Kastenamte Burghausen.
Fränking, Sitz und Hofmark den Freyen von Fränking.
Ostenwang, ein Sitz denen Murhardischen.

### Landgericht Braunau.

Forstgericht, dem Landfürsten.
Neukirchen, Schloß, Hofmark den Gleinzischen.
Ibm, Sitz und Hofmark den Sondersdorffischen.
Perwang, ein Sitz den Noppingerischen.
Muntnhaim, ein Sitz den Muntnhaimerischen.
Pfaffstadt, Sitz den Walcherischen.
Halting, zweene Sitz den Ländrichingerischen.
Ottenhausen, ein Sitz den Ländrichingerischen.
Lentring, auf Cronburg, ein Sitz in gleichen.
Ach, ein Sitz den Kematerischen.
Niedersollern, ein Sitz denen Walchsingerischen.
Oberfing, ein Sitz den Berkoferischen.
Am Perg, ein Sitz den Prandtstetterischen.
Stadt Braunau.

## Herrschaft Traunstain.

Das Hals Gericht, gehört nacher Braunau.
Traunstain, Schloß und Hofmark denen Baumgartischen.
Stubnberg, Schloß und Hofmark, item Piernbach, der Hofmark denen Heckhenkircherischen.
Malching, Sitz den Frohnhaimerischen.

## Herrschaft Uttendorf.

Schloß und Hofmark hat keine Landsassen; das Gericht gehört nacher Braunau.

## Gericht Maurkirchen.

Das Halsgericht, ist nach Braunau gehörig.
Neuharting, Hofmark dem Bischofe von Passau.
Kloster Ramshofen, Pr. H.
Wiltenau, Sch. H. den Ahamischen.
Item Neuhaus, Sch. und Greinberg, Beede H.
Razenberg und Kirchdorf, Sch. und H. samt dem H. Achaim, den Taufkirchischen.
Zum Wasen, Sch. und H. item St. Peter, H. den Schmiechischen.
Hagnau, Sch. H. den Rainerischen.
Wibenhaim, H. in der Tafern, so weit die Dachtropfen gehen, den Sonderndorfischen.

Mill.

Millhaim, Sch. H. den Haunspergerischen.
Pogenhofen, S. H. den Pinzenauischen.
Graben und Pirach, zweene H. den Paumgartnerischen.
Am Stern, H. denen Messenpöckischen.
Neulach und Pirach, zweene H. Maimling, ein S. Schachen, ein S. denen Elricheringerischen.
Leutten, ein S. H. den Tachspergischen.
Vorstern, H. der Stadt Braunau.
Roßbach, ein Edlmans-Sitz, in der Tafern Hofmark, so weit die Dachtropfen gehen, denen Wildensteinischen.
Grünau, ein Sitz den Freyischen.
Benhard, ein Sitz den Reitterischen.
Sunzing, ein Sitz den Goldtnischen.
Herbsthaim, ein S. den Herbsthaimerischen.
Prunthall, den Wibinhuberischen.
Aspach, ein Sch. den Taxbergischen.
Markt Maurkirchen und
Markt Althaim.

## Julbach.

Seibelstorf, Sch. den Offenheimerischen,
Ritzingen, ein Sitz den Traunerischen, heut Ritzing.
Deindorf, ein S. denen Maroldingerischen, heut Teindorf.

## Herrschaft Leonberg.

Hat keinen Landsassen.

Markhl, | zweene Märkte.
Thann, |

## Gericht Schärding.

Kloster Reichersperg, Pr. und H.

Kloster Suben, Pr. und H.

Pfäffing, und mehr auf etlichen Gütern.

Hauzing ein S. obiges und dieß dem Kloster Reichersperg gehorig.

Grumplstein, Sch. und H wie auch Pirchenwang Sch. und H. dem Bischofe zu Passau.

Orth, Sch. und H. dem Bischof zu Chiemsee.

Osternach, des Capitels zu Mattigkosen.

Parz, ein Schloß des Capitels zu Passau.

Räb und Münzkirchen, zweene H. Einperg, der Sitz den Tädtenpöckischen.

Sighardting, ein H. denen von Pinau und Pernigischen.

Seel, S. und H. denen Hochenkirchischen und Rittschänischen.

Schwendt, Kalling, Sch. und H. den Messenpeckischen.

Altenschwendt, S. und H. denen Stockerischen.

Hätzing, Sitz und Hofmark denen Stockerischen,

Ried-

Riedrau, S. und H. denen Rittschän und Frankingerischen.

Odenmeißing und Raindring, zweene S. den Hechfelderischen.

Murhaim, den Murhaimischen.

Heckhenbuch, ein S. den Rainerischen.

Lauffenbach, ein Sitz den Rainerischen.

Schergen, ein S. den Rabischen Erben.

Hackheled dem Hackhelederischen.

Moßbach, ein Sitze den Obigen.

Teuffenbach, ein Sitz den Perckhoferischen.

Ridlhub, den von Rietschach.

Stadt Schärding.

## Landgericht Ried.

Wernschwang, ein H. dem Bischofe zu Passau.

Furt und Möhring, zweene H. den Gleinzischen.

Oberneizing, ein Schloß, Schloß und Sitz und halbe Hofmark den Haungartischen

Niederneizing, Sitz den Gleinzischen hingegen der halbe Hofmark.

Aurolzmünster, Mark und Hofmark den Thannbergischen.

Künzing, H. den Georgerischen.

St. Mörthen, Schloß und H. den Tränbachischen,

Eberschwang, und Mayrhof, Sch. u. H. den Markschalkischen.

Oel

Oelreching, S. u. H. den Schärffedischen.
Furthn, H. den Schwarzensteinischen.
Pramach, dem Dom-Capitel zu Passau.
Veitshoven, H. den von Ziewäzischen.
Weegleuthen, ein S. den Weyerischen.

Folgende Sedlhöf werden nicht in die Landschaft erfordert.

Zu Schwalkheim, S. und Sedl. Zu Ornating ein Sedl. Zu Aichat ein Sedl. Zu Grubmühl, ein Sedl. Item zu Weyer zu Niedermurhaim, und zu Zimmerthal, alle dem Hochstifte Passau.

Zu Spendlheim, zu Algheim, und zu Wurmhocking, alle des Kloster Reichersperg.

Markt Ried.

## Landgericht Friedburg.

Stift Mattikofen.

Mattikofen, Sch. Herrschaft, Markt und Hofmark zu der Tafern Landspurg, inner der Tafern Hofmarch dem Grafen von Ortenburg.

Mittlspach, Tafern, Hofmark den Rainerischen.

Stalkofen, S. den Gremsischen.

Erb- und Reichstärt, den Rainerischen.

Schwigkertsried, ist Urban gegen Fridburg den Schweikerts-Rittern.

Weis

Weissendorf, ist Urbar gen Friedburg den Freyerischen.
Herbstheim, ist Urbar den Herbstheimerischen.
Oberweissau, den Meißriemlischen.
Mark Friedburg.
(lauter Eig.)
werden aber nicht in die Landschaft beschrieben.

## Landgericht Oetting.

Kloster Raittenhaßlach, Abbtey und H.
Stift Altenoeting, Pr. Dechant, Capitel, H.
Tißling, Sch. Mark H. den Törringischen,
Denging, H. dem Casten zu Burghausen.
Waldtberg S. und Arbing H. den Trenbachischen.
Haining, zweene S. und H. den Törringischen.
Ahlebing, S. den Tauffkirchischen.
Gutteringen, H. den Tauffkirchischen.
Niederperrach, den Noppingischen.
Burgfried, Sch. den Trenbachischen.
Pießing, ein S. den Offenheimerischen.
Frauenpichel, ein S. den Törringischen.
Wünkel, ein S. den Löffelholzischen.
Haunreith, ein S. den Haunreithischen.
Stadt Oetting.

## Herrschaft und Gericht Wald.

Wald, denen von Pern gehörig, hat keine Landsassen: dieser Stamm ist abgestorben

Land-

## Landgericht Mörmosen.

Furt, ein S. den Taufkirchischen.
Klugheim, ein Sitz den Kluegheimischen.
Seehauß, ein Sitz den Grießetterischen.

## Herrschaft Hochenaschau und Wildenwart.

Hochenaschau, Sch. und Herrschaft dem Landsfürsten.
Wildenwart, Sch. und Herrschaft hat keine Landsassen.

## Landgericht Trostburg.

Kloster Bamburg, Probst und Erzpriester, Hofmark samt dem Mark und Altenmark
Seepruck, Sch. und H. der Abbtißinn in Chiemsee.
Stein, Sch. und H. den Törringischen.
Herzheim, ein S. den Herzhaimischen.
Altheim, ein Sedlhof den Göstenbergischen.
Trosperg, ein S. den Docter Gartnerischen.
Trosperg, ein Sitz den Ahaimerischen.
Mark Trospurg.

## Landgericht Krayburg.

Jettenbach, Sch. und H. denen Törringischen.
Guttenburg, Sch. und H. Ennsdorf und Taufkirchen, denen Taufkirchischen.

Win-

Winkelheim, ein Sitz den Rainstorffischen.
Neuebau, zu St. Erasm, den Trebeckischen.
Mark Kraybung.

## Landgericht Cling.

Kloster Seon, Abbtey H.
Kloster Herren-Chiemee, Erzpriester H.
Kloster Frauen-Chiemsee, Abbtißinn, H.
Kloster Altenhochenau, Priorinn H.
Vogtnraith, H. und Probstey St. Emmeram in Regenspurg gehörig.
Mitterngarsch, H. inner des Etters, gehörig nach Salzburg.
Amerang, Sch. und H. denen von Per,
Forcheneck, Sch. und H. den Pienzenauischen.
Griesstädt, oder Wahrnbach, Sch. und H. den Etzdorfischen.
Schönstädt, ein S. den Baumgartischen.
Oeching, ein H. den Wingerischen.
Ober- und Niederprün, H. den Santhaimerischen.
Penzing, ein S. den Flizischen.
Stephanskirchen, ein S. den Oberndorfischen.
Fräbertsheim, ein Sitz den Muhrerischen.
Obing, ein S. den Riedlerischen.
Perfall, S. den Ebenhausischen.

En-

# Ende des Rentamts Burghausen und Oberbayern.

Anmerkung in diesem Herzogtume werden gezählet.

Städte 20. Märkt 41. Klöster 49. Schlösser. 106. Sitz 202. Hofmärk 302. Sedlhöf 90. Gericht- Moß- und Forstrecht 5. Burgställ 1. Herrschaften 6. Stifter 4. gefreyte Häuser 3. Commenthur. 1.

# Landtafel

## Des Fürstentums Niederbayern.

### Rentamt und Stadt Landshut.

Säullingthall, das Kloster und Abbtißinn allda wird von denen Gütern nicht in die Landschaft beschrieben.

### Landgericht Aerding.

Eitting, H. inner des Etters dem Bischofe zu Freysing.

Puech, in Erlpach, H. der Abbtißinn in Chiemsee.

Pergkofen, H. der Stadt Moßburg.

Jning,

Jning, S. und zweene Sedl dem Abbt zu St. Emeran in Regenspurg.

Jetenstötten, ein S. dem Probst von Pertoltsgaden.

Perg und Achdorf, beede H. den Schleichischen Erben.

Priesendorf, den Grafen zu Haag.

Fraunberg und Riding, zweene H. denen von Frauenberg.

Taufkirchen, Sch. und H. item Alten-Erding, der H. den Fuggerischen.

Altenfrauenhofen, Schloß und Herrschaft samt dem Hofmark Winden den Frauenhoferischen.

Neuenfrauenhofen, Sch. und Herrschaft den Frauenhofischen.

Rhopspurg, Sch. u. H. den Blarerischen.

Niedergeißlbach, Esterndorf, und Pästött, 3. H. denen Preisingischen.

Chronwinkhl, Sch. H. in der Tafern zu Ehing, so weit die Dachtrofen gehen, den Preysingischen.

Zuhmstain, Sch. u. H. den Preysingischen.

Wasen, Tegernbach, Sch. und H. dem Probsten zu Pertolsgaden.

Kürch, Regernbach, H. den Haunspergischen.

Frauenberg, Sch. H. den Frauenbergischen.

Hofstäring, H. den Seybolstorfischen.

Käpfing, H. den Eckerischen.

Vilshaim, Sch. und H. den Puschischen.
Puech, in Irlbach, S. und H. wie auch Hättnham, den Ruedolphischen.
Münchdorf, H. den Münchischen.
Starzell, dem Docter Schrettlischen.
Peming, H. dem Grafen von Orttenburg.
Mozing, S. und H. den Rosenbuschischen.
Pirnbach, S. und H. dem Hans Albrecht von Preysing.
Oberngankhofen, H. den Münchischen.
Nieder Irlbach, S. und H. den Pürgkeimischen.
Riedersheim, S. und Sedl. den Neuchingerischen.
Aufhausen, S. und H. den Allhertpeckerischen.
Pirgkhag, ein S. den Lampfritzhaimischen.
Kalling, S. und H. den Stäringischerischen.
Wünkel, S. den Stainhauserischen.
Ining, Tafern den Tanhauserischen.
Högerstorf, ein S. und zweene Höfe den Neuchingerischen.
Kürchötting, ein S. den Seyboltstorfischen.
Zeilhofen, ein S. den Zeilhoferischen.
Straubing, ein S. den Sigerstreiterischen.
Pergering, ein Sedl. den Neuchingerischen.
Furtarn, ein S. den Götzgrünischen.
Weeg, ein S. zur Herrschaft [illegible], den Pfettnerischen.

Weeg,

Weeg, H. den Wöstacherischen.
Langenpreysing, Gericht, Mayrhof allda, den Wöstnacherischen,
Puech, am Puechrain ist Urbar auf dem fürstlichen Kasten Landshuet, den Sigershausischen.
Otrering, ein S. den Seybolstorfischen.
Päbing, ein S. und Sedl. den Holznerischen, hernach Krausischen.
Lindum, H. den Wöstacherischen.
Peurbach, ein S. den Kneittingerischen.
Thann, ein S. den Puecherischen.
Stadt Aerdring.
Markt Wartenberg.

## Landgericht Mosburg.

Stift Mosburg, Probst, Dechant, Capitl, jetzt zu Landshuet.
Jolling, dem Stifte Freysing.
Kürchdorf, ein S. des Thomcapitels zu Freysing.
Thurn, Seybolstorf, zweene H. der Stadt Mosburg.
Mozenhausen, ein H. dem Kloster Biburg.
Herrenkirchen, H. und ein S. dem reichen Almosen zu München.
Mörting, ein H. dem Landsfürsten zum Schloß Woldzach gehörig.
Helffenbrun, H. den Reimund Fuggerischen.
Au, Sch. und H. den Turischen.

Palzing, H. den Preysingerischen.
Hengerzhausen, den Seybolstorfischen.
Dielbach, ein H. und Maurn ein S. den Kuttenauerischen.
Aitterbach, den Puschischen von Lautterbach.
Sandlzhausen, Sch. und H. denen Rorpeckischen.
Pfetterach, ein H. den Preittenbachischen.
Innkofen, Sch. und H. ausser 3. Urbarshöfe den Raindorferischen.
Obersießbach, Sch. und H. den Kärglischen.
Flitzing, Anglberg, zweene H. item Haag, S. und H. dann Sunzenhausen der H. den Flitzingischen.
Herrnkirchen, ein H. den Püllingischen.
Wolferstorf, Sch. und H. den Reiterischen.
Pruckberg, ein H. mit einer ausgedingten Maaß den Trumerischen von Zeitlern.
Laberstorf, und Hernau, den Zellerischen.
Gerlhausen, S. und H. den Pürkhaimerischen.
Apldorf, S. und H. den Thurnischen, heut Aplstorf.
Altenkirchen, S. und H. den Stainingerischen.
Pielkofen, ein S. den Ligsalzischen.
Thegernbach, ein S. und H. den Gaisterischen.
Ascheim, S. den Aschischen.
Eggerstorf, H. S. Sedl. den Sibenbürgerischen.

Thurn,

Thurn, von Mosburg.
Stadt Mosburg.
Markt Mandlstadt.

### Herrschaft Woltzach.

Beisenhausen, S. und Sedl. den Seybolstorfischen.
Markt Woltzach.

Anmerkung. Herrschaft und Markt dem H. Docter Elsenhaimer Canzler zu München gehörig.

### Räzenhofen.

Räzenhofen, hat keinen Landsassen, gehört an den von Mamming.
Zu Elsendorf, hat der Abbt von Admont aus Steuermarkt eine Probstey, sie wird aber nicht in die Landschaft erfordert.

### Rottenburg.

Willerstorf, ein H. dem Kloster Rohr.
Moosthann und Gindlkoven, zweene H. dem Kloster Selingthal zu Landshuet.
Geißlzhausen, S. und H. der Abbtißinn zu Niedermünster in Regenspurg.
Altheim, Essenbach, Pogenhausen, Türkenfelden, 4. H. dem Landsfürsten.
Wildtenberg, Sch. und H. den Ebronischen.

Pättendorf, ein H. darinnen ein Spital, den Ebronisch, und Paulstorfisch in Wechsl.

Au, S. und H. den Trainerischen.

Purth, Niedersitzbach, Niederneuhausen, Oberneuhausen, Pfäffendorf, Iglhausen, Kam, Reith, S. und H. gehört alles den Kärglischen.

Obern, S. und H. den Nothhafftischen.

Engenbach, H. dem Landsfürsten und Jengerischen in Wechsl.

Ober und Nieder-Cölnbach, samt dem H. Wilspach, den Vetterischen.

Thandorf, und Lengdorf, zweene H. den Preysingischen.

Oberlautterbach, Sch. und H. dem Doctor Viechhauserischen, ingleichen Ludmanstorf.

Ober und Nieder-Hornbach, Sch. u. H. Ränerzhausen, Ebenhausen, und Hinclabar, 3. H. den Merolttingischen.

Holzhausen, S. und H. den Perkhoferischen.

Hilzbach, ein H. den Königsfeldischen.

Moßweng, S. und H. den Pettoferischen, ingleichen Weng.

Englstorf, ein H. den Jüdischen.

Pruckberg, Sch. hat allein ein Schloß, u. die Tafern ein H. den Zeitlerischen.

Pfetring, Sch. und H. den [illegible]schen:

Niederhätzenhofen, S. und H. den Nothhaftischen von Weissenstain.
Weichenstephan, S. und H. den Krafthoferischen.
Körnbach, S. und H. den Auerischen von Gankofen.
Herrnstorf, Sch. und Moßberg zweene H. der Trainerischen Wittib.
Paintlkofen, S. und H. den Aschischen.
Unser Frauen Glan, Tafern, soweit die Dachtropfen gehen, H. Grießbach, H. das Landgericht hebt die Steuer, dem Kloster Selingthal, bey Landshuet gehörig.
Lichtensee, ein H. das Landgericht hebt die Steuer, der Abbtißin zu Niederviechbach.
Schmallnstain, ein S. und H. den Krausischen.
Mierskofen, ein Sedl. den Neumarischen zu Straubing.
Edrland, ein Sedl. den Kärglischen.
Weichenmühl, ein Sedl. den Kärglischen.
Altenhausen, Sedl. den Praittenbachischen.
Markt Rottenburg.
Markt Pfeffenhausen.

## Landgericht Kirchberg.

Kloster Mahlerdorf, Abbtey, H.
Hofkirchen, ein H. dem Thomcapitl zu Regenspurg.

Eching, Sch. und H. dem Bischof zu Regenspurg.

Veinkofen, S. und H. dem Kloster St. Emeran in Regenspurg.

Obertrautbach, S. und H. dem Kloster Selingthall bey Landshuet.

Obererbispach und Umkofen, 2. H. dem Landsfürsten.

Grafen, Trautbach, Ober und Niedergräßlfing, 2. S. und 2. H. und Manschein, H. denen Leiblfingischen.

Oberdeckenbach, den Lerchenfeldischen.

Alkhofen und Wallkofen, zweene H. den Seinshaimischen.

Laberweinting, Sch. und H. den von Münichau.

Ertenkofen, S. und H. den Edlmannischen.

Neufarn, S. und Aenshofen, H. denen Hauspergischen.

Zaizkofen, Sch. und H. den Königsfeldischen.

Niederdernbach; ein H. innerhalb des Etters den Eblebensischen Erben.

Schainbach und Hautzling, S. und H. den Wissentischen.

Peurbach, Sch. und H. den Schainerischen.

Sallach, Sch. und H. so weit die Ringmauern, den Taufkirchischen.

Jelenkofen, Langenhettenbach und [illegible]furn, 3. H. den Bschornischen.

Ober-

Oberelmbach, Sitz und H. den Leuprechtingischen.

Eberstall und Kleich, ein S. und H. den Kärglischen.

Imkof, S. und H. den Grießmayrischen.

Räckstorf, H. und S. den Aschischen.

Weilsperg, S. und H. der Konigsfeldischen Wittib.

Häblspach, S. und H. denen Vierpöckischen.

Reiten, ein H. dem Strailler Burger zu Landshuet.

Andermanstorf, S. und H. den Aschischen.

Oberlindehart, Ettenkofen, H. und Sitz den Edlmansischen.

Korberg, ein Sedl. den Sterrischen.

Niederelmbach, den Armspergischen.

Geißlhöring, ein Markt.

Pfaffenberg, ein Markt.

## Eggmühln.

Ist ein sonderbarer Hofmark, hat keine Landsassen, aber Schloß und Markt, wird aber nicht in die Landschaft beschrieben.

## Landgericht Teyspach.

Kloster Niederviechbach, Priorinn, H.

Obernviechbach, Probstey, H. innerhalb des Etters.

Ahaim und Lotzenkirchen, den Ahaimischen.

Stalbang, S. und H. den Thurnischen.

Berzen, Joannesbrun und Mangern,
ein S. und drey H. den Vierecklischen.

Marchenkofen, ein Tafern und 6. Sölden den Fraunberg und Seybolstorfischen.

Niederaichpach, ein Sitz und Hofmark
den Königsfeldischen.

Oberaichpach, ein H. den Schurfischen.

Theitenkofen, S. und H. den Baumgartnerischen.

Huntspaum, ein H. in gleichen.

Bunzkofen, ein H. auf ein Hof und drey
Sölden den Günzkerischen.

Mägerstorf, den Peisserischen.

Hofmühl, den Schleichischen ein H.

Börlkofen, ein H. und Marklkofen denen
Egkerischen, ingleichen Thurn bey Frontenhausen.

Riedting, S. und Sedl. den Vißlerischen.

Marklkofen, den Zachreißischen.

Scheyring, ein Sitz den Geyerischen.

Rädlkofen, S. und H. den Laiminggischen.

Loznkirchen, S. und Sedl. den Laimin-
gischen.

Rämplstötten, ein Sedl. den Atterischen.

Märkte, Teyspach, Frontenhausen, [illegible]
goltspach, Pilsting.

Land-

## Landgericht Dinglfing.

Kloster Seemansbausen, Augustiner Ordens, wird nicht in die Landschaft erfordert.

Memming, Gepferting, Sämerskirchen, 3. H. dem Grafen von Orttenburg.

Poxau, Schloß und H. item Aichlkofen, den Fraunbergischen.

Warth, Sch. und H. den Notthaftischen.

Tunzenberg, Sch. und H. den Sandizellischen.

Kettenkofen, Huttenkofen, und Lenkofen, auf den Gütern H. den Sandizellerischen.

Hofdorf, S. und H. den Amsheimerischen.

Pirkhausen, den Baumgartnerischen.

Weixhofen, H. den Stinglhaimischen.

Martinsbuch, H. den Jordanischen.

Mengkofen, H. den Armanspergischen.

Münchhausen, ein H. den Muffischen.

Schernau, ein Sitz und Hofmark denen Pätzingerischen zu Landshuet.

Schalnhof, den Schurfischen.

Thurnhenning, den Köllpeckisch- u. Stinglhamischen.

Moßthenning, S. und Sedl. den Magenreitterischen.

Hagkofen, ein S. den Pelkoferischen.

Stadt Dinglfing.

Gericht

## Gericht Reispach.

Freyberg, S. und H. den Walterischen.
Markt Reispach.

## Landgericht Landau.

Hailigkofen, Sch. und Herrschaft und H. dem Grafen von Orttenburg.
Aufhausen und Ruestorf, zweene H. den Closischen.
Prun und Zechsing, den Closischen.
Pergkweiß und Enzenweiß, 2. H. den Closischen, item Brätterstorf, Sch. u. H. darzu gehören auch die Dörfl, Pocking, Willing und Wochenweis, den Linderischen, vorhero dem Doctor Abtockher.
Oberhegking, ein H. den Kreittenweißischen.
Oexing, Sch. und H. den Tättenpöckischen.
Oberpöring, Sch. und H. den Perkingerischen, und Weissenfelderischen.
Wildthurn, Sch. und H. halb den Tandorfischen, und halb den Puechleiterischen.
Adldorf, Sch. und H. item Wänerstorf, der H. den Schölnerischen.
Oberndorf, ein H. den Schätzlinischen.
Pergweiß, den Jslischen.
Zilling und Harburg, 2. H. den Purchhauserischen.
Malgerstorf, ein H. den Vißlerischen.

Reicherstorf, ein H. denen Kållingerischen, Krausischen nnd Schötterischen Erben.
Schmiehedorf, ein H. den Stainhausischen.
Weyhen, ein H. den Pelkosischen.
Niderhausen, ein S. den Grienpeckhischen.
Peßldorf, ein S. den Gruberischen.
Weyer, ein Sitz den Angerpeckhischen.
Stadt Landau.
Euchendorf, ein Markt.
Simbach, ein Markt.

## Landgericht Osterhofen.

Kloster Osterhofen, Abbtey, H.
Ruegkesting, ein H. dem Kloster Niederaltach, item Aiechach, der H.
Daßfeld, ein H. auf der Tafern des Kloster Osterhofen, wie auch Niedergessenbach, so weit die Dachtropfen gehen.
Niderpöring, Sch. und H. den Seyblstorfischen.
Erling, ein H. den Weisenfelderischen.
Westendorf, den Perlach und Weissenfelderischen.
Kirchdorf, der H. und Sedlhof, den Fränzhingerischen.
Mooß, ein Schl. Nießling, Laugen, und Kircheniserhofen, 4. H. des Hanns Albrechts, von Preysingischen Erben.
Ramstorf, S. und H. den Goderischen.

Ra-

Raspelstorf, ein H. auf den Sedlhof, Tafern und einen Gut, den Törbergischen.
Herblfing, S. und H. den Kraußischen.
Ottmering, ein S. und H. den Starzhauserischen.
Abolming, Sch. und H. den Maxlrainischen und Nothhaftischen Erben.
Stadt Osterhofen.

## Gericht Natternberg.

Posching, ein H. den Regenbergischen.
Pielweiß, ein H. gehört nach Ahelling.
Pfeitzkofen, ein H. den Trenbachischen.
Markt Plädling.

## Landgericht Vilshofen.

Kloster Allerspach, Abbtey, H.
Kloster St. Nicolai, Probstey, H.
Stift Vilshofen, Probst, Dechant, Capitel.
Walchsing und Latterstorf, 2. H. dem Landsfürsten.
Haydenburg, Sch. und Herrschaft samt dem Mark und H. Peitlspach, den Closischen.
Grafschaft Orttenburg, das Hinter und Forder Sch. Alte und Neu Orttenburg samt den Markt, hat alle hoch- und niedere Gerichtbarkeit, ligt zum Theile im Griespacher Gericht, Ecklhaim, ein H.

diese

diese alle sind von Jachim Grafen von Orttenburg, an den Landsfürsten komen.

Saldenburg, Sch. und H. Walchendorf, Enthscherreith, Trautmanstorf, und Turmansbank, 5. H. den Fuxischen.

Englburg, Sch. samt seinen H. Penning, Neukürchen, Enzerstorf, Hof, und Mägling, den Schwarzensteinerischen.

Fürstenstain, Sch. samt den H. Peiggarding, Reitt, Götzenreith, Weitting, Lindau, Kopphaim, Oeging, Tietrichschwing, gleichfals den Schwarzensteinerischen.

Englfing, ein H. den Grafen von Schwarzenberg.

Tittling, Schloß und H. samt seinen H. Pretz, und Waltendorf, den Nußdorfischen.

Witzmansperg, Sch. und H. den Pattigkaimerischen.

Reinhartsreith und Garhaimb, 2. H. gehören nach Schölnstain.

Haidenburg, Sch. und Herrschaft samt dem Mark Rittenbach und H. Peitspach den Closischen.

Gruebhofen, S. und H. den Scharffedischen.

Haßlbach, Sch. und H. den Pfeillnischen.

Ainpach, Sch. und H. den Sterrischen.

Garhaimb, Sch. und H. den Pollweillischen.

See-

Seenach, Sitz und H. dem Veit Thurnerischen.
Gschaidtsreith und Leuten, S. und H. den Weissenfelderischen.
Ambshaim, Tafern, ein H. den Offenhaimerischen.
Hofreith, ein S. den Sternischen.
Walkhsing, ein S. den Goderischen, item Kriegsdorf, der Sitz.
Gunzing, ein S. den Ernreiterischen.
Haybach, ein S. den Stegerischen.
Hinterholzen, ein S. den Closischen.
Schächering, ein Sitz den Kättingerischen.
Stadt Vilshofen.
Markt Pfleindling.
Grafschaft Hals, hat keinen Landsassen.

## Landgericht Griesbach.

Farnbach, Abbtey, Hofmark.
Riettenburg die Herrschaft, samt dem Hofmark Sauerstetten, und etliche mehr Güter gehören dem Bischofen zu Passau, darauf aber die Herzoge zu Bayrn das Halsgericht und Landsfürstliche Oberkeit haben,
Aschpach, Abbtey, H.
Fürstenzell, Abbtey, H.
Salvator, Abbtey, H.
Fötting, H. des Capitels Mattigkofen.

Dürn-

Dürnperghaim, dem Landsfürsten, wie auch Bögning, heut Gegning.
Säldenau, Sch. samt seinen H. Pucch, Herzerzhaim, heut Herbersheim, und Niederiglbach, wie auch der H. Ratenburg, dem Grafen von Ortenburg.
Sulzbach, ein H. den Lengerischen.
Pockhing, ein H. den Baumgartnerischen.
Mottau und Mittich, ein S. und H. den Fränkingischen, heut Madau.
Pergkhaim, ein H. den Nußdorfischen.
Reispach und Aufhaim, den Pinzenauischen.
Dorfbach, Sch. und H. dem Grafen von Ortenburg, heut Dorspach.
Neuhaus, Sch. und H. den Grabmayrischen.
Pilhaim, ein H. den Roßischen, heut Pulheim.
Peuerbach, ein H. den Ederischen.
Töttenweis, ein H. den Mahrhoferischen, heut Toteweis.
Ottenberg, ein H. den Roßischen, wie auch Innhaimb, heut Inkhaim.
Inzing, ein S. den Ottenpergischen.
Schönburg und Rohr, 2. S. den Schönburgischen.
Hofgarten, ein S. den Rädlkoferischen.
Egkershaim, S. den Pürkingerischen.
Ruestorf, S. den Ruestorferischen.

Hettenmayr, ein S. in H. den Schachnerischen, wie auch Tettenweis, der Sitz.
Weichemerring; ein Sedl. den Ortnerischen, heut Weichmering.
Kärpsing und Kleeberg, 2. S. den Auerischen, heut Karpfheim.
Rottau, H. den Baumgartischen.
Erlpach, ein S. den Toblhaimerischen.
Märkte Griesbach.
heut Münster.
Chöstlarn, Käßler.

## Landgericht Pfarrkirchen oder Reichenberg.

Reichenperg und Tegernpach, 2. H. dem Landsfürsten.
Armstorf, Sch. Markt, und H. den Closischen, jetzt Armanstorf.
Schloß Neydeck und Herrschaft Anzkürchen, 2. H. dem Grafen von Ortenburg.
St. Marienkirchen, Sch. und H. samt dem H. Perndorf, den Closnerischen.
Münichdorf, Sch. und H. den Seybollstorfischen.
Baumgarten, Sch. und H. den Pienzenauischen.
Prambach, Sch. und H. den Eigershofischen, heut Pronbach.
Guetteneck, H. und Sch. item die 2. H. Tumeldorf und Obergraensee, den Ofsen.

senhaimerischen, item der Sitz Eizing, heut Eiting.

Thyernstain, heut Turnstein, Sch. und Postmünster, H. den Paulstorfischen.

Säm, ein S. den Gruberischen, heut Sam.

Petterskirchen, ein S. und H. den Pienzenauischen.

Grueb, ein S. den Gruberischen.

Obern-Tättenbach, ein S. den Tädtenpeckischen.

Kirchperg, ein Sitz den Secklerischen.

Schwanhof, heut Schwanzhof, ein Sitz den Göglerischen.

Schreinerhof, heut Schreyerhof, ein Sitz den Fürgoldischen.

Niedergrasensee, heut Untergrassensee, ein S. den Erlpeckischen.

Piernbach und Asperhausen, heut Aspetzhausen, 2. S. den Pellkoferischen.

Laterhaim, heut Lodersham, ein Sitz den Rainerischen.

Hochenberg, heut Hegensperg, ein S. den Haiderischen.

Minichhausen, heut Münchshausen, ein S. den Minichischen.

Nöhaim, heut Nahaim, ein S. den Auerischen.

Trüffter, heut Trüftlern item Tristlern, ein S. den Blizingerischen.

Förderl, heut Federl, ein S. den Grembsischen.

Märkte, Pfarrkirchen und Auffer.

## Landgericht Egkhenfelden.

Gern, Sch. und H. item Hirschberg, Sch. und H. und Ingdorf, der Hofmark, den Closischen.

Sallach, S. und H. den Herbstischen, sonst Solach.

Wolfseckh und Gerezkirchen, Sch. und H. den Meroltingischen.

Schonau, S. und H. item der S. Minichen, den Erlpeckhischen.

Obertürkhen, ein H. den Lengenbergischen.

Hofau, ein S. und Hofmark, den Tättenpeckhischen, wie auch die 2. S. Kürchberg und Hanspach.

Schernekh, Sch. und H. den Anzingerischen.

Peüzing, Sch. und H. den Leoprechtingischen.

Eybach, ein S. den Zachreisischen.

Mitterkirchen, ein H. den Closnerischen.

Taufkirchen, ein Schloß, den Zellerischen Erben.

Zwecksperg, ein H. den Baumgartnerischen.

Rettenbach ein H. dem Spital zu Braunau, sonst Ratepach.

Perg-

Pergkhaim, Dietriching und Winkl, 3. H. den Trenbachischen.
Ralsiperg, ein Sedl. den Dietrichingischen.
Falkenberg, den Schacherischen.
Aich, ein H. den Gruberischen.
Rolleroaich, ein S. den Scharfsedischen.
Oberreitherhofen, ein Sedl. den Jachenstorferischen.
Zumsehen, ein Sedl. den Frenkingerischen.
Plockhing, ein S. den Closnerischen, heut Plecking.
Pößlberg, ein Sedlhof, den Määttner zu Strauhing.
Neuling, ein Sitz und Sedl. den Azingerischen, sonst Mällingen.
Markt, Egkhenfelden.

Wurmansquickh.

## Gericht Gankhofen.

Commenthur, des Deutschenhauses daselbst.
Königsperg, ein S. den Hochholtingischen.
Gankhofen, ein S. den Auerischen.
Märkt, Gankofen.

Mäsing.

## Gericht Dfforen.

Mossen, Sitz und Sedlhöf, den Mossacherischen.
Markt Dorffen.

## Landgericht Neumarkt.

Kloster St. Veith, Abbtey, H. zweene zu Kirchhofen und Römming.

Kloster Garsch, Probst und Erzpriester.

Kloster Au, Probstey.

Harpoldten, H. dem Landsfürsten.

Würth, ein S. und H. den Frauenhoferischen.

Schwindeck, Sch. und H. samt Hofgiebling, den Haunspergischen.

Möling und Aschau, Schloß und H. den Törringischen.

Zangberg, Sch. und H. den Tachspergischen.

Salomanskirch, Sch. und H. den Herzhaimerischen.

Walkersaich, Sch. und H. den Puecherischen.

Stög, Sch. und H. den Losinzischen.

Oberpergkirchen, ein H. den Herzhaimerischen.

Englkofen und Neuenherberg, Sch. und H. den Nußdorfischen.

Almshaim, ein S. den Baumgärtnerischen.

Hölsperg, ein S. den Closnerischen.

Daxenberg, ein S. den Darbergi[illegible]

Hochenpuechbach, ein S. den [illegible]chischen.

Gräfing, ein S. den Leoprechting[illegible]

Nattershaim, ein H. den Niemhoferischen.
Schenberg und Kaym, 2. S. den Sonderdorfischen.
Schwindta, ein S. den Ginshaimischen.
Tözkirchen, ein S. den Losingerischen.
Kirchtannbach, ein S. den Jachenbergischen.
Die Leuprechting haben ein Sölden, und etliche Güter zu Leuprechting: ihnen ist aber davon in der Landschaft zu erscheinen nicht geschrieben.
Die Thrauner zu Haus, und Furth haben auch etliche Güter in diesem Gericht: wird ihnen aber derentwegen in die Landschaft nicht geschrieben.
Haslbach, ein S. den Griessetterischen: ist denen von Preysing Lehenbahr.
Taiberting, ein S. den Aschischen.
Sattlranbach, ein S. den Kraftingerischen.
Hochentann, H. den Pullingerischen.
Teising, ein S. den Magensreitterischen.
Markt, Neumarkt.

## Landgericht Vilsbiburg.

Seybolstorf, Sch. und H. samt dem H. Frauensaal, den Seyboltstorfischen.
Lichtenhaag, das Sch. samt denen 2. H. Liebskirchen und Vilsathl, den Vilsleriſchen.

Binaburg, den Griesseterischen.
Thaillhaim und Herrnfelden, den Heckischen.
Langwert und Sauberg, den Relterischen.
Neuen und Niederaich, den Paurischen Erben.
Wurmshaim, den Pättigkofischen.
Niederaich und Peilsberg, den Hochaltingerischen.
Hauzmberg, Söll u. Gerstleith, den Hauznbergischen.
Pidenbach, den Auerischen.
Pachelsödt, den Trundlischen.
Angerbach, den Engelhauserischen.
Pampruck, den Ebenhauserischen.
Hälger, den Schönbrunerischen.
Sallgering, den Auerischen.
Eberspeunt, die Herrschaft und Markt den Pfeffenhauserischen.
Markt Vilsbiburg.
Markfelden, und Eberspeunt.

### Gericht Geisenhausen.

Wasen und Hackenharbach, S. und H. den Schlechischen.
Markt Geisenhausen.

## Ende des Rentamts Landshut.

Städt, 7. Märkte, 35. Grafschaft 1. Kloster 14. Stifter 2. Schlösser 74. Sitz 146.

146. Herrschaften 12. Gerichter 1. Spital 1. Commenthur 1. Hofmärke 325. Sedlhöfe 38.

## Rentamt 41. Stadt Straubing.

### Straubing.

Oberhartshausen, H. des Domcapitels zu Regenspurg.

Stift Pfaffenmünster, H. samt der Eberau Probst, Dechant, Capitel.

Pirech, und Anielsing, 2. H. des Klosters Seelingthall, bey Landshut oder Klosters Priechling.

Sossau und Hormanstorf, 2. H. des Klosters Windberg oder Camberg.

Pemming oder Gundring, 2. H. allerglaubigen Seelen zu Straubing.

Pengkofen, Pfellerhofen, Thürneringen, Achalsing, Thamdorf, Uttling, Ober- und Niederebling, Ragers, Reiberstorf Wolferzell, und Aberporgstetten, diese 12. H. gehören dem Landsfürsten: die erste 9. verwaltet der Rentmeister zu Straubing, die letztere 3. gehören in das Gericht Mitterfôls.

Ragers, ein H. den Lerchenfeldischen.

Rhain, Sch. Herrschaft, H. Ainhausen, der S. und Pertenlohe, der H. item die Hofmärke Wiendorf, Obvezing, Ober-

Oberpolling, Kirchmetting, und Meidreling, den Leiblfingischen.
Schwambach, Sch. und H. den Trenpeckischen.
Oberschneidting, ein H. den Nothhaftischen.
Erlbach, Sch. und H. den Fraunbergischen.
Geltering, Sch. und H. den Closnerischen.
Aitterhoven, item Schönaich, S. und H. den Seyblstorfischen.
Stainach, Sch. und H. den Helmbergischen.
Lenhardt, ein H. den Preuischen.
Perglstorf, ein H. den Hembergerischen.
Straubing.

Gericht Leonsperg.

Hohling, ein H. des Kloster St. Paul, in Regenspurg.
Metting, ein H. den Baumgartischen.
Rehlberg, ein S. den Traunerischen.
Rehlnbach, genannt Hochholling, ein Sitz den Hochholtingischen.
Rhelnbach, ein S. den Wielandischen.
Rhelnbach, ein Sitz den Stinglhaimerischen.

Landgericht Haydau.

Unterperbing, Sch. und H. item Auburg, Sch. und H. dann die 3. H. Illehofen,

Geis-

Geisling und Winding, dem Bischofe zu Regenspurg.

Aufhausen, Irl, Petzkofen, Sich, und Hingkofen, 5. H. dem Domcapitel zu Regenspurg, aber in Paumetrus kann das Capitel nicht straffen.

Eiling und Dengkling, 2. H. dem Abbt zu St. Emeran in Regenspurg.

Oberpriel, Carthausen, bey Regenspurg: diesem Kloster gehöret der H. Rumphmihl.

Obertraublig, Pirsenkofen, Oberperbling, diese 3. H. und Probstey, der Abbtißinn zu Obermünster in Regenspurg: doch um Wunden nicht zu straffen.

Rimphmühl, ein H. des Kloster Priel, bey Regenspurg.

Hading, ein H. des Kloster St. Pauli in Regenspurg: kann aber um Wunden nicht straffen.

Särching, Sch. und H. der Commenthur zu St. Aegidi in Regenspurg.

Tümering und Mosheim, 2. H. dem Landsfürsten, item der H. Oberern.

Niedertraubling, Sch. und H. Mangolding und Sengkofen, den von Marlrain.

Sinichen, Sch. und H. item die 2. H. Herrenkofen und Handbuch, samt Hauer Möning und Einitweis, den von Senshaim.

Res.

Reffering, Sch. Eglfing, Schnur, Tiefbrun, Althofen, die H. den Lerchenfeldischen.

Triflfing, Sch. samt denen 2. H. langen Ering und Helthofen, den Frauhofischen.

Ering, ein H. den Seyboltstorfischen.

Irnkofen, Gailspach, Oberdegenbach, und Riegkofen, die 4. H. den Lerchenfeldischen, item Oltheim und Peinghofen, die 2. H.

Reuen, Eglofshaim, Sch. und H. zum Haus genannt, den Lerchenfeldischen, und Waltprunerischen.

Tallmäsing, Hechelstätt und Santing, die 3. H. den Waldtprunischen.

Alteneglofsheim, Sch. und H. den Reisstätterischen.

Luckenpeunt, Sch. und H. den Pfeffenhauserischen.

Pfagkofen, ein H. den Königsfeldischen.

Geblkofen, das Sch. und H. Walberings, Sarmesing, Niederisling, und Petigkofen, die 5. H. den Lerchenfeldischen.

Mezing, S. und H. den Kolbischen zu Wisant.

Oberern, H. dem Landesfürsten.

## Gericht Donaustauf.

Adlmanstain, ein S. und H. item Lichtenwaldt, das Sch. und Althamb, der H. den Zengerischen.

Signstain, S. und H. den Pröckhendorfischen. Schen-

Schenberg, Sch. und Herrschaft, den Preitrenbachischen.

Markt, Donaustauf.

## Gericht zu Stadt am Hof.

Kloster St. Mang. Probstey.

Ragers, H. des Abbts zu St. Emmeran in Regenspurg.

Weichs, das Schloß den Plitterstorfferischen

Niederwinzer, S. und H. inner des Etters dem Probst zu Prielhofen.

Stadt am Hof.

## Gericht Abbach.

hat keinen Landsassen

Markt Abbach.

## Landgericht Kehlheim.

Kloster Priefering, Abbtey, darzu gehört der H. Oberndorf.

Kloster Weltenburg, Abbtey und H.

Elspecken und Tetten, 2. H. gehören dem Bischoffe zu Regenspurg.

Pent-

Pentling, ein H. dem Kloster St. Emmeran, wie auch die Probstey Rohr und Mark item Paring die Probstey.

Sampach, Probstey, der Abbtisinn zu Geisenfeld.

Graß, Sch. und H. der Commenthur zu Regenspurg.

Schierling, Probstey der Abbtißinn zu Niedermünster.

Epetten, ein H. dem Bischofe zu Regenspurg.

Castenvogt, Gericht zu Kelheim dem Landsfürsten.

Penstötten, Sitz. und H. den Preisingischen.

Affecking, Sch. und H. den Kreitschacherischen.

Aetlhausen, 2. Sitz den Hoferischen.

Schenhofen, ein H. den Saurzapfischen.

Peterspöcking, S. und H. den Raigerischen.

Obernhaßlbach, S. und H. den Edlmansischen.

Haßlbach, S. und H. den Prandischen.

Neubrug, ein S. den Habspergischen.

Obervichhausen, S. und H. den Saurzapfischen.

Niedervichhausen, S. und H. den Kra[illegible]rischen.

Gierstorf, ein H. den Aicherischen zu Landshut.

Zenhaim, ein S. den Sterischen.

Käpfsberg, ein S. dem Trautzkir[illegible].

Peper,

Peyer, ein S. den Volkhaimerischen.
Haimkofen, ein S. den Kraftischen.
Schierling, ein S. den Schelhaimerischen.
Gritzbeseham, ein S. den Baltherischen.
Gutting, S. und H. den Königsfeldischen.
Stadt Kehlheim.
Märkte Landtweit, Schierling.

## Gericht Dierfurt.

Altenburg, S. und H. den Seitzischen von Guttenek.
Stadt Dierhfurt.

## Landgericht Mitterfels.

Kloster unser Frauen Zell.
Kloster Oberaltach, Abbtey, H. dazu gehören die 2. H. Hofdorf und Irsfelden.
Kloster Metten, Abbtey H.
Kloster Windperg, H.
Niederwinckling, ein H. des Kloster Niederaltach.
Tegenberg, ein Fürstliches Schloß.
Haßlbach und Raßnach samt Neuen-Ransperg, Sch. und 2. H. dem Landsfürsten.
Schwarzach und Wälterstorf, 2. H. den Regenbergischen.
Eckh, Sch. und H. den Köckischen.
Reiberstorf, Walserzell, und Eberbach, liegen im Gericht Prenberg, 2. Sch. und H. den Lerchenfeldischen.

Wisen-

Wisenfelden, Sch. und H. den Schwarzenbergischen.

Lutzendorf, ein H. den Eubischen.

Strainburg, Sch. und. H. den Seyboltstorfischen.

Saybach, den Murachischen.

Auf der Hayd und Autzenbach, dem Nothhaftischen.

Falckenfels und Ascha, Sch. und H. den Seyblstorfischen, item der Hofmark Seiblsgrub, Falckenstein, Schloß und Herrschaft samt dem Markt.

Sattlbogen, den Paumgartischen.

Roßhaupten, ein H. den Closnerischen.

Walchenberg, Sch. und H. den Lerchenfeldischen.

Offenberg und Pösching, Sch. und H. den Rhanbergischen.

Haugenzell und Stallwang, S. und H. den Murchaischen.

Zell, in der Falckensteiner Herrschaft, H. und S. item Lobenstein, Sch. und H. in der Pfalz: diese zusammen gehören den [illegible]ferischen.

Jagkert, ein S. Piegl, ein Sr. und H. den Kirnreiterischen.

Satiszell, ein H. den Lebenauischen. [illegible]

Schönstein, Wezlsperg, Sitz [illegible] Schönstainerischen.

Saulburg, Sch. und H. den Ettling[illegible]en.

Au, H. den Ainmansischen.
Goßmanstorf, ein H. den Wurnerischen.
Herrnfelberg, ein H. den Leuterischen.
Oberwinkling, ein S. und H. den Spieglingischen.
Lehaim, Wildenforst, und Neuhausen, 3. H. den Köckischen.
Ritzmansstorf, ein H. den Tannerischen.
Nachtenhofen, ein H. den Garttnerischen.
Irsenpach, ein H. den Khnoderischen.
Pürgl, S. u. H. den Khürnreuterischen.
Schwend, ein H. der Stadt Straubing.
Sicklasperg, ein S. den Pürcknerischen.
Anzell, S. und H. den Poislischen.
Putzendorf, Penried, Sch. und H. den Nußdorfischen.
Markt Pogen.

## Landgericht Kötzting.

Vogtamt in der Laim, ein H. des Kloster Roth.
Peilnstain, und Camerau, 2. Sch. und 2. H. den Peilnsteinischen, item die 2. H. Mospach und Milrach.
Leichteneck, Schl. samt Teuvaith, und Rumpach, 3. H. den Baumgartischen.
Hochenwart, Liebenstein, S. und H. den Eybischen. item die 3. H. Zeuching Lederen, und Haidnstein.
Alten-Rantsperg, Sch. und H. item Zandt, Sch. und H. den Nothaftischen, wie auch der S. Grueb.

Haidnstein, ein S. den Raidtnischen.
Zitenhofen, ein S. den Moßhaimerischen.
Kleinaigen, S. und H. den Pfeillischen.
Zumhauß, ein H. den Pachmayrischen.
Blaichbach, S. und H. den Bartenischen.
Markt Kötzting.

Landgericht Viechtag.

Kloster Gottszell, Abbtey, samt dem Markt Ruesmansfelden, und der H. Genzozell: der Markt aber wird in die Landschaft nicht erfordert.

Kirchberg, Kürchdorf, Arnpruck, alle 3. H. des Kloster Niederaltaich.

Lindn, Altennußdorf, Oehrnstorf, und Pebrach, alle 4. H. den Tegnbergischen.

Weyl, ein H. den von Eub.

Neuennußberg und Perndorf, 2. H. den Preysingischen.

Trachslzgriedt, ein H. den Perndorfischen.

Kreiling, S. und H. den Riegerischen.

Kholmberg, Sch. und H. den Laiminingerischen.

Tallerstorf, den Garttnerischen.

Stadt, Furth.

Viechtach.

Märkte, Neukirchen.

Eschlkam.

Landgericht Regen.

Rinichnach, Kloster und Probstey, dem Kloster Niederaltach.

Eching,

Eching, ein S. des Landsfürsten.
Weissenstain, Sch. Zwisl, der Markt samt den 2. H. Dietboltsmaiß, und Bischofmaiß, den Degenbergischen.
Au, ein S. und H. Markt, S. und H. item die 3. H. Hermansried, Ramhartsmaiß, und Zell, den Pfallerischen.
Kleinleuzenriedt, S. und H. den Fronbergischen.
Markt, Regen.

## Gericht Degendorf.

Perg, S. den Preuischen, item Vilglstain.
Stadt, Deggendorf.

## Landgericht Hengensperg.

Kloster Niederaltaich, Abbtey, H. auch Markt Hegnesperg, item Aicherp, Altenurfahr, und Flinnspach, 3. H. darzu gehörig.
Englsperg, Sch. H. und Ignspach, samt seinem H. den Grafen von Schwarzenberg.
Schölnstain, Sch. und Siberting, H. den Frauenbergischen.
Winzer, Sch. samt seinem H. den Grafen von Schwarzenberg.
Gräderstorf und auf den Mayß, 2. H. den Puechbergischen.
Hilgersperg, Sch. und H. den Polweiserischen, item Hofkirchen S. und Markt Ruegkering, H. den Fuchsischen.

Fronstöet, H. den Tachspergischen.
Markt, Hegnesperg.

### Herrschaft Diessenstain.

hat keinen Landsassen.

### Landgericht Pernstain.

St. Oswaldt, Probstey auf 6. Dörfer, H. Iseren wird nicht in die Landschaft beschrieben oder erforderet.
Zenting, ein H. des Kloster Osterhofen.
Hausfurth, Sch. und H. den Fuchsischen.
Rantols, Sch. und H. samt Innerzell, den Tachspergischen
Rämlsperg, Sch. und H. den Tenzlischen.
Sämgütter, ein H. den schwarzenbergischen.
Klebstain, Sch. den Thumpergischen.
Pibereckh, S. und H. samt Eberhartsriedt, den Hauzenbergischen.
Stadt, Grafenau.

## Ende des Rentamts Straubing und Herzogtums Nieder-Bayern.

In diesem Herzogtume befinden sich

Städte, 14. Märkte, 52. Grafschaft, 1. Klöster, 30. Schlösser, 123. Stift, 3. Sitz, 190. Hofmärke, 535. Kasten-Vogt- und Gerichte, 2. Commenthur, 1. Spital, 1. Sedlhöfe, 41.

Des

# Des Churfürstentums Bayern

## Physikalische Beschreibung.

Dieses wäre nun die geographische Beschreibung des Churfürstentums Bayern; durch welches da wir bereits unsere Reise vollendet, so wollen wir uns in Betrachtung ihrer physikalischen Eigenschaften etwas aufhalten, und absonderlich im Garten Sr. Churfürstl. Durchl., worinne ein Klee von 3. goldenen Blättern wachset, nemlich das stattliche Einkommen vom Bier, Salz und Eichelmast. Es wachset nämlich im Bayern das Gold auf den Bäumen, und das Silber wird aus dem Wasser gesotten. Das Erdreich, so fruchtbar es auf ihrer Oberfläche ist, so gesegnet sind auch die Schachen, Flüsse und Bäche, welche dasselbe durchströmmen. Die fruchtbaren Berge und Thäler, die fischreichen Wässer, die mit Wildprät von allerley Gattung angefüllten Wälder, die mineralischen Wässer, die reichen Salzpfannen werden uns Stoff genug an die Hände geben, den Segen dieses Landes hiermit bekannt zu machen. Gleichwie die Landsherren sowohl als der hohe Adel allzeit eine überaus grosse Neugung zur Jagden getragen, also sind sowohl die Bahnen wegen den vielen herrlichen Waldungen und Forsten schön bestellet, als auch die verschiedenen Jagdschlösser in vollkommenen Stand gesetzet. Roth- und Schwarzwildprät hat, absonderlich im Geissenfelder und Köschinger Forst, wie auch zu Haag, Osterried und Ebersperg ꝛc. den besten Stand. An manchen Orten, als um Scheisheim ꝛc. sind die Hirsche und Rehe so zahm, das sie sich vor keinen Menschen scheuhen: Niemande ist nemlich erlaubt, einen Wildprätschützen zu machen: und der Bauer selbst, in dessen Acker es gehet und wüllet, darf es nur abtreiben, nicht aber schiessen. Ueberdas hat sich Bayern auch nicht viel zu beklagen über Wölfe, Steinadler, Raubvögel, Luchsen, wilden Katzen oder andern dem Wildprät Schaden thuenden Raubthieren. Gänse, Enten, [illegible] Imben, Tauben, Truthüner, und viele andere Arten an zahmen [illegible] siehet man sowohl in Baurn- als [illegible] Höfen in einer gewaltigen Menge. [illegible]

[illegible]

Gänse und Enten, Riedschnepfen und Eisvögel, nebst vielen Waldgeflügel und Federwildprät trift man an den meisten Oertern an. In der Donau und in anderen grossen nebst den kleinen Flüssen fängt man Karpfen, Forellen, Hechten, Aalen, Grundeln. Die Altmühle nähret herrliche Krebse. An Fröschen ist überall ein Ueberfluß, wie freygebig die Natur mit Korn, Weitzen und Gersten, Dinkel und Haber gegen Bayern sey, das soll folgende Landbeschreibung aufweisen, wo man die Fruchtbarkeit u. den Wachstum einer jeden Gegend den Landsgerichtern nach ganz kürzlich zeigen wird. Die Erbsen, Bohnen, Linsen und was dergleichen Hilsenfrüchte mehr sind, gerathen an allen Orten. Wie gewaltig viel Hanf und Flachs im Lande gebauet werde, wird der Leinwandhandel zu Ried ꝛc. verrathen: der Gartenbau wird in Bayern mit so glücklichen Erfolge getrieben, daß ein Ueberfluß an mancherley Gattungen Obstes, allerhand Beere, Kirschen, Pflaumen, Aepfeln, Biern, Nussen, Quetschen, deren die besten um Landshut wachsen, anzutreffen sey, wovon vieles rohe verkaufet, vieles aber in länglichte Schnitte geschniden, gedörret und theils zu Hause gut verwendet, theils weit und breit herum in Land verführet wird. Die Gartenspeisen wachsen in grosser Menge und Güte; und die Küchen haben niergends einen Mangel an allerhand Krätzereyen und so genannter Grüner und Wurzelwaare. Es kommet vielmehr auf dieß an, daß ein jeder Einwohner die Kraft und Wirkung dieser edlen Natursgaben zu kennen, und sowohl für sich als für seinen Nächsten, mit Klugheit zu gebrauchen verstehe und sich bemühe: Es ist nicht alles für alle Mägen gewachsen: und die verschiedenen Temperamenten der Menschen erfodern verschiedene Getränke und Nahrung. Wer diese Anmerkung übersiehet, laufet Gefahr, bey denen gesundesten Speisen und Getränken krank zu werden. Ein jeder soll sein eigner Physiker und Leibarzt gewissermassen seyn. Die fürtreflichen Grasereyer, die schönsten Wiesewachs, die grasreichen Auen und Riede, nebst den dazu bequemen vielen Weiden und Hutplätzen, auch Thälern geben der Viehzucht den nachdrücklichsten Vorschub. Ochsen, Kühe, Kälber werden hier zu Land häufig erzielet, absonderlich im Bayrischen Wald, [illegible] die Ochsen nicht einmal so riderisch sind [illegible] die Ungarischen. Man siehet hin und [illegible] der zahlreiche Heerden Melkühe, [illegible] Jahre viel Stiere auf die Weide [illegible] wie es die Hutplätze und Ausschl[illegible]gen. Vieles Schaafviehe und [illegible]

[illegible]

nebst der Schweinzucht nicht zu gedenken; Wovon unten noch mehr wird gemeldet werden. Es giebt hin und wider Wiesen, von einer und andern Stunde lang und breit, woraus auf die gute Weide an Gras, Heu und Grammet zu schliessen; absonderlich weilen man heut zu Tag der Natur auch durch die Kunst vielfältig zu Hülfe kommet und unterschiedliche Futterkräuter anbauet. Nun wollen wir unserm Versprechen nach vom Gerichte zum Gerichte gehen, und sodann ihre edle Natursgaben mit einem Phisikalischen Auge betrachten, das ist, nach Physikalischen Gründen vernunftmäßig beurtheilen.

# Renntamt München.

## Gericht Abensperg.

Abensperg, Stadt in Oberbayern, Bistum Regenspurg liegt auf ebnem flachen Lande, 5. Meilen unterhalb Ingolstadt an der Abenst. Die Inwohner suchen ihre Nahrung theils mit gemeiner Handthierung, theils auch mit dem Feldbaue. Diese Herrschaft ist das Stammhaus der Grafen dieß Namens.

Altmanstein, Schloß und Markt im B. R. 3. Meilen von Ingolstadt am Köschinger Forst nahe bey dem Dorfe Puech, an dem kleinen Forellenwasser Schambach. dasiger Feldbau ist meistens bergächtig. Ist das Stammhaus einer Abenspergischen Linie.

Hagenhill, ein Sitz, wird aber für ein Hofmark gehalten im B. R. unweit Altmanstein, und Großhausen, welch letzters Ort auch hieher gehörig: hat mittlmäßigen Feldbau. Gehörte im Jahre 1557 den Muggenthalischen.

Karpfenstein, ein Sitz dem Collegio der Gesellsaft JEsu nach Ingolstadt gehörig: hat einige Weyer hierum. Gehört unter das Landgericht Dachau.

Offendorf, Schloß und Hofmark unweit dem Köschinger Forst auf ebnem Lande. Dieser Sitz gehörte im Jahr 1557 den Truzkircherischen.

Päring, Vormals ein Kloster der regul. Chorherren des Augustinerordens im B. R. West- und Nordwerts mit dicker Waldung umgeben: eine halbe Stund davon flüßet die grosse Laber bey diesem Hofmark vorbey.

Randegg, ware ehedessen eine Herrschaft, ist ein auf einem hohen gähen Felsen erbautes Schloß, gerath ob dem dahin gehörigen

unten

unten ligenden Markt Eßing, an der vorbey flüssenden Altmühl. Ist das Gränitzort gegen dem Gericht Kellhaim, und Pfalzneuburg. Dasiges Collegiat Stift ist aus Abgang der Mittel und Einkünfte eingangen. Gehörte im Jahre 1557 denen Freymannischen.

Rohr, Kloster und Probstey der regul. Chorherren des Augustinerordens im B. R. samt dem nechst daran gelegenen Markt in einem kleinen Thale, mit vielen Brunnenwassern und etlichen Weyern versehen: unweit flüsset die grosse Laber, und ist sonst allerseits mit Gehölze dieser Hofmark umwachsen.

## Gericht Aibling.

Aibling, Markt in O. B. B. Fr. ebnen Lands an der Mangualb gegen dem Gebürg und Tyroler Landstrassen, 2. Stunde ober Rosenhaim. Mitten durch flüsset die Glon. Brandtsegg und Prandhausen, die 2. Sitze gehören auch dahin. Ziemliches Gewerb und Feldbau verschaffet diesem Markte die Nahrung.

Ainhofen, Schloß und Hofmark im B. Fr. auf der Ebne dadurch ein kleines Ferchenwasser flüsset. Gehört unter Crantsperg.

Alten-

Altenburg, Schloß und Hofmark fast auf halben Weg zwischen München und Rosenhaim nächst an der Landstrassen. Wegen umligendem Gehölze und Höhe des Traidbodens ist zwar die Frucht nur mittelmäßig, die Gegend aber Gesund. Ist vermütlich das Stammhaus derer von Altenburg.

Aying, Hofm. ohne Schloß, liegt ebnen Lands, doch etwas Holzächter Gegend. Ist nach klein Bernried gehörig, und dasiger Traidbau ziemlich schlecht. Gehörte den Eglingern zu Schwarzenbach.

Berbling, ein nach Kleinscheyrn gehöriger Hofmark.

Beyharting, Kl. und Probst der regul. Chorherren in B. Fr. nahe an dem Glon-Fluße, und zwar ebner Gegend, jedoch fast ringsum im Mooß, und sogenannten Fülzen, daher die Fruchtbarkeit schlecht und das Ort kaum mittelmäßig gesund. Hieher gehört der Sitz Innerthann, und das marianische Wahlfarts GOtteshaus Dumtenhausen, so eine halbe Stund davon entlegen.

Brannenburg, Sch. und Hofmark im B. Fr. auf gesunder fruchtbaren Gegend, in welcher ein Heylbrunnen anzutreffen, so man den Baadanger nennet. Ist Gr.

Prey-

Preysing. Zuvor besaß es Winzer von Sachsenkam.

Diepperskirchen, Sitz nechst an dem Gebürge, hat gesunden Luft, wobey sich jedoch der Inhaber nur mit Traidbau, Vihzügl, und Obsgärten behülft, weil bloß zwey Unterthannen als Söldner vorhanden. Gehörte denen Khagerern.

Falley, Grafschaft oberhalb Aibling an der Mangualo entlegen, woselbst das Sch. oder Veste auf einer Höhe gelegen. Am Getraide, Gewild, Fischerey und Viehzügl befindet sich alles im mittlerem Stande.

Hechenrain, Sitz und Hofm. am Glon Fluße ebnen Lands, stoßt an den Kl. Fürstenfeldischen Hofm. Thal, hat mittlmäßigen Feldbau, gesunden Luft, und etwas vom Viehzügl. Ist um Taufkirchen vom Herzoge vertauscht worden.

Märlrain, Sitz und Hofm. in der Ebne unweit Aibling, ist ein sehr gesunder Ort, mit Feldbau, Viehzügl, Fischerey, Gehölze, und anständiger Jagdbarkeit versehen.

Päng, H. ohne Schl. darzu der Edelmannssitz Puellach gezählt wird. Die meiste Nahrung muß hier durch den Traidbau und Viehzügl geschafft werden. Puellach lieget liget auch hier, wo vom beeden sich die Auer geschrieben.

Prandtseeg, Sitz von welchem oben bey Aibling gemeldet ist, liegt in einem Anger, mit schönen Bau- und Grasgründen versehen. Dieser Sitz gehört denen von Brand, wie der Sitz Brandhausen.

Redenfelden, ein nächst am Innstromme ober Rosenhaim auf ebnen Land situirter H. Gehörte auch den Wintzern von Redenfelden.

Valkenstain, Sch. und Herrschaft auf einem fruchtbaren Obsreichen Berg 1. viertl Stunde vom Inn, hat ein eignes Gericht, lustigen Prospect, springende Wässer ꝛc. Die Herrschaft hohe Gebürge, grosse Gehölz, und eine ziemliche Anzahl guter Almen, deswegen auch einen namhaften Viehzügl, neben hausnothdürftigen Feldbau, voraus auf ebnen Land. Es giebt auch in diesem Gebiethe etliche Ferchenbäch, und die Berg-Unterthanen haben ihres ungemein viel und guten Obs halben grossen Verschleiß.

Vischbachau, ein nach Kl. Sch[illegible] gehöriger Hofmark.

Watterstorf, Sitz unweit dem Kl. W[illegible] liegt einerseits hoh, und gränzet geg[illegible] gernsee an das Tyrolgebürg. In [illegible]

Gegend giebt es schlechten Feldbau, und wenigen Viehzügl. Diesen Sitz hat Bernhard Bardt von Andreas Hörl gekauft.

Weyarn, Kl. und Probst der regul. Chorherren des Augustinerordens im B Fr. an der Mangvald, hat ein bergächtig ungeschlachte Gegend, gränzet an Hohenwaldeck und Falley. Die Fruchtbarkeit ist wegen im nahen Gebürge lang liegenden Schnee, und darauf folgender Kälte, wie auch vielfältigen Hochgewittern und Schaur nicht sonderlich zu schätzen, bestehet auch nur meistens im Sommerfeldbaue.

## Gericht Aichach.

Aichach, Stadt in. O. B. B. Augspurg, auf ebnen flachen Lande, einerseits mit morastigen Wißmathen, dadurch die Paar laufet, anderseits mit sandächten Feldern umgeben. Dasiges Gewerb ist gering und wenig sowohl am Getraide als Viehzügl zu erhalten, massen der Stadt Blumbesuch ziemlich eng eingeschlossen.

Adlzhausen, Hofmark ohne Sch. zwischen Reicherzhofen und Bobenhausen im Thal gelegen. Ist Graf Preysingisch.

Affing, Baronleidnische Hofmark und Sch. an der Landstraßen von Augspurg nach Neu-

Neuburg, Ingolstadt und Eichstett, hat eine gesunde Gegend, gute Traidfelder, auch mittlmäßiges Gehölz und Wildbann. Der Sitz Iglbach gehört hieher.

Aindling, offner Mark anderthalb Stunde vom Lech an der schwäbischen Gränitz, ist allerseits mit Püchеln umgeben, und fließt dadurch ein kleiner Bach. Der Feldbau ist nicht groß, schlechte Wayd für den Viehzügl, massen solches im Sommer bis in das Lechfeld muß getriben werden. Vom Gewilde, Fischerey, wie auch von Getraide, bevorab zur Handlung, giebt es hier wenig.

Altomünster, kleiner Markt dem alldasigen Frauenkloster St. Brigittenordens zuständig im B. Fr. auf einer kleinen Höhe zwischen Waldungen, und ohne vorbeyfliessenden Wasser gelegen. Der Markt hat wenig Gewerb, weil keine Landstrassen durchgehet.

Dandern, Sch. und Hofmarkt nahe bey jetzt gedachtem Kloster ebnen Lands. Gehört denen V. Mändl von Deutenhofen.

Dingstetten, gehört zu Pettmäß.

Grießbäckerzell, Hofmark und Schloß im B. Augspurg, an der Gränitz des Gerichts in einem Thal, und rings um mit Püchеln

Ge-

geschlossen. Hat ziemlich guten Feldbau, grosses Gehölz und ist mit 7. guten Weyern versehen. Ist das Stammhaus derer von Grießpöck.

Großhausen, Sitz und Hofmark eine halbe Stunde von Küepach und Haßlangkreut 1. Stunde von Aichach: dahin gehört Reterstorf. Der meiste Wieswachs zum Sch. liegt an der Paar, das Gehölz aber und Ackerbau ganz in der Ebne.

Handzell, nach Petrmäß gehöriger H.

Haßlangkreut, Sitz und Hofmark unweit dem Kl. Küepach. Hier wird der Feldbau wegen treflicher Fruchtbarkeit sonderbar gelobet; die Herrschaft hat hieselbst 5. grosse fischreiche Weyer, und unweit davon eine zahlreiche Schäferey.

Hilgertshausen, Sitz und Hofmark an der unweit davon entspringenden Ilm, mit waldichtigen Hügeln umgeben. Wegen vielen Waldungen ist diese Gegend von kalt und laimigen Grunde, auch uneben: daher wenig am Getraide, und aus Abgang der Weide am Viehzügl gleichfalls geringes Einkommen vorhanden.

Inchenhofen, ofner Marktflecken, woselbst die berühmte Wahlfart zu St. Leonhart, 1. Stunde weit von Aichach auf einer Höhe mit Feldern, Pfützen und Wäldern umgeben; ist zwar ziemlich uneben, bringt doch gut Korn und anders Getraid. Gehört nach Kl. Fürstenfeld.

Rüepach, Markt und Frauenkloster Benedictinerordens, nächst am Paarfluße, an der Landstrassen von Augspurg nach Regenspurg, sonst ziemlich im Thale mit kleinen Hügeln und Holzwachse, übrigens aber mit Wißmath und Feldern umgeben. Der Traidboden hierum ist sandig; jedoch wird das Korn gegen andern Orten vollkommener und lieber gekauft.

Ober- und Unterbachern gehören nach Pettmöß.

Obergrießbach, Hofm. unfern der Paar, an einem Berge schier in Mitte zwischen Fridberg und Aichach. Der Ort ist sonst mittelmäßigen Feldbaus, die Gegend uneben, die Luft jedoch gesund, und kein Morast vorhanden.

Pach, Hofm. ohne Sch. hart am Lechfeld, 1. halbe Stunde von Aindling, und fast soweit von Thierhaupten, zwischen 2. mit Holz angeflogenen Bergen gelegen. Der Boden ist mittlmäßiger Güte, hingegen der Häuet zum Viehzügl etwas bessers. Die Gerichtbarkeit daselbst hat die Universität zu Ingolstadt.

Pichel, Sitz und Hofmark unweit dem Lech und Aindling von mittelmäßigen Traidboden und gesunder Luft.

Plom-

Plommenthal, Deutschritter-Ordens-haus oder Commenthur zur Balley Franken an der Ecknach im Thal; dahin Bern, Clingen- und Siellenbach gehörig. Mit dem Getraide giebt es zwar jemals zu handlen: an Wildprät aber und Fischerey kann man wenig, und vom Viehzügl allein die Hausnothdurft haben.

Rapperzell, Sitz und Hofmark unweit Küepach im B. Augspurg unebnen Lands gelegen. Hat neben frisch gesunder Luft einen fruchtbaren Traidboden, gute Weide, und einige Weyer. Ist das Stammhaus der Rappenzeller. Gehört heut dem Baron von Widtmann zu.

Schnellmanskreut, zu Pettmöß.

Schönleuthen, Hofm. und Schloß 3. Stunden vom Lech unweit Aindling: der Ort ist etwas uneben, doch mittlmäßig fruchtbar, wegen stainichten Sandboden, sonst aber gesund.

Scherneg, S. und H. dritthalb Stunden von Augspurg auf einer Höhe: der Grund ist etwas gegen Aichach zur bergicht: über den Schloßberg hinab fließt ein kleines Wasser die Ach genannt. Die Gegend bis an den Lech ist morastig, und fast eine Stunde weit hat es gegen Mitternacht ein sumpfiges Mooß. Hier ist ziemlich guter Traidboden, gesunde Luft, etwas weniges von

Fischen, vom Wildprät aber fast nichts anzutreffen. Hat lang denen von Rehling gehöret. Jetz dem Baron von Mayr.

Sulzbach, Hofmark ohne Schloß 1. Stunde weit von Aichach am Fueßsteige nach Augspurg in einer steinig doch etwas waldichtigen Refier: wobey die Paar vorüberflüsset. Die Feldung ist dort sehr gut, und wohlträchtig, auch am Häuet und Holzwachse kein Mangl. Ist nach der Ingolstädtischen Hochenschuele gehörig.

Unterwittelspach, Hofmark und Sch. dem Kl. St. Ulrich im Augspurg zuständig, zwischen Aichach und Küepach an der Landstraße auf Regenspurg mit Weyern umgeben; der Ort ist zwar gesund: jedoch eines sandigen Getraids- Wiesen- und Holzboden, welches sich auch von dem benachbarten und zu besagte Reichs- Prälatur gehörigen Hofm. Bergen verstehen lasset. Derselbe liegt zwischen Allenberg etwas hoch.

Winden, Sch. und Hofmark ebenfalls nach vorbemeldten Kl. Stift gehörig, liegt auf einer Höhe zwischen Stockensau und Küepach; hat gesunde Luft, aber geringen Feldbau, und schlechte Weide, mit welcher auch nebst einem sandig- und hitzigen Feldbaue das jetzt gedachte Stockensau belegt ist.

Gericht

## Gericht Aurburg.

Aurburg, Chufürstl. Schloß in O. B. B. Fr. auf einem hohen Berge anderthalb Meile von Kufstain nahe bey den Tyrolischen Gränzen und am vorbeyflüssenden Inn. Die Luft könnt gesünder seyn.

Urfahrn, liegt hart am Innstrome, wo der sogenannte Auerbach flüsset, unweit Nideraurdorf, ist ein gefreyter Edelmannssitz und Schloß. Hat den Leuchprechtingern gehört.

## Gericht Crandsperg.

Crandsperg, in O. B. B. Fr. von dieser Bischöfl. Residenz 2. Stunden hart an der Amper, und zwischen verschiedenen Bergen entlegen. Dasiger Traidboden bezeiget sich mittelmäßig; die Luft ist aber gesund.

Aitterbach, Hofmark ohne Sitz: wo das hier durchlauffende Bächlein dieses und das moßburgischen Gericht scheidet? sonst aber im B. Fr. gegen der Landstraße an der Amper, hinder dem Dorfe aber an einigen Bergen und Waldung gelegen; ist mit guten Häuet und mittlmäßigen Feldgründen versehen; wodurch sich die Unterthanen meistentheils erhalten. Der Viehzügl thut hier sonderbar gut. Gehört letzlich denen Baron von Speth.

Aspach, Hofmark ohne Schloß auf annehmlicher Höhe, gleich an dem Glonfluße dem Kl. Inderstorf zuständig.

Burk- und Wippenhausen, 2. Hofm. ohne Schloß von Freysing 2. Stund weit an einer Höhe nächst der Amper gelegen; wobey der Traidboden mittlmäßig.

Tammerberg, Sitz und Hofmark hat eine ebne Landschaft, gränzt an das Gericht Dachau; das Gehölz ist ziemlich groß; der Ort fruchtbar, auch der Feldbau sehr gut.

Eysenhoven, Hofmark und Sitz gehört dem Hochstifte Freysing, liegt an einer Waldung, hat zur Fischerey 4. Weyer und den Glonfluß. Dahin gehören gleichfalls Eckhoven, Hirlbach, Hörgenbach, Petershausen, Lampertshausen, Kematen, klein Perkhofen rc.

Haindlfing, H. ohne S. sonst Hochhaindlfing genannt dem Kl. Neustift zuständig. Was das pfärrliche Recht belanget. Gehörte denen Ranpökischen.

Hohenkammer, S. und H 4. Meilen von München an der Glon zwischen Reichertshausen und Crantsperg und Poststraße von München nach Regenspurg. Ist Graf Hasangisch. Der Land- und Bauersmann hat fast allein vom Feldbau hier seine Nahrung.

Je-

Jetzendorf, S. u. H. an der Ilm, ebenen Lands, und etwas mit Waldung umgeben, giebt einen mittelmäßigen Getraidboden. Gehörte in ältesten Zeiten denen von Zihlhart. Jetzt dem Baron von Strommer.

Märzling, H. ohne S. eine Stunde unterhalb Freysing an der Straße nach Landshut und an der Iser unebnen Lands gelegen.

Mässenhausen, S. u. H. ein sogenanntes Hochfürstl. Freysingisches Pfleggericht zwischen Schleishaim und Freysing, ebnen Lands an dem Moß gegen Dachau zu und einem schlechten Gehölze entlegen, dahin noch folgende Güter gehören: Schlips, Apercha, Thurnsperg, Ainhorn, Jarzt, Prugg an der Maysteig, oder Unterprugg genannt, Leonhartsbuch, Fürholzen, Hörnzhausen, Weng, Eysenbach Geßletshausen.

Neustift. Kl. u. Hof. Prämonstratenser-Ordens, in einer lustigen Gegend, allwo die Mosach sich mit der Isar vermischet, nahe der Stadt Freysing gelegen.

Ober und Niederhumbl, 2. Hofm. ohne Schl. beyde 2. St. von Freysing gegen Mospurg an einer Höhe nächst der Isar, und gehören samt Wirthham zu dem Hochstifte Freysing. der Feldbau ist von mittelmäßiger Frucht.

Ottenburg, S. und H. 3. Stunden von München 2. von Schleisheim, und 3. von

Freysing, dahin es auch gehörig, etwas hoch gelegen. Nächst am Schloßberg fließt die Mosach vorbey: der Feldbau ist mittelmäßig, jedoch frisch gesunde Luft.

Paunzhausen, 2. St. von Crantsperg auf ebnem Lande ein Hofmark, darinn meistentheils Baurn, und gar wenige Handwerksleut wohnen, so sich mit gemeiner Handthierung, und mittlern Feldbaue nähren müssen.

Schönbüchel, Sitz u. Schl. von Freysing 2. Stunden nächst der Amper auf einer Höhe gelegen, ist aus einem Burgstall und Sedlhofe zu einem Sitze erhoben worden.

Siggenhausen, H. hat ausser des wenigen Feldbaus kein Gewerb oder Viehzügl, und bestehet allein in etlichen Bauernhöfen. Es ist das Stammhaus der Siggenhauser.

Thalhausen, S. und H. etwas hoch gelegen, theils mit Feldern, theils mit Holzwachse umgeben. Die Unterthanen suchen ihre Lebensmittel durch den Viehzügl und Feldbau.

Weyhenstephan, Kloster und Hofm. S. Benedict. Ordens nächst der Bischöfl. Stadt Freysing auf einer Berghöhe gelegen, ein gesunder frey- lüftigen Ort, so vor allen Klöstern im Lande den schönsten Prospect hat, wie auch einen grossen hofmarkischen Blumbesuch, und Viehweide, nebst deme fruchtbare Baustädte und Felder. Weichs,

Weichs, S. u H. nächst an der Glon auf einer Höhe, ist sonst eines mitelmäßigen Feldbaues, welchen die Unterthanen freystifts-weise genüssen.

## Gericht Dachau.

Dachau, Markt und Residenzschlos an der Amper in der Höhe 2. St. von Schleisheim, und 3. von München entlegen. Der Prospect erstreckt sich allerseits auf viel Stunde weit, führt sonst den Titl einer Grafschaft. Daran stosset das annehmliche Khaygehölz, darneben das Schlößl Udelding, hat einen guten Feldbau, und grossen Wieseboden, Viehzügl, ziemliches Gewild, und Fischreiche Wässer, wie auch Brutweyer zu deme sind 13. Först und eigne Waldungen vorhanden: 2. Stunden von hier ist das berühmte Mochinger Baad, anzutreffen. Die angenehme Lage und gesunde Luft ladet die Landsherrschaft öfters hieher.

Arnbach, S. u. H. nächst an der Glon, woselbst ein zimlicher Traidbau, grosses Gehölz samt guten Jagden, Fischteichen, und Wießmather. Gehört dem B. v. Gepöck.

Aubing, gehört nach Kloster Ethal.

Bruck, M. auf ebnen Land bey der Amper zwischen München und Augspurg an dem Post- und Fahrwege fast mitten gelegen. Ist dem nahe dabey stehenden Kl. Fürstenfeld zugeeignet, der Traidboden mittelmäßig, noch schlechter aber der Wießwachs. Die Gewerbschaft muß bey den Burgern zur Nahrung das Beste thun.

Deutenhofen, S. u. H. 1. kleine Stunde von Dachau, ziemlich hoch auf ein Berg situirt; deßwegen der Ort gesund, und hat übrigens einen guten Traidboden. Es ist das Stammhaus der Deutenhofer.

Deutenhausen, und Palsweis 2. Hofmärken zu

Eysolzried gehörig 4. M. von München, anderthalb St. von Dachau an der Maisach, ist sowohl zu guter Fischerey als unterschiedlicher Jagdbarkeit, mit guten Traid- und Holzböden, Wißmathen und Waydschaften zu Vieh und Roßzügl gedeylich, ansonst ein Schloß und Hofmark, welcher zur verschiedenen Wirthschaften gar bequem ligt.

Esting ebnen Lands an der Amper 4. St. von München, woselbst die Erde zur Fruchtbarkeit mittelmäßig, die Waide aber und Viehzügel sehr gut. Kam auf die Senserischen.

Fürstenfeld, Cisterc. Ordens Kl. fast mitten an der Straße von München nach Augspurg, hat ein annehmliches Berglein von Puechholz: unfern die Amper, wie auch eine schöne Ebne von Wiesen und Aeckern. Dahin seynd die Hofmärke Einspach und Rothbach, gehörig.

Ger-

Germerschwang, nach Ethal.

Giebing, S. u. H. nächst bey Cammerberg auf platem Lande gelegen, woselbst der Bauersmann seinen Unterhalt und Nahrungsmittel durch fleißigen Ackerbau suchen muß.

Ginzelhofen, H. im B. A. an der Landstraße zwischen Augspurg und München, hat ein zimlich grossen Weyer.

Graßlfing, Churfl. Schwaig unweit der Amper. Obwohl der Ackerbau dieß Orts nicht groß, auch nur mittelträchtig ist, gibt es doch an Lück und anderen Wässern einen Ueberfluß; sonderbar sind die Häuetgründe sehr gut, massen ohne diese das Gestüttwesen zu Schleißheim, welches vormals hier angelegt war, nicht bestehen kann: nebst sonders schönen Prospect dienet diese Gegend garwohl für unterschiedliche Jagdbarkeit.

Haimhausen, S. u. H. 3. kleine Meilen von München auf ebnen Lande an der Amper, dazu Inn- und Otershausen gehörig. Es giebt allhier neben Hoch- und Niederjagdbarkeiten stattliche Fischerey, guten Traid- und Holzboden, Wißmathen und Mööser zum Vieh- und Roßzügl. kurz zu sagen; ist dieses Haimhausen, ein so edles gesundes Lustort, daß die Natur und Kunst nicht allein zu einer guten Wirthsaft gute Luft, und genug Wasser verschaffet, sondern auch die Menschen

sich

sich mit allerhand groß und kleiner Jagdbarkeit auch stattlichen Fischerey erquicken können. Das Stammhaus der Hainhauser; jetzt der Grafen von Haimhausen.

Inderstorf, Probstey der regulirten Chorherren in B. Fr. nebst einem Hofmarke, so ins Gericht Crantsperg gehörig an der Glon und Rott gelegen. Ainhofen, Karpfenhofen, und Straßbach gehören zu diesem Kloster.

Lauterbach, S. u. H. 2. Stunden von Dachau auf einer Höhe fast mitten zwischen Augspurg und München. Hierum ist guter Traid- und Holzboden, zu so wohl kleiner als grosser Jagdbarkeit schöne Gelegenheit, sonderlich wegen dem Prospect sehr annehmlich.

Lindrach, Am Ried, und Maisach, gehören zum Kloster Ethal.

Malching, ist ein Pertinenz zu dem Kloster Bernried.

Menzing, S. u. H. B. F. 2. Stunden weit von München nächst am Würmfluße ebnen Lands und in einem Wäldlein gelegen, woselbst das Schloß Plurrenburg heist. Der Hofm. bestehet in 2. Dörfern Ob- und Niedermenzing, dahin auch Pipping gehörig. Der Feldbau ist wegen stainigten Boden mittelmäßig, die Fischerey wenig; der Ort aber gesund und lüstig, ist Baron von Berchem angehörig.

Mil-

Milbertshofen, Churfl. Schwaig, insgemein zu St. Georgen genannt, ein kleine Stunde von München ganz ebnen Lands. Der Feldbau, Viehzügel, und Schäferey lassen sich diß Orts ziemlich wohl an.

Mosach, ebenfalls eine Stunde weit von der Residenzstadt entlegen, ist ein gesunder Ort, hat ein schönes Aussehen, und neben mittelmäßigen Traidboden auch sogestalten Viehzügel.

Nänhofen, H. an der Maisach zwischen Fürstenfeld und Spielberg.

Neuhausen, eine halbe Stunde von München bey Nymphenburg gelegen. Dieser S. nebst der Dorfschaft ist ebnen Lands bey einer Waldung von Pirckholz, in welcher Gegend sich auf dem Churfürstl. Wildbann die Hirschen und Wildstück in Menge sehen lassen. Hier wohnten die von Königsacker.

Neuhofen, Adelicher Sitz ausserhalb des Dorfs Mitter Sendling 3. Viertelstunde v. München. Gehört dem B. von Zech, zuvor dem von Joner.

Nymphenburg, Churfürstl. Lustschloß, Schwaig, und Hofmark, dessen Nutzung hauptsächlich im Feldbaue, Garten, Gewächse, Geflügl, und Viehzügl bestehet. Liegt auf ebnen Land 1. Stund von München bey Neunhausen theis mit den schönsten Waldungen, und langen Alleen, theils mit Feldern

dern und Wießen umgeben. Hieß vor zeiten Ober- und Unter-Kemmath.

Adelzhausen H. u. S. an der Glon, hat schöne Fischteiche, Jagden, Waldungen, Fischwässer, Wiesen, Aenger, und Gärten. Gehörte Ehemals den Edlen Auern.

Pasenbach S. u. H. unweit der Glon auf einer Ebne 1. St. von Inderstorf an der Freysinger Straße nach Augspurg in einem moosichten Grund gelegen.

Pellheim S. u. H. 1. St. von Dachau in einer Ebne, wiewohl mit kleinen Hüglen untersezt. Die Baustat dieser Gegend ist ein sehr guter Treid- und Waitzen Boden. Es fließt hier die Amper unweit vorbey, darinne sich die viele verhandene Gräben- und Weyer Ablässe füglich ausgiessen mögen. Der Ort ist nicht nur fruchtbar und gesund, sondern auch also glücklich gelegẽ, daß nicht leicht ein Schauer allda schlagt. Den von Clingensperg angehörig.

Schleißhaim Churfürstl. Lustschloß und Schweig 2. starke Stunden von der Residenzstadt ganz ebnen Lands, und mitten in einer Waldung gelegen, welche zierlich durchgehauen, und beiderseits mit Lindenbäumen besezt, es ist vom weitschichigen Prospect. Es hat schöne bey einer halben Stund lange Alleen, viel ergözliche mit Bächlein durchschnittene Wießmathen, und noch mehr andere Lustbarkeiten. Hier ist das rare Gestütt,

Schweitzer- und Landvieh, samt der Schäferey.

Schönbrunn, Hofm. und Sitz ganz ebnen Landes, woran ein schönes Gehölz stosset und worzu das Dorf Moching samt dem grossen Weyer daselbst gehöret, wie auch das Ried Lorsbach und die Einöde Kaltmühl. Neben dem kleinen Waidwerke giebt es einen sehr guten Traidboden und gesunde Luft. Ist denen von Unerdlischen Erben zuständig.

Mittersendling, ist ein Dorf, samt einem gefreyten Sitze eine halbe Stunde von München: hier sitzet der Baron von Backenreit, dessen Gemahlin eine Gräfinn Fugger von Schwindeck ist.

Sigmartshausen, Sitz und Hofmark 5. Stunden weit von München an der Straße gegen Aichach: hier ist ein mittler Traidboden, Holzung, Fischerey und kleine Jagdbarkeit. Ist von denen von Seyboltstorf an die Baron von Hund gekommen.

Spilsberg, Sitz und Hofm. nächst dem Nänhofer Forste auf einer Höhe, wobey der Postweg von München nach Augspurg, und in der Tiefe das Dörflein Oberschweinbach, um das Schloß aber Feld und Ackerbau zusehen ist. Nebst fruchtbaren Boden, gutem Holzwachse und gesunder Luft gehören auch 2. Fischweyer dahin. Hier sassen Welser, Imhof, Necker.

Sulzemos, Sitz und Hofm. wobey neben ziemlichen Traidbaue, schöne Jagden,

Fisch-

Fischteiche, Mühlen und Waldungen, wie auch Wiesen, Anger und Gärten vorhanden. Ist denen Hundischen, hernach denen von Gepeck angehörig.

Täxa, Augustiner Parfüsser Kloster nahe Adlzhausen und einer schattichten Waldung, hat einige Fischweyer.

Vogach, Sitz und Hofmark an einem Weyer, allwo nebst der niedern Jagdbarkeit der Feldbau von mittler Güte, welcher samt wenigem Viehzügl den Unterthanen die Nahrung giebt. Ist von Mörman an die Jesuiten zu Landsberg gekommen.

Weickershofen, Sitz uud Hofm. einerseits ganz eben an dem fischreichen Glonwasser, anderseits aber an bergigen Gehölze unweit Täxa. Der Traidboden ist fruchtbar. Die hohe Jagdbarkeit dieses Orts wird als einErbgejaid angesehen. IstGraf Preysingisch.

Weilbach, S. und H. anderthalb Stund von Dachau ziemlich in der Ebne gelegen. Ist von Baron von Eisenreich auf die Mändl von Deutenhofen gekommen.

Wenigmünchen, ein nach dem Kloster Hochenwart mit Grund und Boden, mit der Gerichtbarkeit aber völlig nach oben bemeldten Lauterbach gehörige Hofmark.

Weyern, dieses Schloß samt dem Hofm. Egenhofen liegt nächst an der Glon: dahin einige Unterthanen zu Osterholz und Lendgemoß gehören, hat grosses Gehölz, und ziemlichen Traidbau, nebst Gesaide, Wiesene und Aengern.

## Gericht Fridberg.

Fridberg, eine Gränitzstadt im B. Augspurg 1. Meilwegs von dieser Reichsstadt auf der Höhe gelegen, hat ein altes ehmals von den Bayrischen Herzogen bewohntes Schloß. Nahe dabey entspringt die Acha. Hier ist wochentlich ein gefreyter Markt und und Traidschrannen. Der Sedlhof zu Unterzell gehört hieher.

Däsingen, Sitz und Hofm. 1. Stunde von Fridberg an der Landstrasse gegen Augspurg zwischen Feldhügeln, und der vorbey fliessenden Paar. Ist mit steinichtem Traidbaue, wie auch guten Wies- und Holzwachse versehen. Gehörte der Weichsischen Familie.

Kißing, Hofmark und Sitz 1. Stunde weit vom Lech an einem Bühl fast mitten zwischen Mehring und Fridberg entlegen, gehört dem Jesuiter Collegio im Augspurg. Die Baustatt ist mittlmäßig; der Viehzügl schlecht; die Inwohner nähren sich theils mit Feldbaue, theils mit gemeiner Handthierung: die Fischerey auf der Paar bringt etwas weniges mit sich.

Oberumbach, Adeli. Sitze. Kam von der Ottmayerisch- und Ligsalzischen Familie an die Pfundner.

Pachern, Hofm. und Sitz ungefähr 1. Stunde weit vom Fridberg ebnen Landes an dem Gangsteige nach Augspurg entlegen: dahin sie dem Heil. Kreutz Kloster der regulierten Chorherren gehörig. Die Waldung daselbst ist nicht sonders groß, die Baustatt gleichfalls schlecht, die Fruchtbarkeit des Feldes mittelmäßig; also das sich der gemeine Mann mit fleißiger Arbeit und Handthierung nähren muß.

Rinnenthall, Sitz und Hofm. vom Fridberg ebenmäßig auf ebnem Lande 1. Stunde weit entfernet. Das Gehölz ist nicht groß, der Wildbann, wie auch die Fischerey schlecht, der Viehzügl gleichfalls wenig. Dahin gehört das Dorf Harthausen.

Sterzling, S. und Hofm. an dem Achflusse zwischen Fridberg und Augspurg. Hat guten Traidbau und Viehzügl. Ist von einer gebohrnen Sterzin auf die von Detring gekommen.

## Gericht Gerolfing.

Gerolfing, ein Dorf in O. B. B. Eichstätt, eine kleine Stunde von Ingolstadt gegen Neuburg ebnen Landes unweit der Donau gelegen. Hat einerseits Waldung und Viehwaid, anderseits aber fruchtbare Traidfelder, einige schlechte Mühlen, und 2. sogenannte Baurnschweigen.

## Gericht Haag.

Diese Reichsgrafschaft samt einem Churfürstl. Schloße, auch daran stehendem Markte, liegt in O. B. B. Fr. an einem etwas erhöchten Orte und Waldung der Schachen genannt. Hierdurch ist die ordinari Post nach Oesterreich; die Fruchtbarkeit dasiger Gegend aber durchgehends nur mittelmäßig; und müssen die Unterthanen ihr verkaufendes Traid auf offentliche Schrannen hereinführen. Der Markt hat auch 4. mal im Jahre einen gefreyten Roß- und Viehmarkt zu halten.

Armstorf, Adeli. Sitz 1. halbe Stunde von Dorfen sonst ebnen Landes, und an der Strasse dahin. Gehörte denen von Westach.

Hampersperg, Sitz und Hofm. an dem Inn, hat mittlmäßigen Traidbau, und schöne Forellenwässer. Denen von Elsenham zuständig.

Ramsau, Eremiten Augustiner Kloster auf einer angenehmen Höhe unweit Haag.

Schenprunn, Hofm. und Herrensitz auf einer Höhe und allerseits mit Waldungen umgeben, wobey zwar eine schlechte Baustat, jedoch schönes Gehölze vorhanden. Gehört jetzt dem Hofraths Kanzler von Paul.

## Herrschaft Hohenschwangau.

Reichsherrschaft, nahe an dem Tyrolischen Gebürge unfern Füessen. Dieser Gegend giebt eine grosse Annehmlichkeit der vorbeyrauschende Lech unten am Schloßberge, dann die herumliegenden Weyer samt 3. Seen, nämlich dem Schwan- Buch- und Albsee: es dienet dieser Ort auch den Liebhaberen der Jägerey zur besondern Ergötzlichkeit; angesehen in den zur Herrschaft gehörigen Waldungen, bevorab im Gebürge, rothes Wildpret, Gembsen, Aur- und Spielhennen in ziemlicher Anzahl, Haslhüner aber in grosser Anzahl anzutreffen. Die meiste Losung der Unterthanen bestehet im Viehzügl und Holzverkaufe: der Traidbau hingegen, bevorab im Winter ist wegen lang anhaltenden Sch[illegible] nicht allerdings gut.

## Ingolstadt.

Diese Hauptstadt und Vestung in O. [illegible] B. Eichstätt lieget an der Donau, gränzet theils an das Herzogtum Neuburg, theils an das Eichstättische Hochstift. Der [illegible] den um die Stadt, dadurch die Sch[illegible] lauft, ist sandig, und theils Orten [illegible] stig: dahero nicht zu unterminiren. [illegible] Burgerschaft hat neben andern Ge[illegible] ten sonderbar vom Feldbaue, welch[illegible] Orten sehr gut, ihre Nahrungsm[illegible]

## Gericht Kösching.

Kösching, Markte im B. R. 2. St. von Ingolstadt, ganz ebnen Landes an der Eichstätter Gränitz: wobey ein kleiner Mühlbach fließt, und daran der sogenannte Köschingerforst stosset. Der Feldbau ist fruchtbar, hingegen die Waid und Viehzügl wenig oder schlecht. Der im Markte gelegene gefreyte Hof nennet sich Gumpertshof. Gehörte der Kanzlmullerin.

Lohen, Sitz und Sedlhof nächst am Kösching auf ebnem Lande gelegen, wie nicht der Prandtenhof. Kam von Schönbüchlern auf die Erlbecken.

Prunn, Sitz und Hofm. ausser des Köschingerforsts an der Eichstetter Gränitz ebnen Landes, doch fast allerseits mit Waldung umgeben, wobey ein ziemlicher Feldbau.

Ströckelrhain, gefreyter Sitz zwischen Berg und Thal im Dorfe Käsing, bestehet in einem Bauerngute, und ist ausser einem geringen Traidboden sonst nichts darbey.

Westerhofen, 2. Stunden von Ingolstadt an dem Köschingerforste, und nächst des Hochstifts Gränitz etwas hoch gelegen. Dasiger Viehzügl und Feldbau ist dieser Gegend wenig und schlecht.

## Gericht Landsperg.

Landsperg, Stadt im Bist. Augspurg an dem Lech schwäbischer Gränitz, und an einem Berge, welcher hinein und aus dem Lande durch die Stadt muß paßiert werden. Gegen Bayern giebt es eine Ebne, gegen Schwaben aber fängt sich das Lechfeld an bis hin gegen Augspurg. Es hat hier lustige Spatziergänge, frische gesunde Luft, und gegen München zu sehr fruchtbaren Traidboden; wie dann in der Stadt starke Schrannen gehalten wird.

Adelzhofen, Sitz und Hofm. 1. Meile vom Fürstenfeld, und 1. halbe Stunde von Jesenwang ebnen Landes nächst einem Gehölze entlegen. Ist Graf Fuggerisch; woselbst die Fruchtbarkeit mittelmäßig.

Diessen, eine Probstey der regul. Chorherren des Augustinerordens bey dem auch also genannten Markt Diessen am Ampersee, wodurch die Amper fliesset: nächst daran liegt der grosse Wald Ammerforst benamset; worinnen grossen Theils Aichen, Thannen, und Feichten, aus welchen viel Brennholz nach Diessen und andern umliegenden [illegible] abgegeben wird. Um diese [illegible] Fruchtbarkeit, und Menge der [illegible] wegen engem Ackerbaue nicht groß.

Diessen; insgemein Schwabdiessen, Sitz und Hofm. liegt über den Lech eine halbe Stunde von Elkhofen nächst bey der Sinkel, welcher Fluß Bayern von Schwaben scheidet: das Schloß Oberdiessen, stehet auf einer Höhe; worunter der Hofm. Unterdiessen zu sehen: darzu gehöret auch gedachtes Elkhofen, und Dornstettten. Die Fruchtbarkeit ist, wie durchgehends in diesem Lechthale etwas schlechter als anderen Orten.

Dinzelbach, von Landsperg unweit auf einer Ebne gelegen. Man ist hier mit gesunder Luft und fruchtbaren Traidboden wohl versehen. Gehört dem Graf Törring Seefeld.

Dürkenfeld, Hofm. an der Gränitz des Lechrhains allerseits mit Gehölze umgeben. Gehörte denen von Stauding in altesten Zeiten, sodenn der Graf Fuggerischen Familie.

[illegible]hausen, Adeli. Sitz von Landsperg ohngefähr 2. Stunden über den Lech, gegen Bayern zwar eben, gegen Schwaben aber etwas hoch gelegen. Unweit davon fließt die Sinkel, so Fischreich ist, hat auch etwas weniges von Waldung. Gehört nach Heil. Kreuz Kloster der regul. Chorherren zu Augspurg; die wenige Bauerschaft und gemeine Handwersleuth nähren sich mit ihrer Handarbeit; und schlechtem Feldbaue.

Emmingen, Sitz und Hofm. auf einer Höhe, wobey sich der grosse Guggenberger Weyer, daraus die Paar ihren Ursprung nimmt, nebst noch 2. andern Weyern befindet, hat viel Gehölz, und eine bergichte Gegend zwischen Eresing und Greiffenberg. Hat grosse jedoch moosichte Viehwaiden, und einen Feldbau, so ziemlich schlecht. Gehört jetzt dem Baron von Fill.

Eresing, Sitz und Hofm. ebnen Landes nächst an einem grossen Weyer, hat vie Waldungen, liegt zwischen Emmingen und Windach. Die Unterthanen nähren sich mit dem Viehzügl und Feldbaue, die doch beyde wegen stainichten Boden gar schlecht seynd.

Greiffenberg, H. und Schloß 1. halbe Stunde vom Ammersee, gehört denen Freyherren von Perfall.

Gruenertshofen, Sitz und Hofm. auf der Ebne; wobey die Maysach fliest zwischen Adelshofen und Stainbach. Die Unterthanen leben vom Feldbaue, massen der [illegible] nicht nur gesund, sondern auch fruchtbar [illegible]

Halten und Liechtenberg, 2. Churfürstl. Lustschlösser, wozu die Hofm. Scheuring gehört; beyde liegen auf einer Höhe und 1. halbe Stunde voneinander zwischen [illegible]sperg und Augspurg am Leche. [illegible] von befinden sich gar schöne Wal[illegible] sonderbar das Churfürstliche [illegible]

In dieser Gegend ist namhaft guter Traidboden, Viehzügl, etwas von Fischerey; und forderist viel rothes Wildpret vorhanden.

Hofhegnenberg, Sitz und Hofm. unweit dem Lech zwischen Landsperg und Augspurg auf einer angenehmen Höhe, so daß man der ebnen Gegend halber sehr weitschichtigen Prospect genüssen kann. Hierzu gehören 6. Dorfschaften, als nämlich Hof, oder Newhegnenberg, Staindorf, Hausen, Althegnenberg, Hürbach und Tegernbach, samt andern einschichtigen Gütlein: welcher Umkreys so weit in sich begreifet, daß man einen Tag lang darum zu reiten hätte. Solcher Bezirk ist meistentheils mit der Paar, Finsterbach, Elon, Maysach, und dem Tünzlbach vermarkt, und entschieden. Der Grund und Feldbau ist gleichsfalls von allerley Sorten Getraid sehr fruchtbar. Der grosse Puechwald zu Lentsperried gehört auch dahin. Es ist das Stammhaus der Baronen von Hegnenberg.

Hurlach, Sitz und Hofm. 1. Meilwegs von Landsperg auf dem Lechfelde gelegen. Liegt auf einer kleinen weit aussehenden Höhe, hat ziemlich Viehzügl, guten Traidboden, und grosse Schäferey. Ist von denen Mehren an die Grafen von Fugger gekommen.

Igling, Ober- und Unter 1. Stunde über den Lech schwäbischer Seits nahe beysam gelegen, das letztere samt Erfeting ist ohne Schloß, bey dem Obern-Igling aber stehet eines in der Höhe. Der Hofm. liegt unweit davon an der Sinkel. Nebst gesunder Fruchtbarkeit hat es ein lustiges Ansehen. Ist Baron Donnerspergischen.

Kaltenberg, Sitz ziemlich hoch gelegen, der Hofm. aber untenher in der Ebne, gehört dem Probierhause des Collegi der Gesellschaft JEsu zu Landsperg.

Kaufering, Baron-Donnerspergische [illegible] und Schloß; woselbst gesunde Luft und die Fruchtbarkeit mittelmäßig, vom Landsperg am Leche etwas erhöhet, situirt in einer Weite von 1. Stunde.

Pestenacker, Hofm. am Lechrh[illegible] obermeldtem Probierhause gehörig.

Pöring, Sitz und Adel. Sitz [illegible] vom Landsperg diesseits am Lech auf einer Höhe: daselbst ist die Luft sehr [illegible] Traidboden aber und Viehzucht von [illegible] mittlern Güte. Das Stammhaus [illegible] Pöringer.

Pürgen, Sitz und H. in [illegible] allwo die Wald- und Feldungen [illegible] gehören, zusammstossen, gegen [illegible] der Ebne, und 1. halbe Stunde [illegible] gelegen. Diese Gegend ist mit [illegible] Traidboden versehen [illegible] Weyer vorfinden. [illegible] nern von Landsperg, sodann denen Högenkirchnern, Eisengrim, Burgau ꝛc.

Raisting, Hofm. unweit des Einflusses der Amper in dem Amersee, ist dem Kloster Diessen zuständig, hat guten Feldbau, schönen Häuet und Blumbesuch.

Rottenbuech, Kloster, Hofmarkt und Probstey der regul. Chorherren des Augustinerordens, liegt vor dem Gebürge zwischen Ettal und Polling nahe Schongau an der Amper in einer rauhen, unebnen, und mit Gehölze angeflognen Gegend; sonst aber, weil das Kloster hohgelegen, ist der Ort zwar gesund, doch wegen Abgang der Waid, weil der Boden unfruchtbar, gestattet es hierum keinen Viehzögl.

Schmiechen, Sitz und Hofmark ebnen Landes am Lechrhain und an der Gränitz bey Bayerdiessen gelegen, ist am Getraide fruchtbar, und wegen freyer guter Luft sehr gesund. Gehört den Graf von Fugger.

Strainbach, Dorf ohne Herrschaftlichen Sitz nebst Languidt. Gehörte denen Berndorferischen.

Utting, Hofm. dem Heil. Berg Andechs zu gehörig.

Wabern, Adel Sitz an der Paar, ist dem Kloster Wessenbrunn zuständig. Gehörte den Sändizeln.

Wes-

Wessenbrunn, Benedictiner Kloster samt einer darzu gehörigen Hofm. zwischen Schongau und Weilhaim auf einer Höhe mit Waldungen umgeben; wovon ein grosser Bezirk dem Kloster zu stehet, und einen fischreichen See hat. Die Fruchtbarkeit am Getraide aber ist hierum wegen rauchem und bürgigen Boden etwas schlecht, am Obse hingegen, weil allhier viel Baumgärten vorhanden, ziemlich gut und häufig.

Weyhl, flachen Landes gelegene Hofmark unweit dem Lech, gehört zum deutschen Ordens Commenthur Blumenthal, woselbst die Gegend gesund, und hierum einen sehr guten Feldbau hat.

Winkl, ein an der Rorach liegende, und nach dem Probierhause im Landsperg gehörige Hofmarkt.

Windach, Sitz und Hofm. bestehet in 3. unterschiedenen Dorfschaften als Ober- Mitter- und Unterwindach, in welchem letztern sich das Schloß befindet: liegt an der Windach, hat eigne Waldungen, worunter die sogenannte Burgleutten. Die Unterthanen trachten ihr Nahrung durch den mittelmäßigen Viehzül und Feldbau zu erhalten. Ist von dem Rehlinger auf die Füllische Familie gekommen.

Zankenhausen, kleine Hofm. auf der Höhe 1. halbe Stunde vom Ammersee, ist dem Land-

Landspergischen Probierhause angehörig. War vor Zeiten denen von Törring.

## Gericht Mainburg.

Mainburg, Marktflecken im B. Regenspurg, zwischen Ingolstadt und Landshut, hat gegen Aufgang den sogenannten Hofberg, liegt gegen Niedergang an der Abenst, gegen Mittag aber in ebnen Wiesmathen; der Viehzügl und Traidboden ist hierum kaum mittelmäßig.

Ebertshausen, ein mitten im Gehölz liegender Hofm. zwischen Geisenfeld und Mainburg etwas in der Tiefe.

Leitenbach, ein nach Biburg gehöriger Jesuiten Hofm., mithin dem Collegio nach Ingolstadt zu ständig. Das Stammhaus der Leutenbecken.

Meilnhofen, Hofm. und Sitz in einer Ebne unweit Mainburg.

Pebenhausen, Hofm. ebnen Landes, wobey sich ein schlechter Traidboden und Viehzügl befindet. Kam von denen oon Seybolstorf auf die von Törring zum Stain.

Perkhausen, Hofm. unweit Räzenhofen hat mit Aiglspach gleiche Beschaffenheit; nemlich daß sich die Unterthanen meistens mit dem Feldbaue ernähren.

Räzenhofen, S. und Hofm. fast in der Ebne an der Abenst, giebt schlechten Viehzügl

zügl und Traidboden, jedoch gesunde Luft. Dahin gehört die Probstey Elsendorf: was die weltliche Gerichtbarkeit belangt, sonst aber nach dem Kloster Hochenwart. Gehörte denen von Mämming, jetzt dem Hofzahlmeister Gretz.

### Gericht Marquartstein.

Marquartstein, das Gränitzort ist allerseits gebürgig; nächst an dem Bürgwasser Achen unweit Chiemsee, und Hohenaschau fast an den tyrolischen Gränzen. Unter dem Schloßberg ist der unergründliche Eglsee, die Gegend aber ganz mit Gehölze angeflogen. Der Ort hat zwar gut und gesunde Luft; weil er aber gebürgig: giebt es wenig Unterthanen, welche ihnen zur Hausnothdurft das bedürftige Getraid schaffen könnten; verlegen sich meistens auf den Vieh- und Roßzügl. Die am Gebürge suchen ihre Nahrung mit den Saumrossen, die in der Ebne hingegen mit Wagengefährt. Am Gewilde giebt es Hirschen, Rech- und Feder-Wildpret, doch in keiner Menge.

Niedernfels, Adeli. Sitz unweit Marquartstein jenseits der Achen im Dorfe Piesenhausen gelegen.

### Gericht Mindelhaim.

Mindelhaim, Stadt und Herrschaft im Algey, an dem Mindelflusse in der Ebne zwischen Memmingen und Landsperg, unweit

weit der Bayerischen Gränitz, im Augspurgischen Bistume, gehört zu Oberlands Bayren: die hierum ligende Gegend ist ziemlich fruchtbar, und sehr graßreich: auch giebt es in der ganzen Herrschaft guten Viehzügl, Feldbau, gesunde Luft, überdas gute Weyer und Fischwässer, samt vielem Gehölze.

## Gericht Möhring.

Möhring, ist eine Grafschaft im Bistume Augspurg, an der schwäbischen Gränitze anderhalb Stunde vom Lechstrome, 2. von Augspurg: dahin es ebnes Landes, anderseits aber Gehölz hat. Die nachfolgende Oerter gehören gleichfalls hieher, Mörinnzell, Reispersbrunn, Hörmansperg, Riedt, Bayraberg, Merching, Stainbach, Oberndorf, Hochdorf, Zillenberg, Aspach, Holzbürg, Eismannsperg, Sierchenriedt, Hinderholz 2c. Dasiger Traidboden ist sonderbar gut, und befindet sich daselbst ein guter Getraidkasten.

## Gericht Murnau.

Murnau, Marktflecken nächst vor dem Hochgebürg nahe am Stafelsee, 4. Stunden von Weilhaim, und 3. von Werdenfels auf einer Ebne gegen Ettal zu gelegen, ist mit Ammergau dem jeztbesagten Benedictiner Kloster zuständig. Die Pauer und

Bur-

Burgerschaft allda ernährt sich meistens mit der Handarbeit und Holzschlage, wie auch mit dem Viehzügl; dann wegen nächst anliegendem Gebürge und kalter Landung ist der Orten ein schlechter Feldbau: jedoch bestehet die meiste Nutzung im Heu und Graimet; obschon es in dieser Gegend auch viel morastigen Boden hat, worauf fast nur die Strähe für das Vieh wachset. Das Dorf Huglfing, und Sitz Rameck, gehört gleichfalls hieher.

## Gericht Neustadt.

Neustadt, ein Städtlein im B. Regenspurg nahe der Donau und Abenst ebnen Landes zwischen Pföring und Kellhaim unweit dem Forst Dürnbuech. Der hiezu gehörige Holzwachs wird die Goldau genannt. Die Burgerschaft hat ausser gemeiner Handthierung schlechtes Gewerb, und wiewohl die Landstrassen von Salzburg nach Nürnberg, wie auch von Augspurg nach Regenspurg hier gelegen ist, giebt es doch keine Handlung; desgleichen der Viehzügl und Traidboden wegen sandigen Grund, welcher einerseits mit Wasser, anderseits aber mit Morast umgeben, ziemlich schlecht ist.

Irnsing, Adel. Sitz und Schloß 1. kleine Stunde von Neustadt jenseits der Donau, ist ein grosse Dorfschaft, liegt theils

am

am Fluße des Bergs, theils in der Höhe, hat ebne und fruchtbare Feldungen, und gegen Niedergang den Hienhamer Forst; allwo auch der kleine Wasserfluß die Ach laufet. Anderwerts giebt es in dieser Gegend schöne Auen, Gehölz, und Wiesen, samt einem doch nicht sonders bekannten Schwefelbrunnen; übrigens ist die Gegend von gesunder Luft und fruchtbarer Landung.

Nieder-Ullrain, Hofm. ebnen Landes 1. Viertlstunde von Neustadt, woselbst wegen sandigem Grunde ein mittelmäßiger Feldbau sich befindet. Hat erstlich der Wümer zu Märching, hernach der Harlander, dann der Pusch, Khugler, und letzlich der Bilbis von Sigenburg ingehabt.

## Gericht Oetting.

Oetting, das eine kleine Stunde von Ingolstadt gelegene Dorf hat einen guten Traidboden nnd grosse ebne Felder, ist ein Gränitzort gegen dem Hochst. Eichstett: dahin es in die geistliche Gerichtbarkeit gehört.

## Gericht Pfaffenhofen.

Pfaffenhofen, eine Stadt im B. Augspurg 4. Meilwegs von Ingolstadt an der Ilm zwischen Reicherzhausen, und Scheyrn, woselbst das bürgerliche Gewerb ziemlich schlecht; angesehen dieß Orts die einzige

Fuhrstrasse von Nürnberg und Ingolstadt nach München durchgehet. Das Traidfeld ist fast überall bergig, und deßwegen nach Gestalt der Witterung, auch wegen des Sands nicht alle Jahr fruchtbar.

Burkstall, Hofm. auf unebnen Lande, und zwischen Bergen; der Viehzügl ist da bey samt dem Feldbaue mittelmäßig, aber eine allerseits gesunde Luft. Gehört jetzt dem Seitz.

Eschlbach, ein zwischen Bücheln gelegener Hofm. hat ziemlich Feldbau, und mittelmäßigen Viehzügl, nebst gesunder Luft. Das Stammhaus der Eschlböcken.

Eylenried, Hofm. in der Tiefe an der Paarfluße, hat gleichfals mittelmäßigen Traidboden. Gehöret heut nach Schenkenau.

Eyrnbach, Sitz und Hofm. ziemlich ebnen Landes, hat neben dem Viehzügl mittlmäßigen Traidbau, aber sonderbar gesunde Gegend. Gehöret dem Grafen von Törring.

Förnbach, Graf Törringische H. nächst an der Ilm auf sonst ziemlich ebnem Lande, hat eben dergleichen Beschaffenheit wie der vorgehende auch dem Grafen von Törring zuständige Hofm.

Freinhausen, Graf Preysingische Hofm. an der Paar nahe Reicherzhofen gelegen, wobey der Feldbau ziemlich gut.

Gebl.

Geblspach, Hofm. ohne Schloß liegt uneben, und zwischen Püchelu. Ist gleichfalls Törringischen.

Geisenfeld, Benedictiner Frauen Kloster nebst einem Marke nächst an der Ilm, und dem sogenannten Feilnforste ebnen Landes, jedoch gegen besagtem Fluße etwas erhöhet, und stosset einerseits an die Pfalzneuburgische Gränitz. Vom Getraide wird dieß Orts wenig angebauet, vom Viehe aber soviel erzüglet; was ein und anderen Inwohner zur Nothdurft dienet. Die Wildfuhr ist in dieser Gegend sonderbar berühmt, und haben sich bishero in dem nächst gelegnen grossen Geisenfelderforste fast jährlich die bayerische Fürsten mit der Jagdbarkeit erlustiget.

Hochenriedt, Hofm. zum Schloße Nieder-Arnbach gehörig, liegt 1. halbe Stunde davon, ziemlich hoch, und hat überaus schönen Prospect gegen der Donau und Ingolstadt. Gehörte den Baron von Pfetten.

Hochenwart, Benedict. Frauen Kloster nebst einem Markflecken an der Paar, stosset einerseits an das Pfalzneuburgische Gebieth, liegt zwischen Freinhausen und Schenkenau: gegen Mitternachte hat es den Haydforst. Das Kloster stehet zwar auf einer Höhe, der Mark hingegen untenher auf ebnem Lande. Das Getraid, bevor aber Korn und Habern schlaget hier zu Zeiten ziemlich wohl an.

Illmünster, Hofm. ist nach der Collegiat Kirch zu unser lieben Frauen in München gehörig nebst 2. andern Hofmärken Rollbach und Hedensbausen.

Lampertshausen, Hofm. nächst an der Ilm, ist dem Hochstifte Freysing zuständig. Der Feldbau und Viehzügl läßt sich hier mittelmäßig an: die Luft aber ist gesund.

Ob- und Nieder-Lauterbach, 2. H. im B. Augspurg ebnen Landes; wiewohl die Feldungen beiderseits an Hüglen sich erstrecken: gehören nach dem Reichs Kloster St. Emmeran in Regenspurg. Der Feldbau ist hier und zu Westenhausen, so auch dahin gehörig, ziemlich gut.

Pobenhausen, 1. Stunde von Nieder-Arnbach hart an dem Donauermoose gelegner Hofm. wobey auf dem anstossenden Bächel schönes Aussehen zu genüssen ist. Gehört nach Nieder-Arnbach dem Baron von Pföttner.

Pörnbach, Sitz und Hofm. ziemlich ebnen Landes 1. Stunde weit von der Pfalzneuburgischen Gränitz. Der Ort ist [illegible] lich fruchtbar, der Viehzügl hingegen [illegible] einer Schäferey nicht sonders groß. [illegible] Graf Törringisch. Desgleichen [illegible]

Puech, der Hofm. 1. halbe Stunde [illegible] Pörnbach ebnen Landes; woselbst [illegible] telmäßigem Feldbaue es einigen [illegible] giebt. Gehört dem Grafen von [illegible]

Puecheroried, Sitz und Hofm. nächst dem auch sogenannten Schlag; allwo die Ilm vorbeyflüßt. Wegen sand- und bergichten Grunde ist hierum der Feldbau sehr schlecht so das sich die Pauerschaft hart vorbringen muß. Gehört dem von Schmädl.

Reicherzhausen, Sitz und Hofm. hat die Freyherren von Weichs zu Inhaber: wo die Gegend meistens Uneben, jedoch mit Waldungen und etlichen Fischweyern versehen, liegt an der Landstrasse von Ingolstadt nach München anderthalb Stunde von Pfaffenhofen.

Ritterswöhrt, Graf Törringische H. und Sitz in der Ebne nächst an der Ilm und Geisenfeld. Der Traidwachs und Viehzügl befinden sich im Mittelstande.

Rohrbach, Sitz und Hofm. an der Ilm ein sowohl fruchtbar als gesunder Ort. Gehört heut dem Baron von Dürsch.

Rottenegg, Sitz und Hofm. 1. Stunde von Geisenfeld unebnen Landes und im Gehölze entlegen; daselbst ist die Fruchtbarkeit des kalt- und bergichten Grunds halber nicht sonders zu achten.

Schenkenau, Graf Preysingisch Sitz und Hofm. unweit Hochenwart in der Ebne gelegen. Wobey 6. Weyer oder Fischteichen gerechnet werden. Den Grafen von Preysing zuständig.

Scheyern, berühmte Benedictiner Abbtey im B. Freysing unweit Pfaffenhofen auf einer annehmlichen Gegend: ware vormals eine Fürstliche Burg, und das Stammenhaus der anjetzo glorreichist regierenden Herzogen in Bayern.

Starz- und Goßlzhausen Sitz und H. Wegen bergichtem Grunde ist die Fruchtbarkeit am Getraide ziemlich abgekürzt, sonst aber wegen vielen Keckwässern die Gegend sehr gesund.

Tegernbach, Graf Törring Hofmark, zwischen Bücheln gelegen, bey welchem der Viehzügel und Traidboden mittelmäßig. gehört dem Grafen von Törring.

Uttenhofen, des von Schmadl Hofmark auf ebnen Land an der Jlm 1. kleine Stunde von Pfaffenhofen, wo selbst ein fruchtbarer Traidboden, und die Gegend mit einem schönen Gehölze versehen ist.

Waidhofen. H. uhnweit Schenkenau, in ganz ebner Gegend meistentheils an dahin gehörigen Feldungen und Wieswachse gelegen woben sich die Paar nahe ergüsset, ein zimlich schlechter Traidboden ist hierum, wie auch des Orts Gesundheit, massen es meistens im moosichten Grunde liegt bey diesem Hofmark ist weder Sitz noch Sedl.

Wei-

Weichenried, an bergigen Feldungen in einer Tieffe, andererseits aber in ganz ebner Gegend an der Paar situirt.

## Gericht Rauchenlöchsperg.

Rauchleschsberg. liegt nächst am Lech, stoßt hart an die schwäbische Gränitz, etliche Stund aber liegt es von dem Etaler Gebürge, ist ein gesunder Ort, und frischer Lufts halber von aller Sucht bishero befreyt. Es gehören hieher gewiese so hoche als niedere Jagden, worinn es absonderlich eine gute Rechpürsch und Federwildpret abzugeben pflegt.

## Gericht Rhain.

Rhain, Eine Stadt in O. B. Bist. A. an dem kleinen Wasser Acha unweit dem Lech an der schwäb- und Pfalzneubuuger Gränitz; weil aber solche an einem abseitigen Ort liegt, allwo nur über Donauwerth, und hiesige Lechbrucke eine einzige Fuhrstraße gehet, also ist das Gewerb oder die Handlung daselbst nicht sonderbar, ausser einem ebnen Feldbau, und zimmlich guten Traidboden. Wiewohl es auch etwas hierum morastig, genüsset doch Rhain eine gesunde Luft.

Bayrdylling, ein zu klein Schönenfeld gehöriger H. durch welchen der Achafluß laufet hat ebne und weite Feldung.

Gempsing, H. theils an einem Berglein, theils in der Ebne an der Pach, der Feldbau ist mittler Güte, der Viehzügl hingegen aus Abgang der Wayd sehr schlecht. Gehört nach St walburg in Eichstätt.

Gumppenberg S. u. H. denen also genannten Freyherren zuständig, liegt 1. halbe Stunde von Pettmöß auf einem fruchtbaren Berg. das Stammhaus der Freyherren von Gumppenberg.

Niederschönenfeld, Cisterciencer Klosterfrauen Abbtey unweit Rhain an einem sehr lustigen Orte, allwo der Lech in die Donau fallt, ganz auf der ebne. Ist mit Gehölze nach Nothdurft versehen. Die meisten Einkünften dieses Kloster bestehen in Zehenden, Getraidgülten, Viehzügl, und anderer Hauswirthschaft.

Ober- und Unterpaar, 2. H. wie auch Wisenbach und Thürnberg, wo eine Schäferey, liegen unweit von ein ander an der Landstrasse in das Reich über 2. Stund weit von Rhain. Außer des gemeinen Feldbau gibt es hier nichts vom Viehzügl noch Gewilde. Gehörte dem Baron von Hechenkirchen.

Pettmöß. M. nebst den Dorfschaften Schnellmannskreit, Handzell Ob- und Unterpachern, Instetten, Immendorf, und andern einschichtigen Gütern, liegt an dem Donaunaumooße 1. halbe St. gegen der Pfalzneuburg Gränitz, woselbst sich die Unterthanen theils mit dem Feldbaue, theils mit dem Spinnwerk nähren, massen sie die sogenannten Schnöller das ganze Jahr hindurch in zimlicher Menge zu Augspurg denen Parchetwebern verhandeln. Der Grund und Boden ist sehr Fruchtbar von allerhand Getraide, giebt auch einen guten Viehzügl allda, samt einer Schäferey.

Riedhaim, Sitz u. Sch. ebnen Lands, woselbst der Feldbau von mittler Güte und frey gesunder Luft.

Schorn ein Schlößl 1. halbe St. von Pettmöß an dem Donauermooße.

Thierhaupten Bened. Kloster 1. halbe St. vom Lech theils ganz eben theils auf der Höhe nächst an der Ach.

Veldhaim unterhalb Rhain am Lech gegen Niderschönenfeld ein dahin gehöriger Hofm. allda die Unterthanen fast lauter Taglöhner sind, so sich meistens der zimlichen Waid halber von dem Viehzügl nähren.

Walda S. u. Sitz 1. halbe St. von Pettmöß an der Pfalzneub. Gränitz etwas uneben gelegen. Denen Thannern von Thann auf Pucherried.

Gericht Reichenhall.

Reichenhall Stadt in O. B. Erzst. Salzburg, zwischen dem Gebürge in einem Theil mit Bergen umgeben, gränzet an besagtes Erzbist. und das Stift Berchtolsgaden, wobey die Sala, so nachmals in die Salza fallet, und das Wasser Achen vorbey flüßt auf welchem letzteren das Holz zu dem allhiesigen grossen Salzwesen anhero gebracht wird. Es ist merkwürdig, daß von diesem Salzbrune wo nemlich das Salz nicht wie anderswo gegraben wird, das Wasser aus einem harten Felsen tief unter der Erden hervorquillet, und ein ganz weisses Salz reichlich ausgiebet. Bis nach Traunstein mit ungemeiner Erfindung das Salzwasser in Teuchen 4. starker Meil Weegs geführet, und weil solches über etliche hohe Berg kommen muß, von der Tieffe über selbiges mittels sonderbarer Hebwerke getrieben, und geleitet wird. Wo man es sodann weit und breit abführet. dieses Salz ist wegen seiner Güte vor andern beliebt, weilen es sehr schön, weis und subtil, auch nicht wie andere Salze feucht und flüßig, und eben darum, wanns an an drocknen Orten stehet, sich viele Jahre aufhalten läßt. Die Fruchtbarkeit in dieser Gegend ist zimlich gut, auch ein nicht gemeiner Gejads Bezirk verhanden. Unweit des obgedachten Salzbrunnens entspringen viel süsse und auch saure Flüße, so durch einen Canal 1. halbe Stunde weit durch die Stadt doch unter der Erden geführt werden.

Carl.

Carlstain, Churfl. Sch. u. H. auf einem hohen Berge. Gehörte dem Fröschlmoser zu Marzoll.

Marzoll S. u. Adel. Sitz, ligt zwar auf ebnen Land, hat frische gesunde Luft, ist jedoch mit Waldung umgeben, und stosset nahe dem Gebürge vieler Orten an die Salzb. Granitz. Darzu gehört auch schwarzbach so 1. Viertel Stund davon entlegen.

Oberhausen adel Sitz ausser des darzu gehörigen Gehölz und Albinen, so auf der Höhe stehen stosset an daß Salzburg. Gericht Plain. Nebst einigen Traidboden und Heuet giebt es auch daselbst etwas an Holz.

St. Zenno Kloster und Probstey der reg. Chorherren St. Aug. unweit Reichenhall, fast mitten in dessen angehörigen Hofmark Froschhaim genannt: die Fruchtbarkeit ist wegen hohen wintrigen Gebürgs von mittelmäßiger Güte. Unweit davon entspringet ein Salzbrunnen, welcher Winter und Sommer reichlich Wasser giebt, und neben dem Salze auch Schwefel, Saliter und Alaun führet.

## Gericht Riedenburg.

Riedenburg, ein M. im B. Reg. neben der Altmühl in einem schönen Wießgrunde an der Pfalzneuburg und Eichstättischen Gränitz 2. St. von Dietfurt, woselbst ein altes

altes Burg-Schloß auf einem zimlich hohen Felsen liegt, deswegen auch, weil diese Gegend herum hohe Berge und Steinfelsen sich befinden, der Traidbau und Viehzügl schlecht ist. Die Innwohner des Orts sind meistentheils Handwerker.

Aicholting, S. nächst Riedenburg hart an der Landstraße nach Nürnberg und an der Altmühl entlegen. Darzu gehören neben gewisen Feldgründen und Fischwässern auch einiger Holzwachs und Graßboden.

Altmühlmünster, dieser Sitz, Hofmark und Commenthurey des Malteser Ordens Rittern, liegt hart an der Altmühl in einem annehmlichen Thal zwischen Dietfurt und Riedenburg mit feuchtenem Gehölze umgeben. Die Felder dabey sind ganz schlecht, voller Stein und Laim, dahero wenig vom Getraide, vom Viehzügl aber gar nichts vorhanden.

St. Salvator zu Bettbrunn ein Wallfahrtsort, welches die Eremiten PP. Augustiner verwalten 2. Meil von Ingolstadt 7. von Regenspurg, 2. von Riedenburg, ringsweis mit einem grossen Aich- und Puechgehölze sehr annemhlich umgeben.

Eggersperg S. u. H. ligt 1. halbe St. von Riedenburg auf der Höhe, in dem Thal flüßt die Altmühl vorbey: daßiger Feldbau ist wegen berg- und steinichten Grund schlecht.

Hä-

Hexenacker, S. und H. an der Schambach, zwischen Riedenburg und Altmanstein von jedem 1. St. weit. Das Schloß liegt auf einer Höhe: die Gegend ist bergig, mit Gehölz untersetzt, auch wegen steinigen Grund nicht sonders fruchtbar.

Mairhofen S. u. H. 2. St. von Riedenburg, und eine von Hemmau an der Pfalzneub. Gränitz ebnen Lands, wobey sich Feld- und Waldung befinden, wiewohl der Grund kalt und sandig, vom Viehzügl. aber gar nichts vorhande. Ist vom Huefnagl auf den Zugalli gekommen.

Meser, S. und H. zwischen Dietfurt und Riedenburg an der Altmühl auf einer zimlichen Ebne: das darbey liegende Schloß heißt Flügelsperg, solches stehet auf einem hohen Felsen und ist die Gegend zimlich fruchtbar.

Neuenhinzenhausen. S. u. H. auf einer ebnen Wiesen im Thal an der Schambach, 5. St. von Ingolstadt. Das meiste Einkommen bestehet in Widen- Stift- und Zehendtraid: ist also die Refier von mittlern Fruchtbarkeit, jedoch gar gesunder Luft.

Prunn S. u. H. liegt ob einem hohen gähabgeschnittenen Felsen, worunter die Altmühl flüßt. Gehört dem Collegi der Gesellschaft JEsu zu Ingolstadt.

Sanderstorf, S. u. H. auf einer Höhe 2. St. von Riedenburg in einer bergicht, und mit Gehölze angeflogener Gegend. Im Thal flüßt die Schambach, und gränzet sonst an das Altmansteinische Landgericht. An Feldung ist zwar etwas vorhanden, jedoch nur von mittelmäßigen Eintrag und Fruchtbarkeit. Hierzu ist auch der Hofm. Mendorf, Tachenstein, und Harlanten gehörig. Ist Baron Bassusisch.

Schambaupten, S. u. H. liegt in der Tieffe an der Schambach, ist allerseits mit Gehölze und Picheln umgeben, einerseits aber stosset es an das Bißtum Eichstätt Seit. 1606. ist dieses ehemalige Kloster der Universität zu Ingolstadt gehörig.

Wildenstein, S. und H. 1. halbe St. von Dietfurt gegen Hemau auf einem Berge und im Gehölze entlegen, allwo die Altmühl unten vorbey rinnet. Die Luft ist zwar allda frisch, die Gegend aber sehr berg- und steinig.

Zant, H. in Bist. Eichstätt ausser der Köschinger Forst an besagten Hochstifts Gränitz auf der Ebne nahe Steinheim, ist fast um und um mit Gehölze umgeben, hat zwar fruchtbare Felder und Wiesen, Es ist doch noch viel vom Grunde seit Feindszeiten mit Holz angeflogene, daran man stets auszureuten hat. Der dahin gehörige und 1. Viertel Stunde von hier im Köschinger Gericht liegende Hofm. und Schlos Prun, hat eben solche Beschaffenheit wie Zant, das Stamhaus der Zantner.

Gericht Rosenheim.

Rosenheim M. im B. Fr. nächst am Gebürge und dem Innfluße, wovon fast auf ein halbe St. das Churfl. Schloß auf der Höhe liegt. dasige Innwohner ernähren sich meistens mit Traid- und Weinhandel. Es bringen auch die zwey wochentliche Schrannen und Märkte eine zimliche Nahrung herein: es gehen die Salzfuhren hierdurch, wie dann zu diesem Ende eine ordentliche Salzniderlag diß Orts verhanden. Ein halbe St. von hier hat es ein Wasser der Küpferling genannt, welches die Innwohner sowohl zur Gesundheit durch trinken als baden mit merklichen Nutzen gebrauchen. Uebrigens ist allhierum gesunder Luft.

Farmach Adel. Sitz im Biß. Chiemsee nächst an Söllhuben, ist ausser des dahin gehörigen Zehend mit einem Feldbaue, Holz- und Heuwachse versehen.

Neupeyern S. Markt und H. im Erzst. Salzburg nächst am Inn 2. St. von der Tyrolischen Gränitz: das Schloß ligt auf einen gähen hohen Felsen, wo selbst auf etliche Meilweegs freyes ansehen, deswegen frisch gesunde Luft hat. Die Innwohner

des

des unten am Schloßberge liegenden Marks sind meistentheils wohlerfahrne Schifleute, dahin gehören noch 2. Sitz und Sedlhöf zu Rohrdorf, ist Gr. Preysing.

Ober: und Innerrhain, adel. Sitz Bist. Fr. auf ebnen Land, wo selbst sich ausser des Feldbaues und gesunder Lage des Orts sich keine merkliche Fischerey, noch Viehzügl befindet. Ist von dem Scheuchenstuell auf den B. von Thor gekommen.

Söllhueben, H. Bist. Chiemsee von Rosenheim 1. Meilweegs über den Inn, hat weiten Prospect, die Freyheit hohen Jagdbarkeit, nicht weniger zimliche Waldung, wegen des Gebürgs aber dem Schauerwetter sehr unterworfene Felder, so daß sich die Unterthanen meistens mit dem [illegible]werke nähren, und hinbringen müssen. Ist Gr. Preysingisch.

Schechen, S. u. H. B. Fr. eben [illegible] unweit dem Innstrome, wo selbst [illegible] Luft frisch, der Feldbau aber wenig und [illegible] theils wegen allzu lang ligendem [illegible] theils mehrmalschlagen dem Schauer[illegible]

Weiching adel. Sitz u. Sedlhof [illegible] Fr. 2. St. vom Inn etwas [illegible]gend an dem Bache die Wol[illegible] Baufelder alldort herum sind [illegible] und haben die Unterthanen [illegible]sen Vortheil, daß sie mit [illegible]

Rosenhaim nach München immerdar was verdienen können: ist vom Scheuchenstull auf dem Cammerlohr gekommen.

Gericht Schongau.

Schongau, ist ein Gränitzstadt in O. B. B. A. 4. Meil. von Landsperg gegen dem Tyrolergebürge auf einem angenehmen Hügel nächst an dem Lech, sonst aber allerseits mit Wiesen und Gesträuße umgeben, so daß man allda neben dem Prospect einer milden und gesunden Luft zu genüssen hat. Es ist hierdurch ein starke Landstraß aus dem Reiche ins Welschland.

Hochenpeisenberg, diese berühmte Marianische Wallfahrt ligt auf einem hohen Berg im B. Fr. zwischen Schongau, Wessenbrun und Weilheim, gehört nach Kloster Rottenbuch. In gedachter Höhe hat es kein anders Wasser als einen Schöpfbrunnen, wo aber der Berg abweichet, gibt es auch Brunnenquell, Traidfelder, und am Fuße des Bergs große Waldungen.

Steingaden Prämonstratenser Ordens Abbtey im B. A. zwischen Rottenbuch und Füßen 1. St. vom Lech, und anderseits auch so weit vom Vorgebürge. Nahe daran ligt das berühmte Wallfahrts GOttshaus U. L. HErrn auf der Wiesen benamset. Wegen ermeldtem Vorgebürge laßt sich von einer sonderbaren Fruchtbarkeit nichts melden; massen

sen der Traidbau nur eine Sommerfrucht, denen Unterthanen kaum zur Speis erklecklich, ausgiebt. Die Jagdbarkeit ist gleichfalls wenig: die Fischerey im deutensee und etlichen Weyern gibt dem Convent allein die Nothdurft. Es mindert solchen aber die rauhen Ortshalber wenige Futterey.

## Gericht Schrobenhausen.

Schrobenhausen St. im B. A. an dem Paarfluße nächst der sogenannten Hagenau auf einem morastigen Orte, fast auf halben Weg zwischen Ingolstadt und Augspurg entlegen. Ist auf ein Viertel St. weit rund um mit Hügeln umgeben, und gränzt an Pfalzneub. Das Land hierum ist mittelmäßiger Fruchtbarkeit. Es giebt dahierum etwas von Viehzügl, die übrige Gewerbschaft ausser der Tobackamts-Verwesung, und der 2. dieß Orts vorhandenen Fabriquen-Häuser, ist aus Abgang der Landstrassen nicht groß.

Alberzell H. 3. St. von Schrobenhausen im Geraspacher Amt, ist fast allerdings mit Gehölze umgeben: und liegen die Felder meistentheils auf den Hügeln: die Luft ist zwar gesund, wegen gedachten Waldungen aber und bergichten Grund kann man am Getraid kaum die Nothdurft haben. Gehört nach Kl. Altmünster.

Edlz.

Edlzhausen Dieses Baron Sandizellische Schl. und H. ist von Schrobenhausen 1. St. weit gegen Pfalzneub. auf etwas sumpfigen Grunde entlegen, woselbst der Feldbau mittern Stands ist, die Schäferey aber stehet wohl, und hat einen weitschichtigen Trieb in der Gegend herum. Gehört dem B. von Sandizell.

Herzhausen adel. Sitz liegt mitten in der auch sogenañten Dorfschaft mit einem Weyer Umgeben, bestehet sonst in Ackerbaue und etlichen Wiesen, so von mittelmäßiger Güte sich befinden. Gehörte dem Ligsalz von Pelheim, jetzt dem von Hagenau.

Hirschenhausen H. 3. St. von Schrobenhausen mit Gehölze und Pficheln umgeben, stoßt an den Hofmark Hilgertshausen. Gehört dem Baron von Lösch.

Niderarnbach, S. u. H. 2. St. an dem Donauermoße von Schrobenhausen. 1. St. oberhalb liegt Oberarnbach. hat ein weites Aussehen nach Ingolstadt und Neuburg, dahin es auch mit der hohen Jagdbarkeit bis an die Ach gränzet. Der Traidboden um diese Gegend ist zwar sandig, jedoch gut, bevor zum Korn- oder Roggenbaue. Bey dem andern Hofm. wird meistentheils Waitzen gebauet, und ist das Ort mit fruchtbaren Traidboden begabt, es bestehet derselbe aus

8. kleinen Dorfschaften, welche theils auf der Ebne theils an Hüglen entlegen sind.

Prunn dieses Dorf ist nach Niderarnbach gehörig, liegt eine halbe St. davon auf der Ebne.

Sattelberg S. u. H. zwischen Schrobenhausen und Aichach nächst dem Forste Schiltberg. Das Schloß liegt auf einem kleinen Berge, die Hofm. aber in der Ebne mit Feldern und Wiesen umgeben, an denen die Weilach vorbey flüßt, und einerseits das Schloßgehölz sich zeiget. der Traidboven ist mittelmäßig, die Luft gesund, hat eine grosse Schäferey, 4. kleine Weyer und nebst der Gerechtigkeit in besagter Weilach zu fischen, in ermeldten Gehölzen die Schweinhatz anzustellen.

Sandizell, S. u. H. liegt zwischen Schrobenhausen und Pettineß auf ebnem Lande und gränzt über das Donauermooß an Pfalzneuburg. Nebst einer Schäferey giebt es allhier mittelmäßigen Feldbau, und was weniges vom Gewild. Gehört denen Freyherren von und zu Sandizell.

Steingrif S. u. H. 1. halbe St. von oftgedachter Pflegstadt vor dem Forst Hagenau. Mittelmäßigen Traidboden, und einiger Viehzügl, wie auch die Fischerey in der Paar, und ein Gnadengejaid sind dasiger Herrschaft zum Nutzen.

Sin-

Singenbach S. u. H. denen Baron v. Nidermayr zuständig liegt ebnen Lands an der Singbach. Sonst ist aber der Ort am Traidbaue und Viehzügl nach Gestalt der Jahrgäng mittelmäßig.

Wangen H. 2. S. von Schrobenhausen 1. halbe von Hohenwart an der Paar und dem Haidforst, hat durchgehends die Nidergerichtbarkeit samt der Freyheit das kleine Waidwerk zu besuchen. Die Fruchtbarkeit hat hier ebenfalls das Mittel an der Güte.

Wöhr oder im Wörd adel. Sitz 1. kl. St. von Schrob. am Wege nach Hochenwart ebnen Lands und nächst an der Paar, ist mit Wiesmaten, Aeckern, Holz, und Roß- und Viehzügl nebst einem guten Bauernhofe gleichmäßig versehen. Der von Burgau und der Bötter von Winden als Curater des Teufels zum Büchl haben es an die von Weichs auf Steingrif verkaufet.

## Gericht Schwaben.

Schwaben ist ein M. im B. Fr. an der Sempta nicht gar ebnen Lands 3. Meil v. München, gegen welcher Hauptstadt es etwas von Waldung hat, und einige Weyer. Die Innwohner daselbst nähren sich meistens mit der gemeinen Handthierung. Der Ort aber ist gesund und fruchtbar, hat beynebst 4. gefreyte Jahr- und Viehmärkt, 1. St. von dannen ligt das Churfl. Sommerschloß Gelting auf einem Pichel, worauf ein sehr angenehmes Aussehen.

Anzing große Dorfschaft auf ebnem Lande wodurch die Straß und ordinari Post [illegible] Unterland und Oesterreich gegen der Grafschaft Haag zu gehet. Gegen München zu aber hat es ein Aichgehölz die Lohe genannt.

Aufhofen adel. Sitz nächst Anzing, [illegible] Enzing genannt.

Aeßling adel. Sitz 1. St. von Gräfing.

Byberg Sitz u. Schlößlein im also genanten Dorfe gelegen, ist dem Kloster Beyharting zugehörig. Ist ein Sitz [illegible] schichtigen dazu gehörigen Gütern [illegible]

Ebersperg eine sogenannte Re[illegible] u. Hofm. des Jesuiten Collegi zu [illegible] fast halben Wegs zwischen dieser [illegible] stadt und Wasserburg, unter [illegible] Aichbüchel und Tegernau sind [illegible] gehörig. Daßiger Forst ist [illegible] berühmtesten im Lande.

Eysendorf Sitz u. Hofm. [illegible] von Gräfing zwischen Oelkofen [illegible] zenberg, gehörte dem von Eisen[illegible] Obertrompeter.

Emating S. u. H. 2. Meile[illegible] chen in einer zwar ebnen doch [illegible] ten Gegend gegen dem [illegible] gen [illegible] gehört dem [illegible] Pöling [illegible]

Falkenberg S. u. H. 1. Viertel St. v. der Mosach, stehet in der Höhe genüsset sehr frischer Luft, massen die nächst vorbeyflüssenden Forellen- und Köckewasser aus den hierum ligenden Picheln entspringen, und das ganze Jahr hindurch ohne Gefrühr so beständig lauffen, daß die daran gelegene Mühlen auch im höchsten Winter ohne Eißbrechen garwohl zu gebrauchen sind

Gerstorf adel. Sitz. beyläufig 2. St. vom Innstrome unweit Hirschbichel auf einer Höhe. Die Gegend des Orts ist zimlich uneben, und weilen nebst der Wayden die Baufelder etwas enger, giebt es auch am Getraid und Viehzügl weniger aus, ist vom Hirschauer auf den Wagnereck gekommen.

Gräfing M. 1. St. von Ebersperg auf der Ebne.

Habern, adel S. ligt ganz eben, gehörte denen Ligsalzischen.

Hechenkirchen ebnermassen ein adel. Sitz auf einer schönen Ebne 3. St. von München wo selbst der Traidboden mittelmäßig, und bey trocknen Jahren gar schlecht, massen sich auch im ganzen Dorfe nur ein einziger Schöpfbrunnen befindet.

Hirschbüchel, oder Hirschperg Sitz zwischen beyderseits Gehölz ligend, an Fruchtbarkeit gut, der Feldbau hingegen gar klein und eng, so daß man sich nebst wenigem Ge-

N 4 traid

traide mit Hauf und Haar hinbringen muß

Marienhofen adel. S. unweit der Glon und fast allerseits mit Gehölze umgeben.

Maurstetten S. u. H. 1. halbe Stunde von dem Mark Schwaben auf einer Höhe.

Oberneiching Edelmannssitz in schöner flachen Ebne und schönen Aussehen gelegen, woselbst der Traidboden samt Viehwayd gut ist.

Oelkofen S. u. H. unweit Gräfing auf einem zimlich hohen Hügl, und fast mitten im Gehölze, hat nebst dem Hofmark Oberölkofen und Lorenzenberg einen schlechten Traidboden.

Ottenhofen, S. u. H. gegen Arding zu anderthalb Stund von Schwaben entlegen. Der Viehzügl und Feldbau, wie auch die Fischerey in der Sempt, und Forellenwasser nebst dem Jagen ist allhier zimlich gut.

Pöring, Adeli. Sitz 3. Stunden von München in einer Höhe gegen dem Ebersperger Forst, hat einen schönen auf etlich Meilenwegs sich erstreckenden annehmlichen Prospect; woselbst die Leute wegen sehr frisch gesunder Luft zu hohen Alter kommen. Kam an den Baron von Millau.

Wildenholz, Sitz und Hofm. mit Gehölze und kleinen Hügeln umgeben; dazu die Hofmärke Jacobneuhardting und Mitterfischern gehörig. Ist Baron Pienzenauisch.

Wol-

Wolfesing, Adeli. Sitz auf ebnem Lande, hat etliche Unterthanen, Aecker, und Wiesen. Gehörte dem Graf Bertrand de la Perouse.

Zinnenberg, Graf Fuggerische Sitz und Hofm. 1. Viertlstunde von Glon; allwo die Strasse von München nach Rosenhaim, liegt unweit Wildenholz, und dem Orte Kreutz genannt, welches auch hieher gehörig. Allda des Jahrs 4. Märkte gehalten werden. Das Getraid und Gehölz ist wenig, wie auch das Wildpret: massen kein hohe Jagdbarkeit hierum. Gehört dem Grafen von Fugger auf Kirchberg.

## Gericht Stamhaim.

Stamhaim, ist ein Dorfschaft fast 3. Stunden von Ingolstadt an der Eichstettischen Gränitz, liegt zwar ebnen Landes, jedoch allerseits mit Gehölze umgeben, welches insgemein der Stamhaimerforst heist. Sie ist mit der Dorfschaft Oeting und Gerolfing dem Herzogkastenamte Ingolstadt beygelegt.

## Gericht Starnberg.

Starnberg, Churfürstl. Lustschloß Bist. Freysing 5. Stunden von München auf einem ziemlich hohen Berge nächst an dem Würmsee; woselbst das Aussehen überaus an-

annehmlich, und die Fruchtbarkeit des Feldbaues sehr einträglich. Gedachter See ist wegen des edlen Fischwerks sehr berühmt, massen darinn die Laxferchen, Waller, Bodenrenken, und mehr andere kostbare Fische zu finden sind,

Aufkirchen, ist gleichfalls ein nahe dem Würmsee auf einer annehmlichen Höhe entlegner Hofmark; woselbst ein marianisches Wallfahrts GOtteshaus befindlich: über welches die P.P. Augustiner Eremiten die Obsicht haben.

Crälling, Sitz und Hofm. an der Würm etwas Tief zwischen Waldungen, und [illegible] Stunden von München gelegen; hat die Gerechtigkeit in dem Würmsee auf eine gewiese Weite zu fischen.

Freyhaim, S. und adeli. Sitz [illegible] Landes unweit Päsing, hat vom Feldbau und Schäferey einen ziemlichen Nutzen. Es habens ingehabt die Büttrich, [illegible], [illegible] dauer, Münchner Patritzen.

Fueßberg, Sitz und Hofm. [illegible] salzischen Anno 1557 zuständig. [illegible]

Garezhausen, Sitz und Hofm. [illegible] am Würmsee an etwas berg- und morigen Orte; auch gleich daran stossen [illegible] hölze, hat ein weites Aussehen; [illegible] hören Veldefing, Wieling, und [illegible] sen: und man ist daselbst im [illegible]

zu fischen berechtiget. Neben einem guten Viehzügl giebt es allda einen guten doch wenigen Traidboden.

Holzkirchen, Sitz und Hofm. 4. Stunden von München gegen Fürstenfeld zu, fast mitten in seinem eignen Buechgehölze entlegen, darzu der Hofm. Nebel gehörig: und woselbst sich die Unterthanen meistens vom Feldbaue nähren, welcher dieser Orten sonderbar gut, und sehr gesunder Luft ist.

Königswisen, Hofm., 3. Meilen von München ziemlich hoch an der Würm gelegen, hat annehmliches Aussehen, und schönen Puechwald. Gehört dem Baron von Zech.

Leithstetten, Sitz und Hofm. an dem Würmfluße, welcher aus dem See dieß Namens eine halbe Stunde von hier seinen Ursprung hat, und kann man gleich darauf als einem Canal in dem See hinausfahren. Das ehmals hier befindliche Wildbad St. Petersbrunn genannt, ist ziemlich in Abgang gekommen. Gehört jetzt dem B. Pembler.

Päsing, Sitz und Hofm. 2. Stunden von München nächst an der Würm flach und ebnen Landes wobey auch ein kleines Wäldlein, bestehet in blosser Bauerschaft, und mittelmäßigen Traidboden: desgleichen ist an Fischerey, ausser der Würm nichts, am Gewilde aber im umliegender Refier wenig ver-

verhanden. Ist von dem von Neuburg auf den Baron von Berchen gekommen.

Perg, Churfürstl. Hofm. Schloß liegt jenseits und nächst an dem Würmsee gegen Starnberg über: nebst mittlerm Viehzügl und Feldbaue hat man daselbst die Fischerey bey gedachtem See zu genüssen.

Planegg und Seeholzen, 2. Sitz und Hofm. au der Würm, wegen spißigen Boden ist die Fruchtbarkeit allda gar schlecht, und der Traidboden kaum in mittelmäßiger Güte. Gehört dem von Rufini auf St. Valentin 2c.

Posch- und Forsterriedt Hofm. 2. kleine Stunden von München: daselbst ein wunderthätiges Crucifixbild verehret wird.

Possenhofen, Sitz und Hofm. an dem Würmsee, welcher, wann er gefrieret, so leidet das Wintertraid fast allzeit Schaden: dahero begiebt man sich meistentheils auf dem Sommerbaue: es laßt sich auch mit dem Viehzügl in dieser mittelmäßig fruchtbaren Gegend wohl an. Gehörte der Wämplischen Familie.

## Gericht Tölz.

Tölz, Mark im B. Freysing liegt eben an der Isar zwischen Tegernsee und Benedictbayern, stoßt an das Tyroler Gebürg, und Gr. Werdenfels. Aus Mangel des

Win-

Winterbaues gehet hier der Viehzügl bey der Bauerschaft meistens in Schwung. Das alte Schloß liegt etwas in der Höhe, und hat dasiger Pfleger schöne Jagdbarkeit, und Fischerey zu genüssen. Wegen nächst anliegendem Gebürge ist die Luft hierum rauch, und laßt zwar wie gemeldt keinen Winterbau, jedoch auch nicht leicht einige Sucht aufkommen.

Arnoldshof, Sitz 3. Stunden von Tölz, aufwerts an der Iser in dem Gebürge, nahe dem sogenannten Lengenthal in einer annehmlichen Ebne, wobey nicht nur ein ziemlicher Sommerfeldbau, sondern auch eine Waidschaft, Alm- Roß- und Viehzügl vorhanden.

Greiling, Hofm. und Dorfschaft mit Waldung und unebnem Gebürge umgeben zwischen Tölz und Wolferzhausen. Der Traidboden ist dieser Gegend gar schlecht, so daß ein Unterthan nur die Sommerfrucht bauen, am Saamen und Speise aber jährlich nicht genug haben kann.

Hohenburg, an der Iser Sitz und H. auf einem hohen Felsen, gränzt mit dem dazu gehörigen Dorfe Lengrieß an das Tyrolische und Tegernseische Gebürg. Die Unterthanen suchen ihre Nahrung meistens durch den Viehzügl, und Holzarbeit. Daselbst vor Jahren ein schöner schwarzer Marmelmelbruch erfunden worden: es giebt auch in dieser Gegend sehr gute gesunde Wässer, nebst frischer Luft, so daß nicht leicht einige Krankheiten daselbst einreissen. Gehört dem Grafen von Hörwart.

Hechenberg, gefreyter Edelmanns-Sitz, welcher in der Höhe liegt unweit dem Iser-strome, genüsset einer gesunden Luft, und ziemliches Aussehen. Das Stammhaus der Hechenberger.

## Gericht Donauwörth.

Donauwörth, diese sonst in Schwaben liegende Stadt, anjetzo aber zu O. B. gehörig, hat ihr Lager im B. Augspurg, nächst an der Donau auf einem lustigen Hügl; wo gleich dabey der von 1704 bekannte Schellenberg liegt. ausser besagtem Strome giebt es hierum noch andere Bäche und Wässer, so in die Donau fallen. Es hat die Stadt einen eigenthumlichen Forst; die Fruchtbarkeit am Getraide und Obs ist dieser Orten merklich, wie auch die Gegend der Wiesen, Felder, und Viehwaiden halber sehr annehmlich: absonderlich aber nutzet der mehr besagte Fluß wegen Herbeybring- und Abführung allerhand Sachen, mit welchen man zu Wasser kommt, und allhier anländen muß: es kommen auch so viel Salzzüge herauf, daß jährlich viel 1000.

Schei-

Scheiben in das Reich und Rieß hinaus gehen, wiewohl auch hierdurch eine getriebene Landstrasse von München, Augspurg, und Nürnberg rc. ins Reich hinaus führet.

## Gericht Traunstain.

Traunstain, Stadt im Erzstifte Salzburg an dem Traunfluße, ist theils mit der Salzburgischen Gränitze, theils mit dem Tyrolischem Gebürge benachbart. Die Burgerschaft hat ihre meiste Nahrung vom Salz- und Bräuwesen, weil sonst wegen rauhem Lande kein besonderer Viehzügl oder Traidboden vorhandeu; wiewohl neben den Wochenmärkten auch ein gefreyte Traidschrannen allhier gehalten wird. Eine Viertelstunde ausser der Stadt, und noch im Burgfriede befindet sich ein Wildbaad. Wie dann auch zu

Aedelholzen, 2. Stunden von hier zwischen der Traun, und dem Chiemsee ein dergleichen Gesund- und Wildbaad anzutreffen, welches seine Kraft vom Schwefel, Alaun, Saliter und Stahel hat, dienet treflich wider allerhand Gepresten und Anliegen. Es ist allhier ein Edelmanns-Sitz: und solle es daselbst herum bey Erbauung desselben recht gut natürliches Traid geregnet, und die arme Leuth Brod daraus gebachen haben. Gehörte dem Zugalli.

Au,

Au, Hofm. nächst an Traunstain gegen dem Gebürge in einem Thale, und an der Traun gelegen. Woselbst sich 4. Sudhäuser befinden; wie dann das Salzwesen alldort angelegt, und der Salzbrunnen von Reichenhall über Berg und Büchel bey 5. Meilwegs bis hieher geleitet worden. Den Wasserkanal macht die Traun, so 3. Meilwegs von hier im Gebürge entspringt, wo sodann das Brennholz durch viel andere Zubäche zusamgebracht, und nachmals hieher zum Salzwesen herfürgetrüftet wird. Die Luft in dasiger Gegend ist gesund, wegen Verzöhrung aller bösen Feuchtigkeiten, so durch den starken Salzrauch und Dunst geschiehet.

Neuen-Chiemding, Sitz und Hofmark unweit vom Chiemsee ebnen Landes gegen Sondermaning, gehört zum Kloster Baumburg. Der Ort befindet sich sonst im gutem Stande, wiewohl der Traidbau und Viehzügl, als nahe am Gebürge, der Orten dem Hochgewitter sehr unterworfen.

Grabenstatt, Schloß und Sitz sonst in der Maur genannt, liegt am Chiemsee, allwo es noch etwas ebnes Landes hat, jedoch stoßt es nahe an das Tyroler Gebürg, welches anderhalb Stunden davon schon anfanget. Hierum ist ein mittelmäßiger Feldbau, und gleicher Viehzügl, das Fischwerk aber

wird

wird meistens aus oberdeutem See genommen. Gehört dem Grafen von Tattenbach.

Inzl, Hofm. liegt meistens zwischen hohen Gebürgen, als dem Deisenberg, Rauschen- und Staufenberg in einem Thale und sehr kalter Gegend. Am Getraide und Viehzügl giebt es hier wenig, die Fischerey auf den vielen dahier umliegenden Weyern, auch 2. kleine Seen gehört nebst Inzl dem Kloster St. Zeno. Auf dem Rauschenberg, und am Staufen befindet sich Bleybergwerk, so durch die Churfürstl. Kammer gebauet wird. Dasige Unterthanen nähren sich mit dem Kuef- oder Scheibenholz, welches sie zu den Churfürstlichen Salzämtern Reichenhall und Traunstain aus denen vom vorgedachtem Kloster der regulierten Chorherren verwilligten Waldungen verhandeln.

Märbang, adeli. Sitz unweit dem Chiemsee; woselbst frisch gesunde Luft. Ist Graf Törringisch.

Neuenkreut, Sitz in der Stadt Traunstain an der Ringmauer gegen der Brunnwiesen gelegen.

Pertenstain, Graf Törringisches Schloß und Hofmark an der Traun.

Sondermaning, sonst Neuen-Amerang genannt gleichfalls ein Graf Törringisches Schloß und Hofm. nahe dem Chiemsee.

Truchtlaching, Hofmark an der Alz, etwas Uneben, gehört dem Kloster Baumburg, dahin auch der Sitz Poing gerechnet wird. Der Feldbau samt dem Viehzügl ist allda schlecht; die Fischerey hingegen auf der Alz stehet bey guten Würden.

Winkl, adeli. Sitz am Chiemsee fast ebnen Landes. Hiervon schrieben sich die Auer von Winkl.

## Gericht Vohburg.

Vohburg, Mark im Bist. Regenspurg auf einer schöner Ebne 2. Meilen von Ingolstadt, nächst an der Donau: worein allda die Ilm fällt, um welche Gegend es auch schöne Holzwachse und Auen hat. Das uralte und unbewohnte Schloßgebäu liegt auf einer Höhe. Der Traidboden ist hierum ziemlich gut, und hat der Mark sowohl dieß als jenseits der Donau schöne Feldungen.

Biburg, ein ehmaliges Benedictiner Kloster, nunmehr aber eine sogenannte Residenz zu dem Jesuiten Collegi nach Ingolstadt gehörig: wobey der Hofm. nebst ihrem zum Bauhofe, Bräustat, Viehzügl, und Feldbau nöthige Zugehör sich befindet. Das marianische Gotteshaus zu Allerstorf, so nächst daran gelegen, haben diese Patres zu versehen.

Erlach, oder Erlhof, Sitz und Hofm. eine Stunde von Ingolstadt im Bist. Regengenspurg. Gehört dem Barthlmeer Seminari daselbst; bestehet in einem starkem Feldbaue, samt einer ziemlichen Hauswürthschaft.

Gaimershaim, Mark eine Stunde von Ingolstadt Biß. Eichstätt gegen desselbigen Gränitz auf ebnem Lande. Ist ein fruchtbarer Ort, nähret sich meistens durch den Feldbau: dann es allhier sehr guten Traidboden hat. Die Luft ist hier sehr gesund.

Hornegg, Sitz und Hofm. Biß. Regenspurg 3. Meilen von Landshut auf der Ebne.

Knodorf, Sitz und Hofm. 3. Stunden von Ingolstadt gleichfalls auf der Ebne, welche fruchtbar am Getraide, und etwas vom Viehzügl hat.

Lendting, Sitz und Hofm. 1. Stunde von Ingolstadt an einem Hügl in der Tiefe B. Regenspurg, gränzt aber an das Hochstift Eichstätt. Es ist hiebey nichts vorhanden, als was neben etlichen Sölden der nutznüssende Feldbau auswirft. Gehört dem Baron Müllner zu Neuburg. Mit dem darzu gehörigen Gut Hepperg, so auf einer Höhe liegt, hat es gleiche Gestalt, nebst deme daß daselbst eine ziemliche Schäferey samt Holzwachse und Feldbaue genossen wird.

Münchsmünster, vor Jahren ein Benedictiner Kloster jetzt nach dem Jesuiten Collegi zu Ingolstadt gehörig, zwischen Neustadt und Vohburg an der Ilm etwas tief, und nahe dem Dürnbuecherforst entlegen. Dasiger Hofm. ist mit angehörigen Fischerey, Holzwachse, Wiesen und Aecker versehen.

Memming, Dorf Vohburg gegen über der Donau gelegen. Hat den von Schönbichel gehört.

Oberdolling, Sitz und Hofm. hat guten Traidboden, und die Freyherren von Hegnenberg zu Innhabern.

Oberhaunstadt, 3. Viertlstunde von Ingolstadt, auch ebnen Landes doch etwas bergig; wodurch die Strassen nach Nürnberg gelegen. Dieses Schloß und Hofm. ist dem Jesuiten Collegi zu Ingolstadt zuständig, welche alldort eine Bräustat, guten Traidboden, und gesunde Luft haben.

Pföring M. ebnen Lands an einem Altwasser, die kleine Donau genannt, wo selbst der Feldbau und Fischerey, wie auch Viehzügl mittelmäßig, wiewohl die Donau fast jährlich mit Ueberschütt- und Wegführung des Grunds nicht geringen Schaden der Waide zufüget: dißseits gedachten Fluß ligen die Pförringischen Felder, jenseits aber die Wiesen, wo es in der Au heißt. Zudeme befinden sich auf und Abwerts der Donau verschiedene junge Holzwachsen, auf den ange-

ge-

geschütten Griesen, worinn es gute Wildfuhr von schwarz- und rothem Wildpret gibt

Sigenburg M. nächst an der Abenst und Forst Dürnbuech in einem Thal, wodurch ein Bächlein flüßt, auf der Landstraß von Salzburg nach Nürnberg.

Thrain S. und H. unweit Sigenburg an der Abenst nächst am Geisenfelder Forste liegt zimlich eben, hat gute Waidschaft und fast gleichen Feldbau, obschon dieser jährlich vom Gewilde viel leiden muß. ist von Ekern von Käpfing durch Kauf auf die Gugler gekommen.

Unterhaimstadt H. im Biß. Eichst. ein halbe St. von Jngolstadt der dasigen Hohenschule zuständig, in der Ebne nebst einem schlechten Mühlbach gelegen.

Wackerstein S. und H. hart an der Donau, und auf einem zimlich hohen Felsen 3. Meilen von Jngolstadt. Erdling, und Mitterwöhr sind derselben einverleibt. Jst von dem Klosen an die von Lodron gekommen.

Wolfshausen H. nächst einem Gehölze in der Tiefe, und an der Straß nach Elsendorf dem Jesuiter Collegi in München angehörig. Es ist die Fruchtbarkeit des Orts nach Art des anliegenden Holzlandes mittelmäßig beschaffen.

## Waldegg.

Waldeck, Die Reichsgrafschaft Hochenwaldeck, liegt in O. Bayern Biß. Fr. gegen dem Tyrolergebürge, dazu sind das Schloß Wallenburg und der Mark Miespach gehörig. Sie stoßt an die Pfleggerichter Aibling, Aurburg, Wolfertshausen und an die Tyrolische Gränitz.

Miespach dieser Markt ist sonderbar berühmt wegen den grossen Roß- und Viehmärkt, so des Jahrs hindurch öfters gehalten, und sowohl von München als andern umliegenden Orten in großer Anzahl besuchet werden.

## Gericht Wasserburg.

Wasserburg St. in O. Bajern Biß. Fr. liegt ganz am Innstrome, von welchem sie gleich einer Insul fast allerseits bis an einen engen Paß, da die Landstraß von Salzburg nach München ist, umgeben wird. Dasiges Schloß liegt auf der Höhe, und unterher die Stadt etwas uneben, in der Tiefe zwischen Bergen, so daß sie nicht zusehen, man komme dann nächst daran. Vor diesem ware zwar das Gewerb alldort sehr groß mit Eisen Wein, Getraide, und Salze. Es ist auch noch ein starke Churfl. Salzniederlag samt zugehörigen Städeln, auch einiger Traidhandel mit verschiedenen Kästen allda verhanden.

Aetel,

Aettel Benedict. Abbtey. 1. St. von Wasserburg auf einer Höhe schöner Gegend an dem Innfluße entlegen, hat sonst gegen letztgemeldter Stadt eine flache Ebne mit etwas Gehölz, und geniesset einer milden Luft.

Harth S. u. Adel. Sitz 1. St. von Wasserburg in der Ebne disseits des Inn, und unweit vom Fluße Attel, so hinter dem Schloße durch ein waldichtes Thal laufet. Hat unterschiedliche Herrschaftliche Inhaber gehabt, nun aber beruhet sie auf der Baron manteuflischen Familie. zuvor waren allda die Hauser, Schobinger, Holzner, B. Lidl.

Hochenburg am Inn Schloß und Pflegamt im Fr. Biß. nächst dem hohen Gebürge auf einem zimlich hohen Berg und 1. halbe viertel Stunde von besagtem Strome entlegen dahin auch das Schloß Königwarth gehört. Und dem Hochstift Regenspurg zuständig ist, sonst aber der Feldbau und Viehzügl, wobey die Bauerschaft ihre Nahrung suchet; mittelmäßig.

Prandstört S. ebnen Lands 4. Meilen von München auf selbiger Landstraß.

Roth Benedictiner Kloster 2. St. Oberhalb Wasserburg auf einer Höhe nahe beym Innstromm.

Zellrreith H. u. Sitz unweit von Kl. Attel, dahin neben einiger Wayd und Feldbau 3. Weyer oder Fischteiche gehörig. Dieß

Stammhaus der Zellerer ist hernach auf Dellinger und Kern gekommen.

## Gericht Weilheim.

Weilheim diese St. ligt im B. A. nächst an dem Ammerfluße zwischen Schongau und Beyerberg vor dem Gebürge auf einer schönen ebne, woselbst der Luft sehr mild und gesund, weil in die Gegend des Ammerthals schon alles anfangt zu grünen, da anderstwo noch der schöne Churfl. Schwaigangger zu ersehen, so für den jungen Roßzügl gewidmet. Neben einer Traidschrannen, und Churfl. Bräuhauß giebt es einen sehr fruchtbaren Traidboden rings herum.

Andechs sonst insgemein der H. Berg genannt, eine Benedictiner Prälatur auf einem Berge vom Amersee 1. halbe St. entlegen. Vom Getraide giebt es hier nur die Nothdurft, vom Viehzügl wenig, von Jagdbarkeit und Fischerey nichts. Es sind diesem Kloster annoch folgende Oerter zuständig: Streegen, Mühlfelden, Hohenpähl, Vorderfischern, und Kerschlach.

Aydling kleines Dorf und Hofmark nach Benedictbeyerr gehörig, gehört dem Grafen Törring Seefeld.

Benedictbeyern diese berühmte Abbtey stosset an das Landgericht Tölz, und Grafschaft Werdenfels beederseits nahe dem hohem

hem Gebürge, wodurch auch die Straß und Ordinari Post zu reiten pflegt. Anderseits liegt es an dem Pflegamte Wolfertshausen ebenen Lands mit dem Kochelsee und Fluße Loypa umgeben. Den dasigen Feldbau belangend, ist er wegen anstossendem Gebürge nicht groß, daß also die Unterthanen meistens das Getraid um Geld erkauffen müssen; deßwegen sie sich forderst von dem Holz, Roß- und Viehzügl ernähren, wegen sehr gesunder Luft befinden sich viel alte Leute von 80. bis 100. Jahren allda. Ungefehr anderthalb St. von hier, zwischen dem Mark Tölz nahe bey der Straßen auf des Klosters Bezirk befindet sich das sogenannte Heilbrunner Wildbad.

Bernried Kl. und Probstey der reg. Chorherren des H. Augustini an dem Würmsee, worinn es die Freyheit die ganze Adventszeit hindurch mit den Rohken, Springer, und Krautfegen hat nebst dem Renkenlaich. In dem dabey gelegenen Hofmark müssen sich die Unterthanen wegen schlechtem Viehzügl und Fischerey hart und nur mit Bauung eines wenigen Hopfens erhalten: zumalen der Orten kein Feldbau vorhanden, ausser dem wenigen, so dem Kloster etwas Ergözliches zu verschaffen vermag.

Delling H. nahe bey Seefeld unebnen Lands an einer Waldung. Außer des Gestüts und Roßzügels daselbst ist von keiner sonderbaren Fruchtbarkeit zu melden. Es war vor Alters ein Stammhaus der abgestorbenen Dillinger.

Ettal, berühmte Bened. Abbtey vor dem tyrolischen Hochgebürge 1. halbe St. von Ursprung der Ammer zwischen Partenkirch u. Schongau, liegt zwar auf einem hohen Berge jedoch zwischen nächst darbey gleichfalls noch höher aufsteigenden Bergen, und also in einem noch vor des Klosters Stiftung öden, wilden und Tiefen Thale. Es ist zwar der Ort dem Weilheimischen Gerichte nicht einverleibt, sondern stosset nur an desselben Gränzen, und hat neben Ammergau noch ein anderesgefreytes kaiserliches Gericht Murnau, samt der Burg Eschenloch und Stafelsee, wie auch die Hofmärk Maysach und Aubing. An hoher Jagdbarkeit, sonderlich des rothen Wildprets und Gämsen hat Ettal einen merklichen Bezirk die Fische darzu giebt meistentheils der Stafelsee, welcher doch wegen Entlegenheit nicht allerdings recht der Nothdurft nach genossen wird. Von Gewerbe ist hier wenig: vom Feldbaue auch nichts zu melden, weil in der Gegend keiner vorhanden: vom Roß- und Viehzügl lägt sich etwas zu eignen Gebrauch erhalten. Obgedachte 2. Hofmarchen ligen 3. Meil von München an der Mosach nebst dem Dörflein Eßing an der Ammer, haben etwas spröden Boden, und nicht genugsamen Blumbesuch.

Hersching, Adel. Sitz ebnen Lands nächst an dem Ammersee. Ist Gr. Törring.

Häbach, Collegiatstift und Probstey zwischen Tölz und Weilheim unweit Murnau fast an dem Tyroller Gebürge. Befindet sich in gutem baulichen Stande, wo der Traidboden meistens nur Sommerfrucht, und nebst einigen Viehzügl eine geringe Mastung gibt weil das grobe Schnee- und Schauergewitter fast jährlich der Fruchtbarkeit sehr nachtheilig ist.

Isseldorf, Hofm. liegt unweit dem Gebürge auf einer Höhe, hat wegen rauhen kalten Grunds wenig Fruchtbarkeit, jedoch 32. unterschiedliche kleine Weyer. Vor Jahren zwar solle es wohl etwas Wildpret allhier gegeben haben, der Zeit aber ist ausser was weniges von Rehen fast nichts zubekommen.

Pähl H. u. 2. Schlößer nächst an der Ammer ebnen Lands. Gehörte vormals denen von Schondorf, jetzt aber denen Herren von Berndorf.

Pöcking, S. u. H. ein halbe St. auf der Seiten vom Würmsee, hat mittelmäßigen Traidboden, wiewohl bey Gefrührung des See das Wintertraid fast allzeit Schaden leidet, dahero man sich meistens auf den

Som-

Sommerbau und Viehzügl verlegen muß. Gehörte vor Zeiten denen von Rosenbusch.

Polling dieses berühmte Klosterstift und Prälatur der Regul. Chorherren des H. Augustini liegt im Bistume Augspurg auf einer schönen weiten Ebne vor dem Gebürge nahe dem Ammerfluße, und der Stadt Weilheim der adel. Sitz Eglfing, wie auch die Dorfschaften Etting, und Lengenleich gehören unter dieses Kl. Gerichtbarkeit.

Rameck Sch. und adel. gefreyter Sitz im B. A. auf einer annehmlichen Höhe 1. St. von Polling nahe Huglfing.

Rösselsperg adel. Sitz nächst an der Amper auf einer Höhe, wobey ein großer Feldbau, und zimlicher Getraidnutz vorhanden. Das Stammhauß der Rösselsperger

Schlechdorf regulirte Probstey der Chorherren des H. Augustini nahe bey dem Gebürg und nächst am Kochelsee samt einem Hofmark. Es hat sich dieses Ort nicht sonders zu rühmen, ausser das die Helfte des hoch im Gebürge anliegenden Wallersee, so neben allerhand Gattungen Fische sonderbar rare Sälblinge führet diesem Kloster zuständig ist. Das 2. St. von dar entlegne Dorf Oblstatt ist hieher gehörig, woselbst es sehr [illegible] Wetzsteinbrüche gibt, welche weit und [illegible] verhandelt werden: allda zeigen sich auch unterirrdische Gänge, soviel Klafter ein[illegible] gehen, ohne daß man weiß, was alldort vor Zeiten sey gearbeitet worden.

Seefeld S. u. H. zwischen Berg und Thal unweit dem Amersee, doch an einem dazu gehörigen See, und Waldung, wobey stattliche Jagdbarkeit und Fischerey sich befindet. Zu diesem Törringischen Hofm. gehört auch der Sitz Arzler nebst den 2. Schweigen Oberdorf und Tieffenbrunn ist. Das Stammhaus der Abgestorbenen Seefeldern

Tutzing S. u. H. im B. A. an dem Würmsee zwischen Bernried und Garetshausen, hat unter sich Ob- und Niederzaißmering, Diemandorf, und Monatshausen, hiebey genüßt man eigne freye Gerechtigkeiten auf ermeldten See zu fischen. Weiters ist man dieß Orts des kleinen Waidwerks u. Schweinhatz vom Strick aus befugt. sonderlich aber halten sich des guten Stands und Gelegenheit halber die Rech in dieser Gegend gern auf. Nahe der Hofmark giebt es einen Steinbruch, in dessen Eingang sich der schöne Krausetuft in großer Anzahl befindet. Es haben auch die Unterthanen nicht weniger als die Herrschaft viel und große Gärten darinn der Hopfen in zimlicher Menge gebauet, und bis in Schwaben verhandelt wird.

Walch-

Walchstatt H. und S. nächst an dem Wörthsee auf einer Höhe ist von dem Partischen an die Grafen von Törring gekommen

Wörth Törringische H. liegt auf der Ebne 1. St. weit von Seefeld, mit dahin gehörigen Holzwachse rund umgeben, und mitten in einem Weyer. Deßwegen ist dieser von der Fischereyhalber bekannte Ort jederzeit vom feindlichen Anfall wegen des umringenden Wasser sicher gestanden.

## Gericht Wembding

Wembding eine außer Lands im sogenannten Rieß gelegene Stadt, B. Eichstett zwischen schwäbisch Oeting und dem Pfalzneuburgischen Städtlein Monheim unweit Kaisersheim 3. Meilen von Rhain, und 2. von Donauwerth, hat gegen Nördlingen eine weite und breite Ebne, anderseits aber Berge und Gehölz. der Boden hierum ist sumpfig, jedoch giebt es neben guten Fischweyern einen großen Wießgrund ohne besonderen Feldbau, so, daß die Inwohner ihre meiste Nahrung vom Viehzügl haben, das übrigel suchen sie mit Bauung der Jahrmärkten in den benachbarten Städten. wegen Wohlfeile der Victualien und geringen Zohls halber ist von den Fremden der Zugang noch hier zimlich groß obschon der Ort an keiner ordinari Landstrassen liegt. 1. halbe St. da-

von

von: laßt sich das Weinbdinger Wild- oder Gesundbad sehen.

## Reichsgrafschaft Wiesensteig.

Wiesensteig ein Städtlein im schwäbischen Algeir 2. St. von dem sogenannten Böllerbade in einem engen Wießthale, also fast mit gleich hohen Bergen umgeben, daß wo man hinaus will, müsse allerseits eine Stiege angetretten werden. Daßiges Schloß liegt an dem Forellenwasser die Filß benamßt so 1. Stunde von hier entspringet, und im Thale die ganze Herrschaft Wiesensteig bis Geißlingen durchflüsset. Der Forst und die Waldung hierum ist zwar groß, und vom allerhand Gehölze: man findet aber keinen Thanenbaum darinn, und wenig Wildpret, ausser was von der Würtenberger Gränitz herein wechselt. Die zu dieser Reichsgrafschaft gehörigen Güter sind nebst andern, Mühlhausen Dützenbach, wonächst ein Saurbrunnen, der Mark Deggingen, Wösterhaim, Hochenstatt, Trachenstain, der Ort ist an ihm selbst fruchtbar, und sehr gesund, ohne das bey Mannsgedenken einige Seuche eingerissen, so kommen auch die Leut insgemein zu hohem Alter. Der meiste Nutz wird bey den Inwohneren durch den Viehzügl geschaffet, doch giebt es auch unterschiedliche Handthierungen allda.

Wolf-

Wolfratshausen, ein M. B. Fr. liegt einerseits an der Loysach, so sich allda in die Iser stürtzet, anderseits aber an der grossen allda stehenden Bergleuten zwischen Beyerberg und Schäftlarn, fast ebenen Wegs, und 4. Meilen von München. Das Schloß stehet auf einer Höhe. Es ist allda gesunder Luft, hat doch nur einen wenigen Feldbau zur Hausnothdurft.

Allmanshausen und Biberkhor 2. Hofm. zwischen Wolfertshausen und dem Würmsee, woselbst die Dorfleut ihre Nahrung jährlich mit dem Feldbaue, wie auch einigen Viehzügl mühesam suchen. Gehören [illegible] Grafen von Herwart.

Amerland, Hofm. 5. Meilen von München zu nächst am Würmsee zwischen [illegible] und Feuchten Waldern bergig und [illegible] Landes entlegen, bestehet in blosser [illegible] und hat ausser dem mittelmäßigen [illegible] weder Gewerb, noch andere Han[illegible] hört denen Freyherren von Lerch[illegible]

Ascholting Hofmark, dessen [illegible] Viertlstunde von da entlegen, hat [illegible] Gebürg auch Gehölz von Puechen [illegible] ten in der Nähe.

Aufhofen, ein rechter Hand [illegible] nig erhöhter, auch etwas mit [illegible] gebner Hofmark. Hat gehört [illegible] kirchischen, Pienzenauischen, [illegible] schen, Mörmanischen, Reißhauerischen, Eysmannischen, Gutzerischen, und dem von Oswald.

Beyerberg, regulierte Probstey der Chorherren des Augustiner Ordens auf einer Höhe, unweit vom Würmsee, und nächst an der Loysa, liegt nahe am Gebürge; wobey der Hofm. dieß Namens, und ein anderer Degerndorf genannt. Ist etwas weniges zur Nothdurft mit Gehölze, Weyern, und Fischwässern versehen.

Dietramszell, auch ein solches, wie das vorgehende, Augustiner Kloster 2. Meilen von München, ringsum mit Holze und Wäldern umfangen, jedoch ebnen Landes. Daselbst stehet der Traidboden meistens im Sommerbaue; und ist die Fruchtbarkeit, auch der Viehzügl, womit sich die Unterthanen ihre Nahrung suchen, mittelmäßig.

Eyraspurg, Schloß und Hofm. eine kleine Meile von Wolferzhausen, nahe Beyerberg, und an der Loysa. Das Schloß liegt auf einer ziemlichen Höhe und rundem Berge, hat gesunde Luft, und gegen dem Gebürge schönes Aussehen, ist eines theils bis an den Würmsee mit Weyern, Gehölze, und Waldungen versehen. Ist Gr. Hörwartisch und Baron Schrenkisch.

Farchach, ein von dem Wallfahrts Orte Aufkirchen eine Viertlstunde etwas tief gelegne ne Dorfschaft, wo herum das Gehölz meistens von Thanen und Feuchten sich befindet. Ist von denen Hörlen Patrizen in München schön erbauet worden.

Grünewald, Hofmark 3. Stunden von München aufwerths der Iser, ist mit der Gerichtbarkeit als Grundherrschaft, dem Churfürstl. Kastenamte unterworfen. Hat über der Iser durchgehends Puechen, an Seiten des Hofm. aber lauter Aichengehölz. Der Schloßbrunnen ist mit lautern Quaderstücken ausgebauet, und so tief, daß er wohl über 200. Werkschuhe austraget. Im dasigen Thier Garten pflegt man das Schweizer Vieh zu waiden

Haydhausen, Sitz und Hofm. 1. Viertelstunde von München an der Landstrasse gelegen: wobey weder Holzwachs, [illegible] noch anderes verhanden, ausser die auf dem Iserberge entspringende Wasserquellen, so durch die Wasserkunste in die Residenz [illegible] getrieben werden. Es gehörte denen von Ehbelsing, Fugger, Preising, Ridler [illegible]

Harmating, H. und Adel. Sitz [illegible] be Stunde von der Iser ziemlich [illegible] an den Gränzen des Vorgebürges, [illegible] neben wenigem Waidwerke auch [illegible] sen Weyer, dessen Auslauf eine [illegible] Mahlmühl treibt: der Feldbau [illegible] eng und wenig, die Luft aber [illegible]

hört von uralten Zeiten denen Bartischen Patritzen zu München.

Hofholding, ist gleichermassen wie Grünewald ein separierter Churfürstl. Hofmark 4. Stunden von München und 1. von Hechenkirchen.

Horstain, Sitz und Hofm. von Tölz ob der Iser etwas unebnes Landes und fast allerseits mit Gehölze umgeben; wo der Viehzügl samt dem Feldbaue gering, ja kaum mittlern Standes ist.

Humbach, adel. Sitz an einem lustig jedoch unebnem Orte dem Gebürge zu gelegen. Alldort giebet es wenig Getraid zur Hausnothdurft. Ist von den Lampfritzhamern durch Kauf an die von Bart gekommen.

Johanneskirchen, Hofm. unweit der Iser anderthalb Stunden von München. War lange Jahre von den Ridlern besessen.

Kempfenhausen, Hofm. unweit Aufkirchen, hat viele Weyer und Puechwaldungen: dahin gehört auch der Hofm. Harkirchen. Gehörte alles denen Bart von Harmating.

Königsdorf, oder Khümelstorf ziemlich grosser Hofm. so theils nach Wolferzhausen, theils und mit dasigen Edelmanns-Sitze nach Benedictbeyern, an dessen Gränitz es auch liegt, gehörig ist. Es hat nebst den Fischereyen und Jagdbarkeiten einen absonderlichen Holzwachs und Stainbruch von Duftstainen.

Laufzorn, Churfürstliche Schwaig an einem angenehmen gesundem Orte, um um mit einem Aichwalde umgeben, hat [illegible] lich grossen Feldbau und Heufang, [illegible] chen ein springendes Keckwasser, [illegible] über einen sehr hohen Berg nächst an [illegible] unweit Grünewald bey einer Stunde [illegible] in Deicheln dahin geführt wird. [illegible] auch ein schöner Viehzügl von Sch[illegible] art, nnd türkischen Schaafen. Zu [illegible] brunn, unweit davon, ist dasige [illegible] ebenfalls für den jungen Pferdzügl [illegible]

Merlbach und Pachhausen, [illegible] 1. Stunde weit vom Wolferzh[illegible] lich nieder, und nahe bey [illegible] Puechwalde, hat mittelmäßigen [illegible] gen Aufkirchen. Gehörten denen [illegible] von Deuttenhofen.

Paybrunn, Hofm. fast 3. St[illegible] München nächst an der Lands[illegible] auf etwas unebner Gegend; [illegible] Ort ziemlich mit Waldung um[illegible]

Perg am Laim, Sitz [illegible] kleine Stunde von München [illegible] Landes. Gehört jetzt dem [illegible] merdirector von Hofstetten.

Perlach, S. welcher in [illegible] nanntem Dorfe liegt 1. St. [illegible]

Reitberg, ein Frauen Kloster der dritten Regl des Heil. Francisci unweit Tölz.

Reicherspeyrn, Sitz und Hofm. mit der Waldung und Gebürge in einer schlechten Ebne zwischen Wolferzhausen und Tölz, hat im Umkreise anderthalb Meilen. Der Feldbau giebt dieser Orten schlecht aus, und ist nur Sommerbau allhier anzubauen: muß also der Unterthan das Getraid fast jährlich zur Speise erkauffen. Von etlichen hierzu gehörigen Weyern ist wenig Nutz zu haben, weil das Fischwerk im harten Winter viel Schaden leidet, im Sommer aber der starken Regen halber kein Laich angehet. Sonst befindet sich allda nichts vom Viehzügl, oder anderem sonderlichen Gewerbe. Ist Graf Preysingisch.

Sarenkam, Hofm. liegt mit der Waldung gegen Dietramszell fast uneben, zwischen Tölz und Reicherspeyern, ist gleichfalls den letzt besagten Grafen zuständig. Wegen spißig- und sandigen Boden hat es daselbst schlechten Traidbau: und kann ihm der Unterthan nicht soviel Sommerfrucht bauen, daß es zum Saamen und Speise genug wäre. Ist Graf Preysingisch.

Schöftlarn, Prämonstratenser oder Norbertiner Ordens Abbtey, 4. Stunden von München an der Iser in einem Thale: Ist ein unebnes mit Puech- und Feuchten umgebgebnes Holz. Das Kloster hat zwar hier geringen Feldbau und Viehzügl, es ist ihm doch der Ausfluß, oder sogenannte Würinbach, so aus dem sogenannten See heraus flüsset zuständig: selbiges hat auch jährlich einen gefreyten Roßmarkt und Zohl zu Keferlohe.

Thalkirchen, Dorfschaft 1. kleine Stunde von München sehr angenehm wegen den schönen Vießmathen, Fischereyen, nächst daran liegenden Auen, an welche der Isarstrom vorbeystreichet. Hat ein marianische Wallfahrtskirchen zu zeigen.

Toufkirchen, Hofm. 2. Stunden von München zwischen Ober- und Unterhäching zwar ebnen Landes jedoch auf stainigen Boden gelegen, deßhalben sie schlechte Fruchtbarkeit und wenig Getraid ausser einen Forellenbächlein vorzuweisen. Ist dem Jesuiten Collegi in München zuständig.

Tegernsee, berühmte Benedictiner Abbtey einerseits an dem fischreichen See dieß Namens, anderseits aber am Eingang des Hochgebürgs und Gränitz: allwo durch das Achenthal der Weg in das Tyrol führt, entlegen. Darzu gehört die Herrschaft Warngau, und der Mark Holzkirchen. Ferners ist allda der wundersame Oelbrunnen des Heil. Quirini, und innerhalb des Kreuzes ein Wildbad, wie auch ein anderes solches

Heil-

Heilwasser in dem so genannten Schwaighofe zu sehen ꝛc.

# Rentamt Burghausen.

Burghausen, Hauptstadt in Oberbayern in einem Thale an dem Salzaflusse an das Salzburgische Erzstifte, dahin es auch in die geistliche Gerichtbarkeit gehörig, gränzend, 4. Stunden von Altenötting entlegen; woselbst das Churfürstl. Schloß auf einem hohen, fast einer Viertlstunde langen, und ziemlich breiten Felsenberge zu sehen, und sonst ein gesunder Ort ist.

## Gericht Braunau.

Ach, adel. Sitz und Schloß im Gerichte Braunau Erzstift Salzburg an der Salzach hat eine bekannte marianische Wallfahrt. Hier sassen die von Ach, die Kemnater, Stöckl, Schwarz, und der von Prielmayr.

Braunau, Stadt am Innstrome Biß. Passau ebnen Landes unweit Ranshofen in einer gesunden Gegend.

Ehring, Graf Baumgartnerischer Sitz und Hofm. im Biß. Passau am nächst vorbeyflüssenden Inn 2. Stunden von Braunau in einer schönen Ebne, doch linkerseits etwas bergig, ist mit Waldung und Gehölze umgeben, auch mit schöner Jagdbarkeit versehen. Nebst einem Präuhause befinden sich daselbst unterschiedliche Handwerksleute, so mit Getraide und Viehzügl nach Nothdurft, mit Gewilde und Fischen aber mittelmäßig versehen sind. Gehört heut zu Tage dem Grafen von Baumgarten.

Fraunstain, Sitz liegt etwas auf der Höhe in lustiger Gegend nahe dem Inn 2. Stunden von Braunau, und über das Wasser 1. starke Viertlstunde weit von Obring: allwo auch eine eigne Ueberfuhr über das Wasser auf einer feinen Landes [illegible] Darzu gehören die Hofmärken [illegible], Graben, Pürath, und Münchham. [illegible] Graf Baumgartnisch 2c. sind schöne [illegible] wässer, Jagden, Weyer, und Auen [illegible].

Ibm, Sitz und Hofm. auf dem [illegible] eines ziemlich gähen Berges 1. [illegible] weit von Salzburgischen Gränzen, [illegible] im Bist. Passau mit 3. kleinen [illegible] Weyern, auch schöner Waldung, [illegible] umligend ebnen Landes gegen [illegible] gelegen. Haltet einen mittlern [illegible] und Traidboden, auch unterschiedliche [illegible] werker, absonderlich aber ein sehr [illegible] Stütterey und Strähe taugliches [illegible] worauf Sommerzeit etliche [illegible] Viehs gewaidet werden. [illegible] liche Fruchtbarkeit nebst guter Luft zu finden. Gehört dem Grafen von Taufkirchen zu Jmb.

Walching, ein Hofm. und kleines Sch. in lustiger Refiere zwischen Braunau und Scharding an der Landstraße 1. Stunde weit von Ehring: allwo eine ziemliche Ebne, doch aber linkerseits von Braunau herunter etwas bergig, ist theils mit Waldung umgeben, und mit Jagdbarkeiten versehen. Hat ein gesündes und fruchtbares Lager. Ist von den Fronhaimern an die Grafen von Baumgarten gekommen.

Neukirchen, Sitz und Hofmark an der Ecknach, in einer schönen Ebne gegen Ranshofen, welchem Kloster es zuständig, mit einem Walde umgeben, ist ein gesunder fruchtbarer Ort, und wird der Hofmark mit allerley Handwerken wohl bestanden. Ist mit Unter-Sitzing an die Grafen von Törring gekommen.

Perwang, adel. Sitz zum Benedictiner Kloster Michelbeurn gehörig: liegt im Bezirke des Pflegamts Braunau, dahin es die jährliche Rittersteur giebt. Hier sassen die Noppinger, Schettinger, und die Baron Lamberg.

Pfaffenstötten, Sitz vom Salzburgerlande 1. ganze, vom Mattigkofen aber nur 1. halbe Stunde nächst einem kleinem Berge, allwo sich der Mattigbach vorbeyziehet,

 ent-

entlegen. Hat mit dem Viehzügl einen mittelmäßigen Traidboden, sonst gute und anständige Luft zu genüssen. Gehörte dem Baron von Viereck.

Stubenberg, ein auf der Höhe linker Hande von Braunau 1. starke Stunde von Ehring gelegenes Schloß, am dessen Fuße der dazu gehörige Hofm. neben Piernbach, und Reith sich befindet: allwo um und um Berg, Waldung, gesunde Luft, und fruchtbare Baufelder zu sehen. Ist Graf Baumgartnerisch.

## Gericht Cling.

Cling, Churfürstl. Schloß im Erzstifte Salzburg, gränzt an Mermosen, Trostberg, und Traunstainer Ger. item an dem Chiemsee, welcher noch völlig in diesem Gerichte liegt, wieauch an das Pflegamt Wasserburg, und Rosenhaim: also daß es in seinem völligen Umkreise bey 18. deutsche Meilen in sich haltet. Liegt auf einem ziemlich hohen Berge, in seinem Angesichte noch einen höhern gähe aufsteigenden Berg habend, von welchem das Springwasser in das Sch. geleitet wird, gegen die übrige 3. Theilen aber ist es mit flachem Lande, kleinen Bücheln, hübschen Waldungen, und untermengten engen Feldungen umgeben. Dahero genüsset man allda auf viel Meilwegs das

an-

angenehmste Aussehen: sonderbar bildet das vom Aufgange gegen Mittag sich hervorreckende blau schimmerende Gebürg eine der schönsten Landschaften ab. Ja bey heiterm Tage kann man von da aus, die böhmischen Waldungen, und zugleich das bodenseeische Gebürg nebst dem Lande ob der Ens, die salzburgisch- und tyrolerische Alpen, auch die Städte München, Mühldorf, Alt- und Neu-Oetting, Braunau, und Salzburg nebst fast unzahlbaren Klöstern, Schlössern, und Dorfschaften erblicken. Der sogenannte Streit, ein Churfürstl. Urbarsgehölz, ist eine ziemlich grosse Waldung dahin gehörig, und ernährt sich dieser Orten die Bauerschaft so mit Getraide als Viehzügl. Der Fischhandel hingegen, obschon nebst dem Chiemsee sich über 30. andere kleinere Seen, oder Weyern, und Bäche in hiesiger Gegend herum sich befinden, ist in ziemliches Abkommen gerathen; weil bey nassen Jahren von dem nächst entlegnem Gebürge die Wässer vielmals unverhoft überschwemt, bey gähling en Abfalle aber die Pruet auf das Trockne gesetzt, mithin zu unwiederbringlichen Schaden verderbt worden. Die Luft ist hier sehr gesund.

Altenhohenau, Frauen Kloster des Dominicaner Ordens im Erzstifte Salzburg nächst an dem Inn unweit Wasserburg im

ber-

bergichter Landung: hat beyde Hofmärkten Laiming, und Griestött im Besitze, wie auch gesunde frische Luft.

Amerang, Sitz und Hofm. liegt gegem Aufgange etwas Abwerts, gegem Niedergange aber in der Höhe mit vielem Gehölze und Büheln umgeben: wobey der Traidboden mittelmäßig, und aus kleinen 3. Seen auch etwas an Fischen, item vom Viehzügl und Gewilde nach Nothdurft zu haben ist. Ist von denen von der Laiter durch Kauf an die Grafen von Lamberg überlassen worde.

Frauen Chiemsee, königliches Kloster und adeliches Frauen Stift Benedictiner Ordens, liegt völlig in dem sogenannten Chiemsee, welcher 7. deutsche Meilen in seinem Umfang hat, und auch die Gegend angenehm macht. Nahe dem ebenfalls in diesem bayerischen Meere auf einer von dem Lande durchaus abgesöndert weiten Insel gelegnen

Herren Wörth oder Chiemsee, Kloster Dom- und regulirter Chorherren des Heil. Augustin, Stift samt seinem beyliegenden Hofmark, welche Insel 3. ziemliche Traidfelder, etliche Wißmathen, schönen Holzboden und harten Stainbruch. Die Umlandung dessen aber mit Umfahren 1. starke Stunde in sich begreifet.

For-

Fortenegg, samt Harfing, Schloß und Hofmark. Ist von denen Rorbecken auf die von Fossa gekommen.

Fräbertsham, ein Sitz. Gehörte denen von Armansperg.

Frauen Wörth, ein Hofm. bestehet in 32. Fischerhäuslein, deren Inhaber sich vom Fischfange ernähren.

Gstatt, Hofm. ungefähr 1. halbe Stunde von Frauen Chiemsee, dahin zu der bey dem Kloster gelegnen Hofm. gehörig, liegt an dem Ufer des See, da sich die Unterthanen mit Felbaue ernähren, sonst aber annehmliches Aussehen genüsset.

Griestött, Sitz und Hofm. eine Viertlstunde von Altenhohenau, welchem Kloster es auch zuständig unweit Wasserburg nahe dem Innstrome auf einer Höhe. Dasiger Viehzügl und Getraidbau ist wegen der Bergen mittelmäßig, hat aber gesunde Gegend.

Hartmansperg, Sitz und Hofm. an dem sogenannten Arr- und Karnsee, sonst ebnen Landes, gränzt an die Herrschaft Wildenwarth, und wird einerseits von Waldung umgeben. Ist denen Freyherren von Pienzenau angehörig, und hat die Gegend am Getraide und Viehzügl nichts überflüßiges, massen es nahe an dem Gebürge, mithin ziemlicher Kälte und Hochgewitter sehr gemein unterworfen.

Herrschaft Hochenaschau, ist ein altes im
Bißt. Chiemsee zwischen Rosenhaim und
Marquartstain gelegnes Pflegamt theils an
dem sich daselbst befindlichem Gebürge: theils
an der tyrolerischen Gränitze in einem annehmlichen Thale; wobey man das Malefi-
recht samt all hoch und niedergerichtlichen
Gerichtbarkeit auch hohe Jagdbarkeit zu
üben hat. Es sind in derselben nebst verschieden fischreichen Wässern grosse und weite Albmen, an denen bey dem Herrschafts-
Schlösse entlegnen schön eben und fru[illegible]
Wiesen und Aengern grasreicher [illegible]
item einem Eisen-Drahtzug samt [illegible]
hämmern: wodurch grosses Ge[illegible]
Nutzen gemacht wird. Berührtes [illegible]
stehet auf einem mit Lerchenbäumen [illegible]
hohen Berge, wovon man in das [illegible]
te Schacharangerthale, als ander[illegible]
sehr lustiges Aussehen genüssen [illegible]
Grund und Boden ist zwar an [illegible]
fruchtbar, aber zwischen dem [illegible]
Thale gar wenig Feldbau: deswegen [illegible]
terthanen mit dem Roß- und [illegible]
dann dem Fuhrwerke bey dem [illegible]
schen Salz- und Bräuwesen, [illegible]
schen Bergwerke über Lande [illegible]
und Gewinn suchen. Diese [illegible]
der Graf Preysingischen Familie [illegible]

Laimbing, Hofm. unweit Wasserburg, und Altenhochenau, welchem Kloster es auch zu gehörig, in einer gebürgig mit Ebne vermischten Gegende entlegen. Hat schlechten Viehzügl und Traidbau. Das Stammhaus der Laiminger.

Leoberstorf, Schlößl und Sitz. Ist von der Wittwe Bilwisinn von Singenburg an das Kloster Au gekommen.

Mitterngarsch, Hofm. und Probstey im Erzstifte Salzburg in einer schönen Ebne unweit des Inn enthebter zu sehen: zu Entscheidung eines Salzburgl. Marks jenseits besagten Flußes Garsch, und jenes diesseits dem Inn gegen Jettenbach entlegnen Dörflein Garsch ebenfalls genannt. Dieses Mitterngarsch gehört dem Erzstifte zwar eigenthumlich, die hohe Obrigkeit aber wird vom Churbayern und dem Salzburgischen Pfleger, Mühldorf verhandelt. Die Bauerschaft genüsset allda ziemlich guten Feldbau und Viehzügl, so geben auch die Menge der Keckwasser denen Forellen guten Anlaß in einem allwort flüssenden Bächlein sich aufzuhalten.

Oberbrunn, Hofm. und Sitz nächst an einem Mooße zwischen den Hölzern, und einer unebnen Gegende. Ist von den Armansperger auf die von Sonderstorf gekommen.

Obing,

Obing, Hofm. und Sitz 3. Stunden unterhalb Wasserburg und 1. Stunde vom Kloster Seon, wird von demselben verwaltet: ist mit annehmlichen Aengern, Gehölzen, woraus man den nothdürftigen Holzschag haben kann, umgeben, hat jedoch schlechten Traidboden und gemeinen Viehzügl.

Penzing, Sitz und Hofm. unweit dem Inn nächst Wasserburg, am Traide und Viehzügl haltet es sich mittelmäßig, und nihmt aus den darzu gehörigen 2. Seen die benöthigten Fische. Hier sassen die Frösch, Perkofer, und Flitzinger.

Puellach, adel. Sitz an der Alz, so aus dem Chiemsee unter Hechenwart in den Innfluß fallt. Gehört dem Kloster Baumburg. Hier sind 2. sonderbare adeliche Sitze.

Schonstett, Hofm. und Sitz, liegt auf mooßächtiger Ebne, derentwillen es auf Bürsten gesetzt, auch für den Vieh- und Traidzügl ziemlich schlecht ist. Ist von den Mittichen an die Prey gekommen.

Seon, Benedictiner Kloster und Hofm. stehet mitten in dem See, und gelanget man über 2. kleine Brücken, zwischen Traunstain und Wasserburg, eine halbe Stunde von der Poststraße.

Seebruck, Hofm. unweit dem Chiemsee und der Alz: allda nährt man sich [illegible] Fischfange, und Traidbaue, welche Unter-

tha-

thanen zum Frauen Kloster in besagtem Chiemsee gehören. Dieser Hofmark hat seinen Namen von der Brücke, die hier über den Chiemsee gehet, welcher in seinem sieben deutsche Meilenwegs beschwemmten Umkreise neben der Achen und Prien, so bey den See- und Gebürgwässern reissende starke Flüße sind, noch 10. kleinere Einflüsse hat, und seinen einzigen Ausgang bey dem Alzaflusse suchet.

Stephanskirchen, ein nach Schönstött gehöriger Sitz. Ist vom Dachsberger auf den Prey gekommen.

Vogtareith, Hofm. und Probstey zu der Reichsabbtey St. Emmeran in Regenspurg gehörig in der Chiembergegend ebnen Landes gelegen.

Warnbach, Schloß und Hofm. nächst an dem Inn zwischen Rosenhaim und Wasserburg: der Hofmark wird Griestett genannt. Hier sind gesessen die Schönstetter, Freyberger, die von Etzdorf, und die Widner.

## Gericht Craiburg.

Craiburg, Churfl. Schloß und Mark eine halbe Viertlstunde weit vom Inn: dahin werden als Angehörungen gerechnet, Guetenburg, Neubau, und Jetenbach. Geniesset mittelmäßige Fruchtbarkeit des Getraides,

traides, Viehzügl, uud Fischerey, bestehet auch ohne sonderbares Gewerb.

Guetenburg, Schloß und Hofm. zwischen Craiburg und Mülldorf, auf einem ziemlich hohen Orte ganz nahe an dem Inn [illegible] ist mit dem Feldbaue, Zehenden, [illegible] Gehölze, Gejaider, 2. Thier Gärten, [illegible] anderer Nutzug sehr wohl versehen. [illegible] malen haben es die Grafen von Tauf[illegible] im Besitze.

Neubau, Sch. und Sitz eine [illegible] von Craiburg unweit dem Inn, [illegible] Churfürstl. Hardtwald gelegen. [illegible] von Lösch von Hilgerzhausen ange[illegible]

Jettenbach, Graf Törringisch[illegible] Hofm. eine Stunde von Craiburg [illegible] in einem etwas unebnen waldichte[illegible] hat gesunde Luft, und gute [illegible]

## Gericht Fridburg.

Fridburg, ein Churfürstl. Sitz [illegible] Passau, wobey ein Mark an dem [illegible] Berges, gränzet an dem grosse[illegible] Hönhardt, so 4. deutsche Meilen lan[illegible] theils Orten 3. Stunden, und noc[illegible] sich ausbreitet, 3. Vierthstunde [illegible] Straßwalchen. Weilen hieselbst [illegible] ge Leute wohnhaft, und keiner La[illegible] der Ort anliegt; so sind auch all[illegible] werbe, und Handlungen gering: [illegible] der spröden waldbergigen Gründe halber die Traidböden im mittelmäßigen Stande.

Erb, Sitz nächst dem Churfürstl jetztgedachtem Hennharterforste gelegen, theils an das Land ob der Ens, theils aber an das Erzstift Salzburg gränzend. Dem Baron von Lerchenfeld angehörig.

Schweigertsreith, gefreyter Sitz dem Lager nach allenthalben mit Bergen, Thälern, und Waldungen umgeben gegen der Salzburgerisch - und Oesterreichischen Gränitz. Dem Grafen von Rheinstein Tattenbach angehörig.

Reichstöte, Sitz nächst mehr gedachtem Walde des Hönharts. Hier sind gesessen die Rainer und Fischer.

Weissendorf, gefreyter Sitz hart am Walde unweit von Hohenkuchel entlegen. Hier ist guter Bierverschleiß, mittelmäßiger Feldbau, und Häuwachs, dann das Gehölz in der Menge samt einem reichen Forellenbache verhanden. Hier sassen die Zotten von Perneck, und die Ahaimer.

## Gericht Julbach.

Julbach, unfern des Innstromes abseits an einer Höhe nächst der Waldung entlegen, wobey in der Niedere die Strasse nach Oeting paßiert wird. Dasiges Schloß ist unbewohnt.

Ritzing, adel. Sitz 1. Stunde von Braunau einerseits am Inn, und den Auen, anderseits aber in ebnen Feldern entlegen. Hier sassen die Auer, Knab, Brandstätter und Stängl.

Seyberstorf, Schloß und Hofm. zweene St. von Braunau und soviel von Märkl mit einer Seiten am Inn, und der andern ringsherum an das Hardtergehölze stossend. Das Stammhaus der Seyberstorfer.

## Gericht Mauerkirchen.

Mauerkirchen, Mark im Biß. Passau 2. Stunden von Braunau gegen Salzburg, an einem ebnen Orte mitten in dem Churfl. Wildbann; unweit davon flüsset der sogenannte Brunnbach ein fischreiches Wasser, welches durch dasigen Mark lauft. Die Fruchtbarkeit ist hier mittelmäßig, der Heuwachs aber und gute Luft giebt die beste Vergnügung.

Althaim, Mark ungefähr 1. Stunde von dem Inn, Biß. Passau gegen desselben Gränzen auf ebnem Lande an der Strassen aus Oesterreich: wird mit allerhand Handwerksleuten bewohnt. Des Ortes Fruchtbarkeit und Getraid ist ziemlich gut.

Aspach, Hofm. und Sitz wird von einem Weyer umgeben, liegt zwischen zweenen Hügeln etwas tief ungefähr 3. Stunden

von

von Riedt, dazu gehören die Oerter Türach, Leithen, Urspring, Roßpach, Bolling, und Wasen. Hier sassen die von Daxsperg und die Grafen von Wartenberg.

Eysengrätzham, eine Viertlstunde von Wibinhueb an etwas berg- und waldichtem Orte im Biß. Passau gelegner Sitz. Den von und zu Häkledt angehörig.

Forstern, Hofm. zwischen Braunau und Maurkirchen auf der Ebne, gehört nach Braunau: bestehet in gutem Traidboden, wobey die Mattich vorbey flüßt.

Geretstorf, adel. Siß 1. Viertlstunde von Mauerkirchen an der Mattich. Hier sassen die Prandstetter, Wüchner, und Strökenraif.

Grienau, adel. Sitz und Schloß, worum ringsweis ein Wassergraben gezogen: seine Landung bezeigt sich allenthalben in Wießthen. Die Fruchtbarkeit und Gesundheit ist daselbst mittelmäßig. Dem Steer von Aicha angehörig.

Hagenau, Sitz und Hofm. nächst an dem Inn auf ebnem Lande, bey welchem die mehreste Ertragung die gute Fischerey von Aschen und Forellen ist. Ist an die Schützische Familie gekommen.

Henhardt, adel. Sitz stoßt an die Gränitz des Landes ob der Ens, und an der also auch genannten grossen Waldung.

 Herbst-

Herbsthaim, adel. Sitz und Ritterlehen im Gerichte Maurkirchen zwischen Waldt und Ried in der Niedere, woselbst reine und gesunde Luft. Ist das Stammhaus der Herbsthammer. Hier sassen auch die Söll von Aichberg und Straßmeyer.

Hueb, dazu der Hofm. Neindling, gehörig ein Schloß auf einen kleinen grünen Hügel nächst an einer langen Au, so mit vielen Erlenbäumen, und kleinen Thannenwäldlein besetzt ist: wodurch die Mettach flüsset, nebst einem Weyer zwischen Maurkirchen und Ried, 3. Stunden ohngefähr von der Oesterreichischen Gränitz entlegen. Dem Graf von und zu Altenfranking angehörig.

Jmolkam, Schloß und Sitz ganz ebnen Landes rund mit einem von Kärpfen besetzten Weyer umfangen; unweit der Ach an der ordinari Landstrasse, hat schöne Baugründe und Wißmigther. Dem Baron v. Litzlburg angehörig.

Katzenberg, Schloß und Hofm. an einem ebnen Orte nächst am Inn Biß. Passau 2. Meilen von Braunau, und soviel von Schärding in gutem Stande gelagert. Die hierzu gehörige wenigen Waidschaften geben am Viehzügl, wie auch das schlechte Gehölz das Mittel; die verhandenen Weyer und Fischwässer aber, wie nicht weniger die

edlen

edlen Baustäten am Getraide ein ehrliches Einkommen. Ist Graf Taufkirchisch.

Leuthen, kleiner Hofm. im Biß Passau. Ist denen Grafen von Wartenberg angehörig gewesen.

Mämbling, Sitz und Schloß mit einem Weyer umzogen, landet sich in der Ebne an dem Inn, zwischen Mühlhaim und Sunzing. Ist von denen von Ainkihrn, auf die Baron von Lerchenfeld gekommen.

Mühlhaim, ein Dorf auf flach ebnem Lande, mittelmäßiger Wachstums am Getraide und Graserey nächst am Inn, hat einen schönen Weyer, so mit allerhand Fischen besetzt.

Mindling, Hofm. zum Theil im Thale, zum Theil in einer Höhe nebst einem Bächlein und Wiesen. Gehört zu obgedachter Hueb.

[illegible], Sitz und weit auseinander gelegener Hofm. ohngefähr 1. Stunde vom Inn auf einem Berge allenthalben mit tiefen Thalen umgeben, in der Gegend um die Passauische Gränitz gegen Obernberg. Die Fruchtbarkeit daherum wird mittelmäßig geachtet. Denen Grafen von Ahaim angehörig.

[illegible], Hofm. nach Obernberg gehörig, [illegible] Neidharting.

Pogenhofen, Hofm. an einer Ebne [illegible] Stunde von Braunau, nächst dem Schl[illegible] Hagenau unweit vom Inn. Ist denen [illegible] Seyberstorf, Pinzenau, und Nothhaft [illegible] gehörig gewesen.

Pürach, kleiner Hofm. 1. gute Viert[illegible]stunde von Aspach.

Rospach und Pölling, Hofm. si[illegible] [illegible] mitterer Fruchtbarkeit.

Ranshofen, Hofm. und Kloster [illegible] gulierten Chorherren des Heil. Aug[illegible] Viertlstunde von Braunau, auf [illegible] Bergl, gegen dem von da 1. halbe [illegible] weit vorbeyflüssenden Inn, anders[illegible] in einer schönen Ebne nächst dem [illegible] entlegen. Durch diese Probste[illegible] Ecknach, so sich vermittelst eines [illegible] dem Innstrome vermischt. Hierbe[illegible] schönes Wäldl von lauter Bu[illegible] durch welches ein schnur gerade[illegible] schuhe langer Gang sich ziehet, [illegible] sich zu sehen, dann schöne [illegible] Forellen, Hechten, und Ascher[illegible] denen ein botanischer Garten, [illegible] es daselbst hierum eine fruch[illegible] Lüft und Boden. Liegt im [illegible]

Spitzenberg, Schloß gleich [illegible] ke Maurkirchen stossend, bei [illegible] digen Traidboden, sehr gute [illegible]

bar ein sehr liebliches Aussehen. Hier sassen die von Mauerkirchen, Wäming, Hochenkirchen, und Freyberg.

Stern, Sitz und Hofm. ebnen Landes mit 2. Weyern umgeben, befindet sich in ziemlich gutem Stande, sonderheitlich aber in guter Fruchtbarkeit, und der Unterthanen Gesundheit. Graf Tättenbachisch nunmehro.

Sunzing, Sitz völlig am Innstrome flachen Landes, wird mit einem schönen Brunbache, worinnen Forellen und Aesche, beschlossen: hat beynebens noch 3. andere Weyer, so mit ermelter Fischgattung besetzt sind. Dem von Lilzburg angehörig.

Waasen, Hofm. und Schloß mit zweene Weyern unweit Maurkirchen, zu Äspach gerechnet. Hier sassen Dachsberg, Thanberg, Wartenberg.

Widmbueb, ein an etwas waldig und bergigen Orte gelegner Sitz, ist in einem mittelmäßigen ansonst gesundem Stande. Ist das Stammhaus der Widmhueberischen.

Wildenau, Hofm. und Schloß gegen Hochenkuchel vorm Walde mit dopelt tiefen Weyern und Gärten umfangen. Allda ist ein brauner Bierschlag, dann guter Traidboboden, ziemlicher Heuwachs, samt der hohen Jagdbarkeit vorhanden. Gehört der Graf Ahaimischen Familie.

## Gericht Märkl.

Märkl, ein Mark nächst am Innstrom Bis. Passau zwischen Neuötting und Braunau, hat unebnes bergiges Land, gegen besagtem Fluße grosse Waldungen; deßwegen der Traidboden um diese Refier sehr eng und klein, mithin auch der Viehzügl schlecht ist. Ansonst aber hat es gesunde Luft.

Thann am Moose, Mark zwischen den Hölzern und Thälern von Braunau 3. und von Märkl 2. Stunden weit entlegen. Hier erhaltet sich der meiste Theil von Inwohnern mit Wollspinnen.

## Gericht Mattigkofen.

Mattigkofen, Churfürstl. Schloß und Mark an der Mattich im B. [illegible], gränzt an das Pfleggericht Friburg und Salzburger Land, liegt zwischen 4. Waldungen auf einer schönen Ebne: hieselbst hat es ein weisses Bierbräuhaus, viele Würthschaften, und allerhand Handwerksleute, deren einige sich eines wenigen Getraidhandels bedienen: sonst aber befindet sich in der umliegenden Bannförsten roth und schwarzes Wildpret, dann in denen Fischwässern

wässern

wässern Ferchen und Aesch, auch vom Viehzügl etwas weniges.

## Gericht Mörmosen.

Mörmosen, Sitz und Hofm. anderthalb Stunden von oberhalb Altenötting, und 1. halbe Stunde von Tißling auf ziemlich hohem Berge im Erzstifte Salzburg. Ist ein gesunder guter Ort.

Clueghám, Sitz auf einer Höhe, eine Stunde von Müldorf. Hier sassen Graf von Taufkirchen Guetenburg, und Baron von Muggenthal.

Furth, adel. Sitz in einer Ebne nebst 2. Weyern eine Viertlstunde von Klugham, und 1. Stunde von Müldorf. Wird zuvor bemeltem Klugham gerechnet. Gleichfalls Graf Taufkirchnerisch.

## Gericht Riedt.

Riedt, Sitz und Mark im B. Passau, liegt im Triangl mit der Stadt Braunau und Schärding, deren jedes 4. Meilen von einander, an der Oberach und Praitsach, welche durch beede Vormärke rinnen, und unterhalb dieß Orts zusammflüssen. Allda bestehet die Handel- und Nahrung der Burgerschaft bloß meisten Theils in Leinwathen, welche in die umliegenden Landschaften zum Verkaufe gebracht werden. Wovon die

die armen Leute mit Spinnen und dergleichen sich ernähren müssen. Die Fruchtbarkeit dieses Orts ist schlechter als um Braunau, Schärding, und Althaim wegen deß vielen Gehölzes, nassen Grundes, und wintriger Lage, jedoch noch mittelmäßig. Um den Mark herum hat es hübsche Wießmathen, die Luft ist auch ziemlich gut und gesund, obschon schier an den mehrern Orten wie gemelt naß-moosiger Grund zu sehen.

Aurolmünster, Graf Wahlisches Schl. und Mark 1. Stunde von Ried, in einem Thale gelegen, darneben die Antissen vorbeyrinnet, stehet zwar auf ebnem Lande, an der Landstraße, so von Ried aus auf Schärding, und Passau führet, jedoch finden sich beederseits einige Berge gegen der Gränitz des Landes ob der Ens. Die hier wohnenden Handwerksleute haben ihre Nahrung vom Feldbaue, und anderm Gewerbe, die Waidschaft und Traidboden aber ist dieser Refier wegen der Gründe mittelmäßig.

Eberschwang, Graf Tättenbachisches Schloß und Hofm. ist mit Mayerhof und Miering in 3. Orten eingeschränket, liegt an der Oberoesterreichischen Gränitz gegen Haag in der Ebne.

Ellreching, Hofm. auf flach doch thaligem Lande etwas sumpfig, gränigt bey [illegible] 1. Stunde am Obernberg, und so weit

vom

vom Innstrome: wegen den allda sich befindlichen laimigen Gründen, und weil der Ort ziemlich tief liegt, ist die Fruchtbarkeit mittelmäßig.

Gurken, Hofm. zum Schloße Katzenberg gehörig, mithin den Grafen von Taufkirchen zuständig; woselbst die Fruchtbarkeit, und der Viehzügl mittelmäßig. Ist Graf Taufkirchisch.

Mayerhofen, Sitz auf ebnem Lande an dem sogenannten Hausruck, 1. halbe Stunde von der Oesterreichischen Gränitz gegen dem Marke Haag gelegen. Bestehet gleichfalls in mittermäßigem Stande, was die Fruchtbarkeit, Viehzügl, und Gesundheit des Ortes betrift. Ist Graf Tättenbachisch.

Mörschwang, Hofm. etwas erhöhet, unweit der Gränitz beeder Pflegämter Scharding und Ried. Gehört nach Obernberg mithin dem Hochstifte Passau. Das Stamhaus der Mörschwanger.

St. Morthen, Graf Tattenbachischer Sitz und Hofm. 2. Stunden von Ried gegen dem Lande ob der Ens auf einer lustigen Ebne: worzu jenseits der Antissen die auf einem erhöhten Orte verhandene Waldung vieles beytragt. Es hieß vor Alters Schwend, und kam von den Schwändnern an die Trenbecken, und von diesen an die Tättenbeck gekommen. Allda hat man

ver-

verschiedene Wasserkünste zu sehen [illegible]
Pferdstütterey und Viehzügl von Sch[illegible]
zer Kühen, in der Antissen die Noth[illegible]
an allerhand Fischen. Es befindet sich [illegible]
hier nicht allein ziemlich fruchtbarer Boden
hierum vom allerley Getraide, [illegible]
Waiden, und Graserenen, sondern [illegible]
gesunde und temperirte Luft.

Obereitzing, Sitz und Hofm. [illegible]
erhöchten Orte ganz abseits mit Berg[illegible]
Waldungen umgeben. Die Frucht[illegible]
und Viehzügl ist daselbst mittelmäßig[illegible]
che Beschaffenheit es auch mit der [illegible]
Gesundheit hat. Die davon herkom[illegible]
Eitzinger sind zu sehen in Kevenh[illegible]
cotheca dem ersten Theile pag. [illegible]
zweyten Theile pag. 336. 337. [illegible]
122. 124.

Prämerh, unweit des Lande[illegible]
dem Domcapitel zu Passau [illegible]

Rämering, Edelmanns [illegible]
Seiten an Kraxenberg, der [illegible]
auf ebenem Lande gelegen. [illegible]
ger, Puechleiter und Baron [illegible]

Rieggerting, Hofm. [illegible]
Platze, und Oesterreichisches [illegible]
sassen die Zärtl, Schacher [illegible]
sen von Fregen Seiboltsdor[illegible]

Weegierten, [illegible]
und lustigem Orte [illegible]

Weyer eingeschlossen, nächst Ried und etwann 1. Stunde von der Oesterreichischen Gränitz. Hier sassen die von Aham, und die Mayerlischen Erben.

## Gericht Schärding.

Schärding, Stadt im Biß. Passau am Inn, einerseits etwas bergig, und mit Waldung umgeben, anderseits aber ganz ebnen Landes an der Passau und Oesterreichischen Gränitze hat gesunde Luft.

Fortenau, Sitz und Hofm. stehet zwar an der Landstrasse, so von Ried aus auf Schärding und Passau liegt, jedoch finden sich beederseits einige Berge, und flüsset die Antissen daselbst vorbey. Die Fruchtbarkeit nebst der Graserey zum Viehzügl ist wegen besagter bergiger Gegend in mittelmäßigem Stande. Ist dem Grafen von Wahl zugehörig.

Grämpelstein, gehört nebst noch einigen andern Gütlein dem Hochstifte Passau, ist ein auf einem Felsen hart an der Donau gegen der Erlach entlegnes Schlößl.

Häckledt, adel. Sitz, ein zimlich waldig- und bergiger Ort, 3. bis 4. Stunden von dem Lande ob der Ens. Das Stammhaus der Häckleder.

Haizing, H. unweit von der Oberösterr. Gränitz an der sogenannten Pram, und auf ebnem Lande.

Häcki-

Häckhpuech, Hofmark, so eine Meile von Schärding nahe beym Churfürstlichen Gehölze lieget. Hier sassen die Rainer.

Hautzing, Hofm. bey 3. Stunden weit vom Lande ob der Ens auf ebnem Lande. Hier sassen die Teufel zu Pichel, die Rainer, Tengler, die von Gemel, und Fischbach.

Kalling, ein zum Hofm. Schwend gehöriger Hofmark.

Lauffenbach, Hofm. unweit von der Gränitz des so benamsten Ländleins.

Mäßbach, Hofmark unweit von Schärding. Ist vom Baumgartner an die [illegible] Edrischen gekommen.

Mänzkirchen, Graf Tattenbachischer Hofmark. Ist ein Lehen zu dem Bisthume Passau.

Orth, Sitz und Hofm. zu Kalby, von welchem gleich hienach, gehörig.

Pirchenwang, eine Viertelstunde unter Krempelstain an der Donau im Thale gelegend, ist ein zum Hochstifte Passau gehöriger Hofmark. Ist Graf Tattenb[illegible]

Präckenberg, ein gefreyter adel. [illegible] einer wald- und bergigen [illegible] Passauisch- und Oesterreich[illegible]en [illegible] Wegen den Berg- und Waldung[illegible] Fruchtbarkeit daselbst etwas schl[illegible] Gesundheit hingegen mittelmäßig.

Raab, Sitz und Hofm. liegt zwischen kleinen Bergen allernächst der Oesterreichischen Gränitz, ein anderer Ort dieß Namens hat ein Haylbrünnlein. Beede gehören der Graf Tättenbachischen Familie.

Rainbach, adel. Sitz auf ebnem Lande, unweit des Landes ob der Ens. Ist dem Baron von Geinel und Flischbach angehörig.

Rainting, adel. Sitz ist samt darzu gehörigem Feldbaue, und andern Gründen verleibdingt, auf ebnem Lande gelegen, nur 1. halbe Stunde von Schärding. Obgedachtem Baron von Gemel und Flischbach angehörig.

Reichersperg, regulierte Probstey der Chorherren des heiligen Augustin zwischen Scharding und Obernberg, bestehet nur in einer Mayerey und Würthschaft, was dasigen Hofmark belangt.

Groß Schörngarn, adel. Sitz und Sch. liegt auf einer wenigen Höhe, worbey die 2. Wässer Raab und Präm fürüber rinnen, und unweit davon sich in einem Fluße vereinigen. Hier sassen die von Mauer, jetzt die von Scharfsed-Kollersaich.

Schwend, Sitz und Hofm. zwischen kleinen Hügeln und Wäldern in der Tiefe gegen Oesterreich zu. Hier sassen die von Messenbeck, die von Paar, die Baron und

R Gra-

Grafen von Thürheim, jetzt der Baron von Risenfels.

Sigharting, Sitz und Hofm. an Pfuda in einem kleinem Thale, allerseits kleine Berge und Waldungen um sich habend, gränzt an das Passauisch- und Oesterreichische Gebieth. Ist der Graf Tättenbachischen Familie angehörig; hat alle 4. Ehehafts Gerechtigkeiten, Handwerksleute, auch einschichtige, in verschiedenen Gerichtern wohnende Unterthanen. Der Traidboden neben dem Viehzügl ist daherum mittelmäßig, und das Gewild hat meistens in dieser Gegend seine Ständ und Aufenthalt.

Suben, Kloster, Probstey der regulierten Chorherren des Heil. Augustin, liegt nächst am Iserstome auf einem Berge eine Stunde von Scharding,

Teuffenbach, adel. Sitz mit einem Wassergraben umgeben, an der Landstrassen nach der Oesterreichischen Gränitz in der Ebne. Ist denen Baron von Peikofen zu gehörig.

Vetzenaich, Sitz und Hofm. auf einem in etwas erhöht, und auf 2. Seiten mit Bergen umgebnen Orte unweit vom Lande ob der Ens: woselbst der Traidboden und Viehwaid ziemlich gut, die Luft aber mittelmäßig temperirt ist. Dem Grafen von Tättenbach zugehörig.

Zell,

Zell, Sitz und Hofm. im B. Passau auf einer lustigen schönen Ebne jenes des fischreichen Flußes Pramb mit einem doppelt wohlbesetzten Weyer, auch einigen Berg- und Waldungen umgeben, nächst daran aber ist das Land od der Ens, allwo der Traidboden von mittelmäßiger Fruchtbarkeit; ein gleiche Beschaffenheit es auch mit dem Viehzügl hat. Ist Graf Tättenbachisch.

## Gericht Trostburg.

Trostburg, Mark in O. B. Erzstifte Salzburg, liegt zwischen Waldungen, und ziemlich unebner Refier, von Wasserburg, Burghausen, und Mülldorf jedem Orte 3. dann 2. Meilenwegs von Craiburg, äusserst an der Gränitz gegen Ditmaning, auch hart an einem Bühel; worauf das Churfürstl. Schloß stehet, und ist von dem mit der wilden Traun vermengten Alzfluße der Gestalten eingeschränket, daß es durchaus nur mit einer Strasse und Platz versehen. Wegen Engfängigkeit der Grundstücke, auch Unebne des Laudes ist dasiger Orten der Feldbau gar klein, der gemelte Fluß aber führet Huechen, Aesch, Pärm, Alten, Näßling, Forellen, Höchten, und Rutten.

Altenmark, Hofmark nach dem Kloster Baumburg gehörig, liegt unterhalb dieser Probstey zwischen beeden Flüssen Traun und

Alz, ist meistens mit solchen Leuten bewohnet, welche ihre Nahrung mit der Handarbeit daselbst suchen.

Altenham, adel. Sitz auf einem kleinen Bühel, einerseits gegen dem Felde, und anderer gegen einer mit Poschen überzognen Oetz. Hat mittern Traidboden und Viehzügl, gesunde Luft, Fischerey und Gewild. Ist von den Grafen von Törring auf die Baron Löschen gekommen.

Baumburg, Kloster, Probstey der regulierten Chorherren des Heil. Augustin, und ein sogenanntes Erzdiakonat, welches verschiedene viele Oerter unter sich begreift, liegt auf einem etwas erhobenen Berge, zwischen der Traun und Alz, unweit des Salzburgischen Städtleins Ditmaning im dasigen Erzstifte; wird insgemein gesunden Lufts und Temperamens gehalten.

Heretzheim, adel. Sitz und Schloß auf einer Ebne, nur 1. Stunde von Trostburg entlegen. Hier sassen die Grafen von Taufkirchen.

Sichersling, adel. Sitz nahe Trostburg, hat nichts sonderbares am Getraide und Viehzügl. Hier sassen von Ogfort, Aham, Großschedl, Puech, und Pfister.

Stain, Hofm. und Sitz dem Grafen von Törring zuständig, ausser einer wenigen Fischerey ist der Orten nichts verhanden,

dann

dann es einen stainigen Boden, und deswegen eine schlechte Traidfexung hat.

Uttendorf, Mark am Wilde und guten Fischen sehr berühmt.

Waldt, ist ein Churfürstl. Gericht und Schloß zu nächst an dem Alzfluße auf einem Berge entlegen, stoßt gegen Ditmaning, dem Gerichte Neuötting und Trostburg; der Ort wird am Getraide wegen des kalten unerträglichen Grundes nur bloß Korn und Habern der Nothdurft nach gezügelt. Das Stammhaus derer vom Wald.

Wildenwart, Sitz und gefreyte Herrschaft, liegt gegen Aufgang an dem Chiemsee, gegen Mittag an die Herrschaft Hohenaschau, und gegen Mitternacht aber an das Gericht Eling, an unebnem Orte, jedoch ohne höhes Gebürg, und wird von der Prien durchflossen. Dem Baron von Schurf und Thann angehörig.

Wilzhut, ein Churfürstl. Schloß und Pfleggericht im Erzstifte Salzburg, gleichsam auf einer Einöde gegen Ditmaning, und der Salza, hat ein schönes Aussehen von etlichen Meilen weit: daß man alle vorbey fahrende Flöß auf dem besagten Wasser von Ferne sehen kann.

Obernfränking, an einem kleinen See, so Waller, Hechten, Karpfen, und Prären führt, nächst an dem Churfürstl. Forste

Weilhardt, und Salzburgischen Gränitz gegen Lauffen in vorgedachtem Wildshut Pfleggerichte. Wie auch

Offenwang, welches aber zu der Herrschaft Waldt genossen wird. Jenes ist das Stammhaus derer von Franking.

## Gericht Neuötting.

Neuötting, Stadt im Erzstifte Salzburg, hat ein Schloß am Innstrome, und liegt gegen demselben auf einem Berge; worauf das Churfürstl. Schloß stehet. Es hat daselbst ein schlechtes Gewerb oder Handlung in mittlerm Traidboden und geringem Viehzügl. doch allerseits in Holzlendten gelegen, und mit Gewilde überflüßig versehen.

Altenötting, geschlossner Hofmark mit aller Niedergerichtbarkeit unter dasiges Collegiat-Stift und Probstey gehörig, hat beederseits des Inns von welchem es eine starke Stunde von Neuötting entlegen, schöne und annehmliche Bühel, gegen Burghausen einen lustigen Wald, durch dessen Mitte die Alz flüßt: der weltberühmte Wallfahrts-Ort hat ebnen und fruchtbaren Boden.

Clebing, Sitz und Hofmark in ziemlich bergigem Orte, und Holzlande auch etwas erhöhet, ist ein Hochfürstl. Salzburgisches Lehen, worzu der an dem sogenannten Rohrbache

bache gelegner Hofmark Gutering gehört. Den Grafen von Taufkirchen zuständig.

Haimbing Schloß und Hofm. zwischen dem Inn und der Salza; es haltet dessen Bezirk der verhandenen Beschreibung nach 5. viertl Meilwegs in sich, hat ziemlich gute Baustät, und sehr gesunde Luft. Dahin ist auch das obermelte Gut Winkelham gehörig.

Kolberg, adel. Sitz in dem Hofm. Altenöting ist auf dem vorbeyrinnenden Möhrnbache befugt zu fischen.

Piesing, adel. Sitz und Rittergut, liegt auf einer lustigen Ebne, etwas weniges erhebt, unweit der Salza, an einem gesunden Orte von Burghausen 1. kleine Meile; die Gegend ertragt auch was weniges an Getraide, Fischerey, Viehzügl, und kleinem Gejadte. Ist das Stammhaus der Piesinger.

Raitenhaßlach, Cistercienser Ordens Abbtey in einem kleinen Thale ganz an dem Salzaflusse gegen der Gränitz von Salzburg.

Tistling, Hofm. und Schloß auf ebnem schönen Platze, ringsum mit einem Wassergraben; wobey der Möhrnbach, so Forellen führet, seinen Durchlauf hat, hat schönen Feldbau, und Zehent, auch hohe und niedere Jagdbarkeit, wie nicht weniger Markts-Gerechtigkeit. Dem Grafen von Haßlang zugehörig.

Waldtberg, Sitz und Hofm. hoch an einem Berge mitten unter den Gehölzen zwischen Neuöting und Eggenfelden. Ist von denen von Leiblfing auf die Mändl von Deutenhofen gekommen. Darzu ist auch der daran liegende Hofm. Aerbing, gehörig.

Winhöring, dieses Landgut ist in 3. Oerter vertheilet, nemblich Winhöring, Frauenbühel, und Burgfrid. Der erstere ist ein geschlossner Hofm., in dem zweyten stehet die Schloßwohnung, das dritte aber ist nicht mehr zu bewohnen wegen Baufälligkeit. Die Ebne macht diesen Ort annehmlich; es wird von der Isna angeflößet, und die Ihnwohner dieser fruchtbaren Gegend nehmen die mehreste Unterthaltung und Gewerb vom Ackerbaue. Ist dem Graf von Törring Gronsfeld zugehörig.

# Rentamt Landshut.

Landshut, die Hauptstadt in Niederbayern, Biß. Freysing, liegt 9. Meilenwegs von München fest an dem Schloßberge einerseits, anderer aber an dem Iserstrome auf einer annehmlich- und weit aussehender Ebne gelegen.

Gericht

## Gericht Erding.

Erding, Stadt liegt an der Sempt so Fischreich, 5. Stunden von München, hat einen überaus fruchtbaren Traidboden, und eine Ebne auf etliche Stundenwegs herum.

Wartenburg, Mark auf der Ebne zwischen der Strogen, das Schloß hingegen ist auf einem fast zirkelrunden hohen Berge entlegen; worauf einer des schönsten und weitschichtigen Aussehens vom ganzen Lande zu genüssen. Das Burgerschaftgewerb ist ein weniger Feldbau, etwas Viehes und Handthierungen.

Achdorf, Sitz und Hofm. liegt 1. halbe Viertelstunde von Landshut zwischen den Weinbergen nächst an der Iser. Kein anders Gewerb, oder Handelschaft ist der Orten nicht, als was der Verschleis des wenigen Getraides, und des Weins geben mag, dessen Fruchtbarkeit hier in das Mittel laufet. Das Stammhaus der Achdorfer kam an den Baron Diernitz.

Aest, Sitz und Hofmark zwischen Felde und Holz 1. halbe Stunde von der Iser, woselbst der Traidboden mittelmäßig: ist von dem Plank von Münichsdorf auf den Bauer von Haidenkain gekommen. Jetzt ist es Graf Preysingisch.

Altenerding, Hofmark auf dem platten Lande flüßt durchaus die Sempt 4. Meilen von München: woselbst die schönste Gelegenheit zur Hatz, Aentenpirsch, Lerchen- und Wachtelfange ist ein fruchtbar gesunder Ort. Hier sind gesessen die Grafen von Haag, nnd Fugger.

Altenfraunberg, Sitz und Hofm. denen Freyherren von Fraunberg zuständig, 2. Stunden von Erding an der Ebne gelegen, mit 4. Fischweyern umfangen: bey welchen die Strogen von vielen Fischen und grossen Krebsen versehen flüßt. Das Stammhaus der Baron von Frauenberg.

Altenpreysing genannt Cronwinkl, der Grafen von Preysing Stammenschloß und Hofm. unweit der Iser an der Fuhrstrassen nach Landshut; hat allein von den anhero gehörigen Grund- und Vogtunterthanen vermittelst der Stiften, Traiddiensten, Laudemien, Wandlehen, und andern Rechten, auch von dem in dasiger braunen Bierbräuhause ihr Einkommen. Das Stammhaus der Preysinger.

Aufhausen samt dem Dorfe Berghausen, 1. kleine Stnnde von Erding mit [illegible] Feld- und Waldungen, so das [illegible] genannt wird, umfangen. Eine [illegible]stunde rinnet das Flüßl Zendt vorbey, welches Forellen und Aeschen giebet, und [illegible] aus die Herrschaft zu fischen berechtiget ist. Hat auch gute Feldgründ- und Heumatten nebst gesunder Luft. War vormals nur ein Edelmanns-Sitz.

Cronacker, liegt auf ebnem Lande unweit Erding, ist ein Hofmark, allda alleinig ein Feldbau und Holzwachs. War dem Schurfen von Peilnstein und Tragenschwand zugehörig.

Eittgin, ein dem Hochstifte Freysing eigenthums gehöriger Hofm. dritthalb Stunden von dieser Residenz entlegen, wo auf flachem Lande die Sempt durchflüßt, hat ziemlich guten Traidboden.

Furttarn, bestehet in 2. adel. Sitzen.

Grienbach, Sitz und Hofm. wo die darzu gehörige Holböden und Felder mittelmäßig, unweit Erding mit seinem Sedlhofe entlegen. Ist von den Cratischen an die Preysing vom Ort an Traunsee gekommen.

Haidenkam, zwischen Holz und Felde 1. halbe Stunde von der Iser, ringsum mit einem Weyer versehen. Ist das Stammhaus der Haidenkammer.

Huebenstain, ein auf der Höhe gelegnes Schloß und unten gelegner Hofm. woselbst der Traidboden in das Mittel gehet. Ist dem Baron von Mandl angehörig.

Innerntegerbach oder Kirchtegernbach, ein nach dem Stifte Berchtolsgaden gehöri-

ger

ger Hofmark; wo die Gegend sehr Uneben, und von keiner sonderbaren Fruchtbarkeit ist. Hat vor 200 Jahren den Herrn von Pappenheim nacher Schwindeck gehört.

Inning am Holze, Edelmanns-Sitz welcher jährlich seine betreffende Rittersteur nach Landshut einschicken muß. Gehört aber nach dem Collegiat-Stifte zu St. Wolfgang am Burgholze. Liegt zwischen Erding und Taufkirchen an der Laber, wird von denen darzugehörigen Feldern, Wiesmatern, Gärten, und Gehölze umgeben. Die Fruchtbarkeit des Getraides, Obstes, und Fischerey ist von verhandenen 2. Weyern mittelmäßig. Hier sassen die Schnöden, und Stockinger.

Itzling, Edelmanns-Sitz dessen Gegend allenthalben sehr fruchtbar. Ist dem Pistorini zugehörig.

Kirchetting Sitz, ein kleiner jedoch annehmlicher Ort, massen ziemlich guter Traidboden und Viehwaid daselbst. Hier sassen die Witterspacher, Gebell, Rivera.

Kopfspurg, Sitz und Hofm. 5. Meilen von München, soviel von Landshut, und 3. von Freysing, dahin es zum Hochstifte gehört. Stehet auf einer kleinen Höhe, und ist mit einem Weyer umgeben. Die herumgränzende Waldungen, das Hochjagen, Fischerey, und Aussehen machen denselben Ort nicht wenig angenehm. Kal-

Kalling, adel. Sitz liegt in der Mosnerpfarr: die Gegend ist sehr uneben, und nicht von sonderer Fruchtbarkeit. Hier sassen die Staringer, Goder, Ecker.

Käpfing, Hofm. und Schloß bey der untern Vils nächst Vilshaim ziemlich unter Hölzern, unebnen Landes, wobey sich kein absonderliches Gewerb befindet, ausser des Getraids, und zu Vorst indem Bajerwein, dabey etliche Weyer verhanden. Hiervon schreibt sich ein adel. Geschlecht der Ecker.

Lüdthaim, ein Hofmärkl nächst bey Dorfen fast ebnen Landes. Ist der Haillischen Familie angehörig.

Moßining Sitz, welcher dem Reichs-Stifte St. Emmeran in Regenspurg zuständig, liegt unweit von Erding auf der Ebne und ist moosächtig, hat aber guten Traidboden, und Viehzügl, wie auch gesunde Luft.

Niedernerlbach, adel. Sitz in einem Grunde oder zwischen 2. Bergen, und kleinen Waldungen entlegen. Die Unterthanen daselbst nähren sich durchgehends mit dem Traidboden, und ihrem Viehe. Hier sassen die Küdinger, Egger von Käpfing, die von Puech, und von Hörwart.

Niedernbeyrbach, auf der Ebne gelegner Sitz, woselbst die Traidfelder für mittelmäßig gehalten werden.

Nie-

Niederstraubing, liegt ziemlich unter dem Gehölze 1. Stunde von Taufkirchen. Ist ein denen PP. Dominikanern zu Landshut gehöriges Pfleghaus, woselbst sich kein absonderliches Gewerb befindet, ausser des Getraides an Waitzen, Korn, Habern, und Gerstern. Hier sassen die Rudolphen, und die von Pfetten.

Notzing, Sitz und Hofm. nahe bey Erding auf ebnem Lande, hat lauter schöne Feldungen: rechter Hand giebt es zwar eine kleine Anhöhe, so aber in lauter Feldbaue bestehet: bey dem Schloße flüßt ein starker Bach, genannt die Ach (nicht aber wie einige irren, die Dorfen,) vorbey, über welchem Wasser, gute Wiesen, oder Bainten liegen; hinter demselben fängt sich das Moos an, welches theils abgemähet, theils zur Viehwaide gebraucht wird. Die daselbst streichende Luft hat wegen der schönen Ebne freyen Platz, alle böse Dämpfe von dem Moose im Herbst und Frühlings-Zeiten hinweg zunehmen. Ist das Stammhaus der Notzinger, heut Baron von Segesser auf Prunneck angehörig.

Obergängkhoven, Hofm auf einer [illegible]he 1. Stunde von Landshut gegen Ge[illegible]hausen; wobey ein Schloß, weniger Feldbau, und Holzwachs verhanden. Hier sassen die Schrencken, Barbier, Edelmayr[illegible]

Ob-

Ottering, Hofm. und Sitz theils eben, theils etwas bergig, mehrern theils zwischen Waldunden gelegen. Ist ein fruchtbar gesunder Ort. Hier sassen Zeilhofer, Ridler, Oeder, Labermayr, und Riemhofer.

Päbing, ein Sitz an einem darzu gehörigen Walde und kleinen Vils, 1. Stunde von Taufkirchen, und 1. Meilwegs von Dorfen auf der dahin gelegnen Strassen. Der Traidboden ist mittelmäßig. Hier fuß der Regierunsadvokat und Litzentiat Harscher.

Pästetten, ein zu Kopfspurg gehöriger Hofmark. Hierum ist ziemliches Aussehen; der angränzende Ebersperger Forst, und andere Waldungen dieses Ortes sind angenehm.

Penning, Hofm. 2. Meilen von Landshut gegen Taufkirchen. Hier sassen die von Aichberg, Graf Ortenburg, Fugger, und von Puech.

Perg, und Altendorf, Sitz und Hofm. liegt gleich ausserhalb Landshut, und stoßt mit einem Orte an das Churfürstl. Schloß und der Stadt Ringmauern. Der Weinwachs, so den Unterthanen die meiste Nahrung giebt, ist nach Landesart mittelmäßig. Gehört dem Baron von Leyden.

Pergkoven, und Thal, Hofm. gehört eigenthumlich zum Collegiat-Stifte St. Martin in Landshut, liegt auf einem Berge ge, und Thal, gleich unterhalb desselben, 1. Meile von Landshut, nahe Cronwinkel: die Leut allda ernähren sich vom Feldbaue, und Viehzügl.

Permering, Sitz an der kleinen Vils hat fruchtbaren Boden, und gesunde Luft. Bestehet in wenigem Feldbaue, Wiesen, und Wäldl. Hier sassen Grandtinger, Neuchinger, Strobel, Schönbrunn, Gugler, Zeilhofer, von Rufini.

Praitenlohe, Hofm. dem Fürstl. Stifte Berchtolsgaden angehörig, in der Oberdorferpfarr gelegen; daselbst befinden sich 2. Weyer doch sind keine sonderbare Waldungen dabey, und die Gegend ist sehr uneben. Hier sassen die von Seiboldstorf, und der Leyrer Fürstl. Trompeter.

Preysendorf, Hofm. zwischen Forstern, und Hehenlindten, auf ebnem Lande, ringsum mit Gehölze eingeschlossen, dahero ein schlechter Traidboden.

Pürkha, ein kleines Schloß in der [illegible] Stainkirchen auf einer Hohe erbauet; [illegible] bey ein mitters Hofbaufeld ringsum [illegible]. Hier sassen die Lampfritzhaimer.

Puech, Sitz im tiefen Thale [illegible] und um mit Wäldern eingeschlossen; [illegible] het bloß im Traidboden. Ist der [illegible] von und zu Malling angehörig [illegible]

Riding,

Riding, Hofm. 1. Viertlstunde unter alten Fraunberg an der Strogen, hart an den Fraunberg- und Ridinger Feldungen dem Moos- und Gehölze zu. Ist mit gutem Traidboden, Holzwachse, und Wiesen versehen. Ist dem Baron von Alten-Frauenberg angehörig.

Riedersham, unweit Erding gelegnes Schloß, hat schönes Gehölz, 2. Weyer, und guten Baugrund. Hier sassen Schenstaim, Pottner, Perfall, Neuching, Imhof.

Siglfing, Hofm. auf ebnem aber moosichtigem Grunde, hat jedoch guten Traidboden und gehört in die Pfarr Alten-Erding. Hier sassen Graf von Fugger, und Baron Mändl zu Deuttenhofen.

Starzehl, an der Strasse von Haag auf Landshut, unebnen Landes, und schlechter Baustat; weilen sie mit Holze umgeben. Es hats die Lampfritzhammerin durch Einstandsrecht an sich gebracht.

Stolzenberg zu Niedernbeyrbach, ein im Gerichte Erding ligender Sitz. Hier sassen Schwindecker, und Pachschmidt.

Thann, Hofm. liegt etwas hoch theils mit Holze umgeben, von der Gr. Haag 3. Stunden weit; es rinnet ein Bach daselbst vorbey, so gute Krebsen giebt. Hat guten Traidboden und schöne Gelegenheit zum kleinen Waidwerke nebst vielen Obst. Dem von Puech Baron angehörig.

Taufkirchen, Sitz und Hofm. ist das erste Ort im Vilser Thale, welcher grosse Fluß 3. Viertlstunde von hier entspringet; hat theils Waldungen, theils schöne Aussehungen, liegt sonst auf ebner Gegend zwischen Landshut und Haag, von jedem Orte 3. Meilenwegs entfernet. Hat guten Traid- und Heuboden, ist mit schön:n Waldungen versehen, auch die hohe Jagdbarkeit daselbst, so erblich und unter die beste im Unterlande gerechnet wird. In der grossen Vils giebt es ziemlich und sehr grosse Fische, sonderbar Krebsen. Ist das Stan mhaus der heutigen Grafen von Taufkirchen, so unter dem Kaiser Leopold im Grafenstande wegen ihren Alter, Lustern und Meriten sind gesetzt worden.

Vilshaim, Hofm. an der kleinen Vils oberhalb Altfraunhofen hat mittelmäßigen Traidboden, und gesunde Luft. Hier sassen die Puschen, Closenberg, Wager von Sadlbogen.

Wasentegernbach, Hofm. und Schloß in einem Thale an der Iser, das Dorf Eybach, gehört gleichtals dahin, wie auch Haus. Ist dem Fürstl. Stifte Berchtolsgaden zuständig. Ist das Stammhaus derer Tegernbecker.

Weeg,

Weeg, alt-adel. Sitz unebnen Landes 1. Stunde weit von Dorfen, hat nur mittelmäßige Fruchtbarkeit am Getraide. Denen Baron Ecker von Kalling zugehörig.

Winkel, rittermäßiger dem Hochstifte Regenspurg lehenbarer Sitz wegen dasigem Sedlhofe. Der Traidboden alldort und Viehzügl ist mittelmäßig. Hier sassen die Prandten, Stainhauser, Thanner.

Windten, Hofm. unebnen Landes ringsum mit Felder und Pürkenholze umfangen. Hier sassen Altenfraunhofen, Weichs, Weiler von Geretzhausen, Hörwart.

Jettenstötten, Probstey oder Pflegamt zum Fürstl. Stifte Berchtolsgaden, zwischen Huebenstain und Velden auf ebner Gegend, hat mittelmäßigen Traidboden. Dem Baron von Puech angehörig.

Zeilhofen, Hofm. 2. Meilen von Erding an einer etwas erhöhten Feldung und Gehölze, hat ebenfalls am Traidboden das Mittel in der Fruchtbarkeit. Hier sassen die Zeilhofer, Pettenbeck, Puech, Asch, Closen, Gugler.

Altenfraunhofen, Reichsherrschaft an der kleinen Vils, an einem aufgeworfnen hohen Bühel mit dem Schloße 2. Stunden von Landshut, zu beeder Seiten etwas weniges gegen den in der Ebne dabey liegenden Wiesmatern, mit einem Weyer umgeben, den, wie auch mit Feldern, Waldungen, worinnen die Besitzer ihre Reichserbjagen haben, eingeschlossen. Obschon diese Gegend anstößig ist an sumpfigen Wiesmaten, genüsset sie doch wegen habendem schönen Thale gesunde Luft. Das Stammhaus der Herren dieß gleichen Namens.

Neuenfraunhofen, gleichmäßig ein reichsfreye Herrschaft unweit der grossen Vils an einem mit vielen Waldungen umgebnen Orte, zwischen Erding und Vilsbiburg 2. Meilen von Landshut, und 3. von Erding. An sich selbst stehet dieser Ort in der Tiefe, und kann man doch an keiner Seite beykommen, ohne das man allenthalben über eine merkliche Anhöhe hinauf reise. Die Fruchtbarkeit bestehet mehrentheils im guten Getraide und Obst; die Waidschaften, mithin auch der Viehzügl mittelmäßig; die Fischerey ist endlich so viel: daß darmit der Herrschaft ziemliche Versehung an Fisch - und Krebsen beschehen kann. Entgegen giebt es in denen allhero gehörigen Erbjagen ziemlich viel Wildpret, auch Rebhüner, Füchse, Haasen, und dergleichen in grosser Menge. Hiermit wurde ein Altfraunhoferische Linie abgefunden.

## Gericht Dingelfing.

Dingelfing, Stadt im Biß. Regenspurg 4. Meilen von Landshut, und Straubing,

dessen

dessen hierumliegende Gegend seine Annehmlichkeit theils von der vorbeyflüssenden Iser, theils von Vermischung der Ebne und Berglein, so durch die darauf gepflanzten Reben ihre besondere Ziere machen, zeiget. Dem Feldbaue gehet nicht so viel die Güte als Weitschichtigkeit ab, welche doch in etwas durch den Weinwachs, wie auch durch die dieß- und jenseits der Iser liegenden Gärten auf dem Moose ersetzet wird. Und kann man es wohl des Ortes Fruchtbarkeit und gesunder Lufts zu schreiben: weil allda vom Gewilde eine grosse Menge, auch von Fischen so viel als vonnöthen ist, verhanden. gleichfalls giebt der Vieh- und Roßzügl dem gemainen Manne eine ehrliche Vergnügenheit.

Seemanshausen, Ereiniten Augustiner Kloster samt der darzu gehörigen Dorfschaft, hat Hofmarksgerechtigkeit, woselbst das lebendige Wasser, dessen zuvor ein merklicher Abgang ware, durch ein Triebwerk in unterschiedliche Officinen des Klosters getrieben wird.

Farst, Sitz oberhalb Mosthening nächst an dem Moose. Dasige Fruchtbarkeit bestehet meistens im Getraide, und Weinbaue. Dem Baron Ecker von Käpfing angehörig.

Freinberg und Tannamaiß, 2. Hofm. waren ehdem zu dem Hofm. Warth gehörig, wurden aber durch eine Cloßnerische Hand abgerissen. war ehedessen ein adelicher Sitz, nunmehro aber wirds für ein Bauerngut gehalten.

Gottfriding, Hofm. dem Kloster Allerspach zuständig liegt 1. Stunde von Dingelfing nächst an der Iser. Der Fruchtbarkeit nach mag es mit der unten vorkommenden Hofm. Mäming verglichen werden, und hat zu dem Viehzügl etwas Vortheil vor andern Orten von den Auen und Mooßwaiden. Gehörte ehedem dem Grafen von Ortenburg.

Haggerskofen, Hofm. 1. Meile von Dingelfing gegen Landau zwischen der Iser und Vils, hat etwas Gehölz. Den Unterhalt giebt den Unterthanen der Pflug und Feldbau, und ist was wenige von Weinreben verhanden. Hier sassen Pelkofer, Goder, Staudinger, Ecker, Hocholzer.

Hochdorf, Sitz uud Hofm. wird ringsum mit einem Weyer umgeben, hat daneben noch 2. andere, liegt zwischen Berg und Holze; deßwegen weil die Felder alle zu Berg liegen, ist der Traidboden wie an vorgehend beeden Orten nicht besser. Hier sassen Closen, Eisenreich, und Strommer, alle Baronen.

Mäming, Kloster Allerspachische Hofm. zwischen Dinglfing und Landau fast in der Mitte,

Mitte, nächst an der Iser in einer nicht gar ebner Gegend. Woselbst die Nutzbarkeit meistens aus dem Getraide und Viehzügl genommen wird. Gehörte ehedem der Gr. Ortenburgischen Familie.

Mengkofen, Lerchenfeldisch. Schloß und Hofm. daselbst die Annehmlichkeit der Gegend nicht abgehet, massen selbe in dem sogenannten Ritterthale entlegen, obschon einige in der Nähe mit Holze bewachsene Berge hat, deren Anhöhe schlechte Baustat giebt. Das Stammhaus der abgestorbenen Mengkofer.

Millhausen, Hofm. besitzet dermalen das Kloster Mallerstorf, nebst dem Reichsstift St. Emeran in Regenspurg zwischen Straubing bey der Landstraße nach München gelegen. Hat ziemlich ebnes Land, kleinen Holzwachs, und den Ayterfluß; was aber in diesem wenigen abgehet; das ersetzt der glückliche Traidwachs. Hier sassen ehedem die Mussel, Prendl, Rain, Nothhaft, Böck, Castner.

Mooßthening, 1. Stunde von der Iser gelegener Hofm. woselbst zur Schatzung der Nutzbarkeit allein das Wein- und Traidgewächs samt dem Viehzügl in Betracht gezogen werden mag. Ist dem Baumgartner von Teittenkofen angehörig.

Poxau, Sitz und Hofm. an der Vils auf einer Höhe nächst Marchelhoven, hat etwas am Getraide, auch wenig hieländisches Gewächs, die Schweinhatz von Strick aus und eine; Schäferey ist dem Blumenbesuch auf eine Meilenwegs zutreiben berechtiget; genüsset ein fruchtbares Land, und gesunde Luft. Ist von Poxauern auf die Frauenberg, und hernach auf die Fraunhof gekommen.

Puechhausen, Hofm. in dem Ayterthale gelegen ganz eben; woselbst zu beeder Seiten die Felder etwas bergig, und gehölzig. Die Fruchtbarkeit hat schier gleiche Beschaffenheit mit Mengkofen. Gehört der Lerchenfeldischen Familie, wie Mengkofen.

Saalhof, Hofm. auf einem Berge unweit Martinsbuech, die sammtliche Felder sind den Bergen, und dem Gehölze zugeeignet. Ist vom Baron Pessol, und vom Kraimer auf den von Croneck gekommen.

Schernau, Sitz und Hofm. 1. Stunde von Dinglfing, gegen Frontenhausen, von selbiger Landstraße eine Viertelstunde rechter Seiten in einer Tiefe ganz hinder Waldungen entlegen; der Ursachen dann ist der Ort von ganz schlechter Erträglichkeit und alleinig an dem Getraide fruchtbar. Ist Baron Löschisch.

Thürntheuing, hat 2. Sitze: liegen am einem hohen Berge am Moose, allda herum es etwas von vom Gehölze giebt; das mehreste Einkommen aber ertheilet nebst einigem Weingewächse der Feldbau. Dem Baron Auer von Winkl und Schernbach angehörig.

Tunzenberg, Sitz und Hofm. unweit dem Ayterbache etwas in der Höhe, und zwischen viel Gehölze: hierselbst ist zwar, doch gar wenig Weingewächs verhanden. Die Einkünften sind nach Maasse der Feldfrüchten, und des Viehzügels, welche beede gemeiniglich nur mittelmäßig; worzu die Schäferey guten Beytrag leistet. Dieser Hofm. hat den besondern Zusatz: daß man allda das schwarze Wildpret vom Stricke aus zu hätzen befugt ist. Ist Schleichisch.

Warth, Sitz und Hofmark, liegt auf der Höhe an der Vils; dabey auch etwas an eignem Gehölze, oder Waldung verhanden; die Luft ist hier gar gesund und angenehm. Ansonst aber unerachtet dasiger Unebne ist es ein ziemlich fruchtbarer Ort. Das Stammhaus der Warter ist heut dem Baron Imhof angehörig.

Weichshofen, Hofm. ohne Schloß zwischen Mengkofen und Hofdorf an dem Bache, die Ayter genannt, hat ziemlich trägigen Grund, welcher sowohl die Speis aus dem Getraide, als den Trunk von den Reben dem Inwohner herzuschafet. Ist der Baron Stinglhaimischen Familie zuständig, ehedem dem Grafen von Abendsberg.

## Gericht Dorfen.

Dorfen, Churfürstl. Mark, liegt in der Gegend Haag und Erding ganz nieder, auf dem anliegenden Ruprechtsberge aber ist die berühmte Wallfahrt zu unser lieben Frauen bekannt. Die Refier ist vom Getraide fruchtbar, nebst gesunder Luft, wiewohl morastig.

Mosen, Sitz und Hofm. ebnen Landes 1. Viertlstunde von Dorfen: ist mit etlichen Weyern versehen, genüsset auch sowohl die Fruchbarkeit der Erden, als einer gesunden Luft. Der Westachischen Familie angehörig.

## Gericht Eggenfelden.

Eggenfelden, ein Bahnmark an dem Rottfluße; darein die Merzsee allda einflüßt, auf ebnem Lande 2. Stunde von dem Mark Mäßing. Hier ist ziemlich guter Traidboden, und mittelmäßiger Viehzügl, wie nicht minder ein fruchtbarer und gesunder Ort.

Gern, Sitz und adeliches Landgut, wobey die Hofmarksgerechtigkeit, 1. Viertelstunde von Eggenfelden an der Rott: hat einem berechtigen gefreyten und sogenanntem

Gern-

Gernmarkt, nebst der in einem gewiesen Umkreise begrifnen Fischerey, und andern der Edelmannsfreyheit-anhängigen Rechten, auch die hohe Jagdbarkeit erblich zu genüssen. Ist Baron Cloßnerisch.

Wurmannsquick, Mark auf einer hohen Ebne gelegen, und mit unterschiedlich gemeiner Waldung Umgeben: die Felder hierum sind von mittelmäßiger Fruchtbarkeit, und ist übrigens ein gesunder Ort mit 4. Jahrmärkten privilegirt.

Arnstorf, Mark in Unterbayern Biß. Passau an der Rollbach im sogenannten Rollbacherthale entlegen. Ist in 2. Theile abgesöndert, der Ober- und Untere-Mark, deren jeder ein Schloß hat, welches die Cloßnische-Familie besitzet, so eine sonderbare Freyheit eines grossen und weitschichtigen Erbjagens hat, entgegen ist allda nur ein mittlmäßiger Traidboden und Viehzügl.

Anzing, ein ringsweis mit Gehölze eingefangner an einem bergigen Orte gelegner Edelmannssitz. Das Stammhaus der Baron Anzinger ist an Schneck von Obergänkofen gekommen.

Falkenberg, Hofm. und Sitz etwas unebnen Landes zwischen theils kleinen Holzwachsen: ob zwar aus Böhmen, Regenspurg, Straubing &c. nach Burkhausen und Salzburg allda die Landstraß anzutrefen, so ist gleich-

gleichwohl dieß Orts keine Handlung, aber ein guter Traidboden und Viehzügl. Dem Graf Tättenbach angehörig.

Gäschelsperg, adel. Sitz an an einem bergigem Orte nächst Eggenfelden unweit der Rott zwischen der Iser und dem Inn. Ist von Häckledern auf den Atzinger von Scherneck gekommen.

Hausbach, Hofmark etwas unebnen zwischen kleinen Waldungen, genüsset mittelmäßige Fruchtbarkeit im Getraide und Viehzügl. Ist Graf Tättenbachisch.

Hirschhorn, Sitz und Hofm. in der Ebne 3. Viertlstunde von Eggenfelden und Gern, gehört gleichfalls den Baronen von Closen.

Hoffau, Hofm. ein Tättenbachisches Gut wie auch

Kirchberg, Sitz und Hofm. hat guten Traidboden und Viehzügl.

Kollersaich, adel. Sitz. Der Sch[illegible]seedischen Familie angehörig.

Karpfenberg, Hofmärk, liegt auf einer ziemlichen Höhe, 1. halbe Stunden von Eggenfelden unweit der Rott gegen den Inn. Hier sassen Dietrachinger, [illegible] von Ramstorf.

Lehen, Sitz ist Fraunhoferisch; [illegible] blosses Baurngut, worauf der [illegible] Bauer Sebastian Lechner vom Graf [illegible] feld Leibgedings - Gerechtigkeit aufzuhausen hat.

Mällingen, Sitz und Hofm. auf ebnem Lande nächst Gängkofen. Hier sassen die Atzinger und Schneg von Obergängkofen.

Mitterskirchen, Hofmark liegt etwas in der Höhe 1. halbe Stunde von Eggenfelden. Ist Closnisch.

Pänzing, Hofm. und Graf Ortenburgisches Lehen an ebnem Orte nahe Gängkofen an der Pumach. Allda bestehet der Unterthanen Nahrung und Gewerb in der Bauern-Feld- und Handarbeit, auch theils Fischerey und Viehzügl, doch nur mittelmäßig. War ehedem Leoprechtingisch.

Plöchingen, adel. Sitz auf einer Ebne 2. Stunden von Eggenfelden. Ist Closnisch.

Rättenbach, kleiner Hofm. dem heiligen Geist Spital zu Braunau gehörig, zwischen Holze und Thale nahe Taufkirchen und Sallach.

Reicheneybach, Hofm. 1. Stunde von Gängkofen im Holzlande entlegen: dahero nur ein mittelmäßiger Traidboden allda anzutrefen. Ist Starzhauserisch.

Sallach, Graf Tättenbachischer Hofm. liegt etwas bergig, mit eingemischten kleinen Holzwachsen zur Annehm- und Zierlichkeit umgeben, hat fruchtbaren Grund zu dem Getraide, und andere Nothwendigkeiten zum Unterhalt des Viehs. Scher-

Schernegg, adel. Sitz ebnen Ortes nächst Mäßing an der Pinnach zwischen der Iser und Inn. Der Baron von Anzingischen Familie angehörig.

Schönau, Hofm. auf dritthalb Stunden von Eggenfelden benachtbart, und 2. von Pfarrkirchen, zwischen Berg und Thale auch kleinem Gehölze; es liegt die Landstraß nach Vilshofen daselbst. Die Fruchtbarkeit am Getraide und Viehzügl ist mittelmäßig. Hier sassen die Jerkofen, Edlweck, Riederer von Baar.

Taufkirchen, Hofm. und Schloß in etwas unebnem Lande zwischen kleinen Hölzungen an dem Bache Mertsee, dessen Gegend ist zu dem Getraide, und Fütterung des Viehes tragbar. Ist Graf Tättenbachisch.

Wolfseck, Hofm. und Sitz, so mitten in einer Wiesen auf der Ember liegt; wobey das Wasser Ruma, oder Pinnach vielmehr, hart vorbey flüsset nächst Mäßing. Dem Baron Mändl angehörig.

## Gericht Eggmühl.

Eggmühl, Schloß, Herrschaft, und Mark in einer annehmlichen Refier ganz eben zwischen Wiesmaten nahe der grossen Laber 3. Meilen von Regenspurg entlegen. Hat guten Traidboden, und viel Graserey.

Gericht

## Gericht Geisenhausen.

Geisenhausen, Markflecken mit Hügeln umgeben 1. Meile von Landshut, Biß. Freysing an dem Vilsfluße; woselbst nebst gesunder Luft diese Gegend durch ihre Fruchtbarkeit den Inwohnern guten Nutzen verschafet.

Wasen- oder Hackenharbach, Sitz und Hofm. in der Tiefe mit einem Weyer umgeben nahe Vilsbiburg, liegt im Biß. Regenspurg. Dieß Stammhaus der Hacken ist an die Schleich von Achdorf gekommen.

## Gericht Griesbach.

Griesbach, Schloß und Mark 1. Stunde von dem Rottfluße auf einem Berge gegen dem Steinkarter Walde 4. Meilen von Passau. Der gleich ausser dem Schloße gelegne Mark ist mit nothwendigen Handwerkern versehen; sonst aber am Getraide und Viehzügl wenig berühmt, weil die Gegend kalt, und hinderhölzig.

Köstlarn, Mark unweit dem Churfürstl. Grafenwalde, 2. Meilen von Braunau 1. Stunde von der Roth, und 2. von Griesbach, ist allenthalben mit Bergen umgeben, hat etwas Nutzen von einem Bächlein, welches in dem Walde entspringet.

Mn-

Münster, Mark liegt im Rotthal etwas tief, hat auf einer Seite einige Büheln, und flüßt ein geringes Bächlein vorbey: es ist auch die Refier ein wenig waldig. Weil der Grund etwas schwer, giebt er mittelmäßige Fruchtbarkeit so wohl für des Menschen als des Viehs Unterhalt. Hier liegen begraben die Auer vom Tobl und die Rohrer; liegen auch die Schlösser Dobl und Rohr nächst hierbey.

Aspach, Benedictiner Abbtey in Niederbayern Biß. Passau an der Roth, in einer Höhe zwischen Schärding und Braunau, von jedem Orte 2. Meilenwegs entlegen, wobey ein Hofm. daselbst ist die Fruchtbarkeit dem Rotthale gemein, Gesundheit halber aber zum Besten.

Fürstenzell, Cistercienser Ordens Abbtey, und ein mit Handthierungen zur Nothdurft versehner Hofm. in Mitte beeder St[illegible] Schärding und Vilshofen an der Lands[illegible] und Gränitz der Oesterreicherischen [illegible] schaft Neuburg am Inn, ziemlicher [illegible] bey den Hölzern, in einem niedern [illegible] moosichtigen Orte. Jedoch ist dasiger [illegible] bau weitschichtig, aber wegen der [illegible] und laimigen Erden nicht am besten [illegible] bar. Zum Behuffe der [illegible] nüsset dieses Kloster das kleine [illegible]

St. Salvator, Prämonstratenser Ordens Canonie auf unebnem Lande Biß. Passau 1. Stunde von dem Mark Ortenburg; daselbst man nebst gesunder Luft mittelmäßige Fruchtbarkeit genüsset.

Vahrnbach, Benedictiner Kloster und Abbtey nebst einem Hofm. liegt der Gr. Neuburg ganz an; allwo da die nothwendigen Lebensmitteln um wohlfeilen Preis zu bekommen, als ist dort einiges Gewerb oder Handlung nicht verhanden. Der Innstrom rauschet hart an den Klostermauern vorbey, deßhalben selbige öfters bey Uebergüssung desselben Schaden zu leiden haben. Wie dann auch in eben diesem Fluße unweit des Kirchleins Mariä auf dem Sande ein gefährlicher Ort ist, allwo schon viele Schiffe und Menschen verunglücket sind.

Afhaim, Hofm. oder Sitz 1. Viertelstunde von der Roth nächst Karpfhaim, und an dessen nach Griesbach gelegenen Fahrweg: hat aber wegen sumpfiger Tiefe, und laimigen Hügeln keine sonderbare Fruchtbarkeit. Hier sassen Traun, Lerchenfeld, Ried von Baar.

Beyrbach, S. und H. nahe der Roth unweit bem Kloster Aspach gelegen, welche Refier sonst das Rotthal genennt wird, und der umliegenden Bauerschaft mit dem Feldbaue, auch Viehzügl erkleckliche Unterhaltung bringet. Hier sassen die Eder, Stainer, Pichelmayr, Ehrnreich.

Dirnbergham, Churfürstl. Hofm. an dem Stainkarter Forste ziemlich auf der Unebne, dahero die Fruchtbarkeit ziemlich schlecht.

Dorfbach, Sitz und Hofm. ein Feldwegs von der Gr. Ortenburg 2. Meilen von Passau; so weit von Schärding, und eine Stunde von Vilshofen, nicht gar ebnen Landes: daselbst flüßt ein Bächlein durch den Hofmark. Ist Graf Ortenburgisches Lehen, wo die Thum und Peckenzell belehnet worden.

Eggersham Sitz und Hofm. liegt etwas in der Fläche 1. halbe Viertlstunde von der Roth. Ist von Riederern auf die Baron Lerchenfeld gekommen.

Erlbach, adel. Sitz in einem Thale vom fruchtbaren Grunde, 2. Meilenwegs von Braunau und Schärding. Dem Baron Pelkofen zu Hochenpuechbach angehörig.

Hofgarten, adel. Sitz an der Passauischen Gränitz in einer Ebne, 1. Stunde vom Marke Ortenberg. Ist von dem Offenhaimer auf die Baron von Schönburg gekommen.

Inzing, adel. Sitz zwischen Hartkirchen und dem Innstrome. Dieß Stammhaus der Inzinger ist heut der B. Starzhauserischen Familie angehörig. Klee-

Kleeberg, Sitz und Hofm. ein Gränitzort bey anderthalb Stunden weit von der Oesterreicherischen Herrschaft Neuburg auf flachem Lande gelegen. Hier sassen Tallinger, Toblhamer, Hochner, Ruestorfer, Auer zu Tobl, Perlachinger.

Mactau, Sitz und Hofmark im flachen Lande hat mittelmäßige Fruchtbarkeit. Ist von den Fränkingern auf die Schönbrunner gefallen.

Neuhaus, Sitz und Hofm. am Inn gleich von Scharding über an der Gränitz auf eine halbe Stunde weit von Neuburg. Daselbst befindet sich das Schloß von einem Arme des besagten Flusses völlig umgeben. Hier sassen die Grobmer, Stängl und Baron von Gemel und Flischbach.

Ottenberg, und Inhaim, 2. Hofmärken, deren der erstere auf der Höhe, der zweyte in der Niedere mit Gehölzen umgeben ist. Die Fruchtbarkeit ziehet man allda von mittelmäßigen Gründen und Wiesmathern. Dieß Stammhaus der bayerischen Ottenberger ist dem Graf Hörwart von Hochenburg angehörig.

Pillham, Sitz und Hofm. auf einem etwas bergig- und hohen Orte, anderthalb Stunden weit von Schärding und 1. halbe von der Roth, genüsset mittelmäßige erdfruchtbarkeit, und gesunde Luft. Ist durch die Riederische Kuraterey an Baron von Baumgarten gefallen.

Pocking, Hofm. auf flachem Lande in einer schönen Gegend, 2. Stunden ausserhalb Schärding, an der Landstrasse. Ist Graf Baumgartnerisch.

Rainting, ein dem Kloster Allerspach zuständiger Hofm. zwischen St. Salvator, und Ortenburg, in einer nicht gar ebnen Gegend; daselbst flüsset ein kleiner Bach, woraus die Wolfa entspringet. Hat an Fruchtbarkeit und Viehzügl die Nothdurft.

Rohr, Sitz und adel. Sitz 1. Stunde weit vom Marke Rotthalmünster. Das Stammhaus der Rohrer.

Rottenbergham, Hofm. liegt etwas nieder, an einem der Luft halber gesunden Orte, im lustig doch bergigem Thale unweit der Wolfa.

Ruhestorf, ein Gränitz-Hofmark anderthalb Stunden weit von der Herrschaft Neuburg auf dem platten Lande. Das Stammhaus der Ruhestorfer.

Söldenau, Sitz und Hofm. gehört eigenthumlich denen Grafen von Ortenburg zu, liegt in einer lustigen Ebne von Wiesmatern, zu dessen einer Seite der Wolfafluß vorbey streichet. Dieses Geländ ist insgemein am Getraide fruchtbar, u. mit Holzwachse zur Gnüge versehen. War ehedem dem Baron von Aichberg angehörig.

Schön-

Schönburg, Sedl. und adel. Sitz dritthalb Stunde von Schärding an der Passauischen Gränitz gegen Obernberg anderthalb Stunden weit. Ist das Stammhaus der Schönburger.

Sulzbach, von dem also genannten durchrinnenden Wässerl benamset, Hofm. ziemlich ebnen Landes, 1. halbe Stunde von Schärding, gränzt an die Gr. Neuburg. Ist durch die Tanbergische Kuraterey an die Baron von Schmid gefallen.

Tättenweis, Hofm. ziemlich eben, und mit vielem Gehölze umgeben, hat mittelmäßige Fruchtbarkeit am Getraide, und giebt der Haußnothdurft ein sattsames Genügen. Der Baron Wämplischen Familie angehörig.

Tobl, Sedl. und adel. S. dem freyherrlichen Geschlechte von Closen zuständig, eine halbe Viertlstunde von Rotthalmünster. Es war erbauet von denen adelichen Auern.

Wankham, adel. Sitz an der Rott. Hier sassen Perkhaimer, Ruestorfer, Neidhart, Gulden, Armansperg, Ruestorf.

Wopping, adel Sitz 1. Stunde von Griesbach, so unweit von Rotthalmünster in einer Ebne. Das Stammhaus der Woppinger ist heut Graf Closisch.

## Gericht Hals.

Hals, ein Churfürstlicher des guten Verschleisses und auch wohlgeschmacken Trunks halber mit einem ziemlich bekandten Präuhause versehner Mark: 1. halbe Stunde von Passau an dem perlhaltig- und ziemlich fischreichen Ilzfluß entlegen. Hat etwas Gehölz und Waldung, zählt unterschiedliche doch nur gemeine Handwerksleute, welche sich mit ihrer Handarbeit fortbringen. Der Viehzügl und Feldbau ist wegen der bergigen Refier (wie dann dasiges alte Schloß auf einem hohen Felsen liegt) bey der Burger- und Bauerschaft in keinem senderbaren Aufnahme. Hier gaudirt man das Jus Asyli, oder die Freyheit.

## Gericht Kirchberg.

Kirchberg, ein Churfürstl. Schloß, so auf einem hohen Berge erbauet, liegt 3. Meilen von Landshut, 6. von Straubing, und soweit von Regenspurg, im dasigen Bistume, an einigen Waldungen, worinn sich schwarz- und rothes Wildpret befindet. Unten im Thale ist ein kleines Dorf, und nächst an demselben ein Churfürstl. Weyer beygefügt. Die Gegend hat mittelmässigen Traidboden. Massen die Felder meistentheils in berg- und sandigen Gründen bestehen.

Geißl-

Geislhöring, alt gefreyter Mark, auf einem ebnen, annehmlich- und gesundem Lande dritthalb Stunden von Straubing bey der kleinen Laber; weilen allda die üblichen Handthierungen ihren Fortgang haben, auch das Erdreich zum Getraidwachse gut ist, giebt es eine erträgliche Gewerbschaft.

Pfaffenberg, Mark an einem Berge, und der kleinen Laber unweit der Regenspurger Straßen gelegen.

Mallerstorf, Benediktiner Kloster und Hofm. auf der Höhe zwischen Regenspurg, Landshut, und Straubing an der kleinen Laber. Daselbst ist eine mittelmäßige Fruchtbarkeit an denen Feldfrüchten. Die Luft ist frisch und gesund.

Allkofen, Wallkofen, und Malhesing, sind 3. Dorfschaften nebst der Einödde Ilbach genannt auf ebnem Lande unweit der kleinen Laber: wo die Nutzbarkeit meistentheils aus dem Traide und Viehzügl gezogen wird. Sind von denen von Stauf, zu Ehrenfels auf die Freyherrn von Sensheim gekommen.

Andermanstorf, Hofm. und Schloß an der kleinen Laber, nahe bey Kirchberg, in einem tiefen Grunde, mit beederseits griesbergigen Feldern umgeben. Wegen rauhe der Erden ist allda eine geringe Fruchtbarkeit. Ist dem Baron von Götzengrien zuständig gewesen.

Eberstall, Hofm. liegt zwischen 2. grossen Bergen 1. Viertlstunde von Kirchberg: ist mit schlechten Traidboden und Viehzügl versehen. Hier sassen die Grimblischen, Freyhueberischen, und Schrenkischen.

Ettenkhofen, Hofm. an der kleinen Laber, bestehet in wenigen Unterthanen. Dem von Hörwart angehörig.

Eytting, Sitz und Hofm. neben dem kleinen Laberfluße 1. Stunde von Geislhöring, gehört dem Hochstifte Regenspurg. Das Schloß liegt auf der Höhe, die Fruchtbarkeit aber bestehet einzig und allein im schlechten Feldbaue; dahingegen ist allda hierum ein annehmliches Geländ, und eine gesunde Luft.

Gängkhofen, Hofm. wird zu der kleinen Emmeranischen Probstey Hainspach genossen; hat ebnen Boden, welcher ziemlich gutes Traid, und Feldbau bringet. 2. Meilen von Straubing, 1. halbe Meile von Geislhöring, dann 1. Viertlstunde von ermeltem Hainspach. Hier sassen die Armansperg.

Grafentraubach, Hofm. und Schloß auf ebnem Lande unfern der Laber, hat schlechten Feldbau. Ist vom Graf Haimhausen auf Baron Gimsheim gekommen.

Greylsperg, Hofmark 1. halbe Stunde von Pfaffenberg etwas zwischen den Hölzern entlegen, hat mittelmäßigen Feldbau. Ist

von

von Baron Schadt zu Halbach auf die Baron von Lerchenfeld gekommen.

Hainspach, ein Reichsstift Emmeranische Probstey und Schloß, darzu Haindling und Gängkofen 2. Hofm. gehören. Liegt auf ebnem Lande 2. Meilen von Straubing, und 1. halbe von Geißlhöring: die Gegend hat den Trost einen fruchtbaren Traidboden und Feldbau zu genüssen. Kommet von Gr. vom Abensperg her.

Holztraubach, ein kleiner zwischen Bergen und Hölzern dem Kloster Seeligenthal bey Landshut zuständiger Hofmark. Komt von Pinzingern her.

Jelnkofen, Sitz und Hofm. nahe dem Marke Ergoltspach. Ist von dem von Puechheim auf die Baron Mändl gekommen.

Jngkofen, Hofm. ist ein ebner Ort zwischen Landshut und Straubing nahe der grossen Laber. Ist von den Bitlmayr ans Kloster Mallerstorf legiert worden.

Laberweinting, Sitz und Hofm. zwischen Geislhöring und Pfaffenberg; woselbst der Feldgüter Bezirk klein, jedoch wohl trächtig ist, dabey die Graf Leibelfingische Herrschaft so hoch als niedere Jagdbarkeit genüsset. Ist Graf Leibelfingisch.

Maushaim, Hofm. an der Ebne, aber mit Gehölze umgeben, hat auch einen Fischweyer daran. Hier sassen die Mausheimer, Baron von Leiblfing und die Kastner.

Neufahrn, Hofm. und Sitz neben der kleinen Laber auf der Ebne, welchem Orte vor andern 3. Weyern, die Laber, dann der Holzwachs, Viehzügl, und hübscher Feldbau einigen Vortheil geben. Dahin gehören auch beede Hofm. Neuburg, und Asenkofen. Hier sassen die Grafen von Haunsperg, und Grafen von Arko.

Neuhofen, mit dem 1. Stunde weit davon liegenden Hofm. Greilsperg vereinbaret, rechnet nur eine Viertelstunde weit nach Geislhöring: ist auch mit guten auf der Ebne entlegnen Baugründen versehen. Derselbe giebt samt dem Viehzügl ohne anderes Gewerb den Inwohneren die beste Nahrung. Ist von dem von Schad auf die Baron von Lerchenfeld käuflich gekommen.

Niederdörnbach, ein im Thale entlegner Ort dem Kloster St. Paul oder Jesuiten Collegi zu Regenspurg angehörig. [illegible] ehedem der Vetter von der Gilgen.

Oberdeggenbach, Hofm. unweit Eggmühl auf ebnem Lande. Hier sassen Seyboltstorf, Lerchenfeld, Pürching.

Oberellnbach, Hofm. 1. Stunde von Pfaffenberg hinter den Hölzern in einer Tiefe, hat 3. Fischteiche. Denen Stöcklischen Erben von Hertenberg angehörig.

Peu[illegible]

Peurbach, Hofm. neben der Jser unebnen Geländes unter dem Gehölze. Hier sassen Eysenreich, Khitterin, Gumpenberg.

Stastorf, Hofm. an der kleinen Laber. Es ist in derselben Refiere nichts als bergige Felder und Waldungen anzutrefen. Ist von den Aschischen auf die Löschischen durch Erbschaft gekommen.

Sallach, Sitz, Hofmark, und Probstey dem gefürsteten Reichsstifte Obermünster in Regenspurg zuständig, zwischen Geislhöring und Laberweinting, unweit der Laber auf einer Ebne. Haderspach ist ein dahin gehöriges Dorf. Ist Haillischen Erben Lebensweise verliehen.

Veichtren, Hofm. eine Stunde von Ergoltspach hinter den Waldungen entlegen. Ist vom Ligsalz auf die Hueberischen gekommen.

Ungkofen, Hofm. ist zwar ebnen Landes, doch fast um und um mit Gehölze umgeben. Dem Freinhueber angehörig.

Zeigkofen und Pfackhofen, 2. Hofm. nächst bey Eckmühl, wo die Laber vorbey flüßt, liegen ziemlich bergig gegen Pfaffenberg zu; wo der Herrschaft, und Unterthanen Gehölz sich befindet. Beede gehören den Grafen von Königsfeld; und liegt der erstere Ort im Rentamte Landshut, das andere aber in der Straubingischen Regierung. Sind beede Graf Königsfeldisch. Ge-

## Gericht Landau.

Landau, ein auf erhöchtem Orte an der Iser entlegnes Städtlein, deren obere Theil mit einer Ringmaur umfangen: die untere Stadt ist uneingeschlossen, auf der Ebne in einer annehmlichen Gegend gelegen. Genüsset guten Feldbau, Wiesmater, und Viehzügl.

Eichendorf, Mark an der Vils und auf der Ebne, allwo die Nutzbarkeit auf dem Felde am Getraide mittelmäßig, der Viehzügl aber wenig ist.

Simbach, Mark auf einer ziemlichen Höhe an der Simbach, 3. Stunden von Landau, schier allerseits mit Holze umgeben; weilen nun der Ort klein und schlecht, befindet sich allda die Nothdurft allein von geringen Handthierungen, absonderlich weil die meisten zwischen Hölzern und kalten Thälern entlegnen sehr unträglichen Baugründen nicht viel Getraid geben. Die Luft ist sehr gesund.

Adldorf, Sitz ganz an der Vils in ebner und annehmlicher Landschaft, mit Wiesen, Felder, und beederseits mit Gehölze versehen. Der dasigen Herrschaft giebt einen Zusatz an gewöhnlichen Einkünften ein braunes Bierbräuhaus; die Gemeinde aber ernähret sich durch dem schönen Feldbaue,

grossen

grossen Gehölze, Viehzügl und Fischerey in obermeltem Fluße, welcher gute Gattungen von Fisch- und Krebsen führet. Ist vom Stinglhamer auf die von Fränking gefallen.

Aufhausen, Hofm. an der Vils: dahierum ist der Traidboden und Viehzügl im Mittel. Die Vils ist sehr Fischreich. Der Hofmark ist Baron Closnerisch.

Exing, Prunn, und Zeholfing, 3. Hofm.; woselbst sich die Unterthanen vom Getraidwachse ernähren. Ist ein uraltes Tättenbachisches Erbgut.

Gergweis, Hofm. an der Vils ebnen Landes, von Landau 2. Meilen, von Vilshofen aber 3. entlegen. Ist ein Anhang zu Haidenburg, hat ziemlich guten Traidboden und mittelmäßigen Viehzügl. Ist auch hier eine gesunde Luft. Es ist von Frauenbergischen auf die Closnischen gekommen.

Gneidting, adel. Sitz zu Obernpöring gehörig: liegt gegen einem Forste das Frauenholz genannt etwas tief, neben jetzt gedachtem Hofm. Die Inwohner müssen ihren Unterhalt von denen etwas bergigen Feldgründen und wenigem Viehzügl suchen. Ist Baron Nothhaftisch.

Götterstorf, H. und Schloß im Vilsthale unweit der Vils, so der Länge nach ebnes Landes, in der Weite aber nicht viel Raum hat; massen auf einer Seite gegen Oster-

hofen

hofen die Waldung der Hart genannt, auf der andern aber Auen, und Wiesen den Platz einschränken. Der Feldbau giebt mittelmäßige Frucht, die Fischerey desgleichen einigen Beytrag. Das Gewild ist in dem hiehero gehörigen Gejaids Bezirke sehr wenig, und der Viehzügl, so viel die Hausnothdurft erfordert. Hier sassen Grafen von Leuchtenberghals, Ahain, Frauenberg, Pusch, Leiblfing, Abtacker, Lündten, Gr. Fugger.

Haunerstorf, und Obersunzing, 2. nach dem Churfürstl. Kastenhofe in Landau gehörige Hofmärken, deren der erstere Ort auf ganz ebnem Lande nahe der Vils, anderthalb Stunden von Landau, und 1. Stunde von Simbach, der andere aber in einem Thale unter den Waldungen zweene Stunden von Straubing stehet. Zu Haunerstorf ist ein mittelmäßiger, zu Obersunzing schlechter Feldbau und Viehzügl. Ist das Stamhaus der abgestorbenen Grafen von Sunzing und Laber.

Hänkhofen, Hofm. in einem mit Berg und Waldung beederseits eingeschränkten Thale; hat einen schlechten Traidgrund. Mundelfing ist ein pertinenz hieher, und gehören beede dem Kloster Seeligenthal nächst Landshut.

Hey-

Heydenkofen, Hofm. auf schön ebnem Lande dritthalb Meilen von Straubing, 3. Meilen von Deggendorf, und 1. von Landau. Der Inhaber ist Gottlieb Leeb gewesen.

Malgerstorf, Hofm. welchem der Heuwachs guten Viehzügl, der Kollbach aber gute Fische und Krebsen zum Vortheil giebt. Hier sassen die Vißler, Leoprechtinger, Baron von Trauner zu Adlstötten, der von Judendank.

Oberndorf, Sitz und Hofm. unweit der Vils an einer Höhe gegen dem Forste zeitlern dieses Orts Gründe sind am besten Getraide fruchtbar. Hier sassen die von Isl, und die von Ambscham.

Obernhöcking, Hofm. gegen der Iser, und der Stadt Landau, zwischen den Bergen unebnen Landes hat grossen Feldbau, dabey auch schönes Gehölz, welche beede Stück das meiste Einkommen verschaffen. Hier sassen die Höckinger, die von Leoprechting, und von Franking.

Obernpöring, Hofm. und Sitz hat einerseits die vorbeyflüssende Iser, andererseits aber in der Weite auf einem starken Feldwege, und der Länge nach über 2. Meilen ebnen Traidboden, welcher guten erträglichen Feldbau giebt; wobey auch ein ziemlicher Viehzügl und Fischerey. Hier sassen die

Ecker,

Ecker, Tuschln, Weissenfelder, Sandizell zu Edlzhausen, Penzenau, Nothhaft.

Ottering, adel. Sitz; dabey nur mittelmäßig holzländiger Traidboden, und weniger Viehzügl. Dem Baron von Auer, von Winkel zu Thürnthenning angehörig.

Pischlstorf, Hofm. und Sitz 1. halbe Stunde von Simbach auf mittelmäßigen fruchtbaren Gelände. Dem Gruber von Grub zu Pischlstorf zugehörig.

Reicherstorf, Hofm. an der Vils, eine Viertlstunde von Wildthurn dahin es gehörig, und gleiche Fruchtbarkeit mit demselben Hofm. genüsset: im Vils Thale entlegen. Die Waller, alte vom Adl, und die von Puechleuten sind hier begraben.

Reichstorf, Hofmark und Sitz an der Vils: allda die Felder, und jenseits des Wassers die schöne Wiesmaten, auch beederseits grünende Gehölze, und bergige Erhöhungen, gesunde auch ergötzliche Wohnungen geben. Es ist vom Graf von Ortenburg auf die von Fränking gekommen.

Ruhestorf, Hofm. 1. Stunde von Reispach, zwischen den Gehölzen im Biß. Regenspurg; hat zum Theile schlechten Traidboden und Viehzügl. Ist Closnerisch.

Schnirdorf, H. und S. an dem Kollbach in einem ebnen Thale, gehört dem Kloster Aldersbach. Ist von den von Plutterstorf dahin verkaufet worden.

Weyr,

Weyr, ein in der Tiefe 1. Stunde ausser Landau gegen der Vils gelegner Sitz. Ist von den Raindorferischen auf die von Schönburg gekommen.

Wildthurn, Hofm. und Sitz auf einem Berge 1. Stundewegs von Landau, dahin auch Reicherstorf, so nur 1. Viertlstunde davon liegt, gehörig. Sowohl der Feldbau als Viehzügl ist von keiner sonderbaren Einträglichkeit. Ist von denen Wallern auf die Puechleiter käuflich gekommen.

Gericht Mosburg.

Mosburg, die älteste aus allen Städten im Lande, von Landshut, Erding, und Freysing jedem Orte 2. Meilenwegs gelegen zwischen der Iser und Amper in einer schönen Ebne. Der dasigen Burgerschaft meiste Genuß ist der mittelmässige Feldbau, und gleicher Viehzügl; das Gewild aber in denen hierum liegenden Waldungen ist alles Sr. Churfürstl. Durchlaucht unterworfen. In der Stadt liegen zweene adeliche Sitze, Thurn, und Asch.

Au, Graf Törringischer Mark in einem tiefen Thale; mithin umgehens mit Bergen eingeschränkt: wie dann die Fruchtbarkeit deßhalben schlecht, die Gesundheit der Luft aber gut ist. Zu dieser Herrschaft gehören noch folgende Orte: Häslach, Wolferstorf, Leutenstorf, Kärzling, Halsberg, Sey-

storf, Günzenhausen, Thombhof, Offelz-
hausen, und Reuth. Der Mark Au aber
liegt in der sogenannten Halberthau an der
Ambs auf der Münchner- und Re[illegible]
ger Strassen 2. Meilenwegs von Mosburg.
Der Orten ist ein uralt braun Bierbräuhaus,
bey welchem ein ziemlicher Abgang. In dem
Mark sind nur gemaine Gewerbe und Handlungen, auch dabey eine mittelmäßige Fruchtbarkeit am Getraidwachse: sonst wird an
dem hier privilegirten, und weit berühmten
Jahrmärkten neben andern essenden Pfen-
werth nicht allein der in ziemlicher Menge
failgebottne Flachs Centen weise, s[illegible]
auch viel Vieh aufgekauft. Die [illegible]
dieser Herrschaft haben schlüßlich [illegible]
einem gewissen District das Erbjäger[illegible]
dabey die hohe Jagdbarkeit, auch [illegible]
ters ausser derselben die Schwein[illegible]
Strick aus zu gaudieren. Ist jetzt [illegible]
singisch wiederum.

Nandlstatt, Mark in einer mit Holz [illegible]
Feldung umgebner Refiere, 6. [illegible]
Landshut, 3. von Mosburg, und [illegible]
Freysing. Er hat zwar eine klein[illegible]
fruchtbare Felpung; beynebens [illegible]
Obst, und etwas vom Gewilde [illegible]
sunde Luft.

Wollnzach, an einem als[illegible]
Bache entlegner Marktflecken, be[illegible]

bergigen Traidfeldern eingefangen: 3. St. von Pfaffenberg, 2. von Geisenfeld, und 3. von Mainburg; hat gar ein schlechtes Gewerb von pur gemainen Handwerksleuten, auch ganz schlecht bergigen Traidboden. Dasig Churfürstl. Schloß hat seine Waldung von Puechen, Feichten, Ferchen und etwas von Aichenholze. Hier sassen ehedem Preysing, Schad, Elsenheim.

Anglberg, H. unweit der Amper ganz ebnen Landes, 1. St. von Freysing. Es tragt hier die Fruchtbarkeit am Getraide und Viehzügl vieles bey. Graf von Lodron hat es von denen von Flützing ererbet.

Apperstorf, H. u. adel. S. in der sogenannten Hallerthau 1. St. von Nandlstatt: man weis allda wenig von der Fruchtbarkeit. Hier sassen Hausner, Magnsreiter, Abdacker, B. von Thurm, von Flützing, Graf Lodron.

Asch, Hofmarkssitz und Schloß nahe der Stadt Mosburg gegen der Amper in schöner Ebne; wo die Nutzung mittelmäßigen Feldbau giebt. Den von Asch angehörig.

Attenkirchen, H. und Sitz 2. St. von Freysing im ziemlich unebnem Gelände; ist also am Getraide und Viehzügl von geringer Schätzung. Hier sassen Baron von Thurm, der von Flützing, und Graf von Lodron.

Dietramstorf, H. Hofm. hat mittelmäßigen Feldbau: so daß man sich neben dem Getraide mit Haarflachse hinbringen muß. Hier sassen Peringer von Schönbühel und Amoni.

Flützing, Hofm. und Sitz unweit der Amper, 1. Stunde von Freysing; daselbst am Getraide und Viehzügl mittelmäßige Fruchtbarkeit zu haben. Dieß Stammhaus der Flützinger gehört heut zu Tage dem Grafen von Lodron.

Haag an der Amper, Sitz und Hofm. 2. Stunden von Mosburg, und so viel von Freysing, unweit der Amper in schöner ebnen Gegend. Gehört obgedachtem Grafen von Lodron.

Hagstorf, Hofm. an der Amper Refiere sonst allenthalben zwischen dem Gehölze entlegen. Ist Baron Löschisch.

Hettenkirchen, Hofm. nächst Pfettrach an der Münchner- und Regenspurger Landstrassen 3. Stunden von Freysing, 1. von [illegible] Ist das Stammhaus der Hettenkirchern.

Härnkirchen, Hofm. nächst an dem kleinen Fluße die Abens, 1. Stunde von [illegible] 3. Stunden von Pfaffenhofen. Ist Graf Törring-Seefeldisch.

Hörgertshausen, Sitz und Hofm. [illegible] schen Waldungen auf einem etwas [illegible] Orte, 2. Stunden von Mosburg [illegible] Mainburg zu. Dasige Unterthanen [illegible] ten sich von ihrem wenigen [illegible] Baron Seyboltstorfisch.

Jaks

Inkhofen, Sitz und Hofm. auf einer Höhe hart am Ammerfluße 1. Stunde von Mosburg, 2. Stunden von Freysing, und 1. halbe Stunde von Haag: hat mittelmäßige Fruchtbarkeit. Hier sassen Graf von Greis, der von Raindorf, und die Baron Schrenkischen.

Isareck, Churfürstl. Schloß 1. kleine Stunde von Mosburg an der Amper; da gleich eines Büchsen-Schußes weit sich dieselbe in die Iser ausgiesset. Einerseits ist dieser Ort auf der Ebne, andererseits aber auf einem Berge; wovon die Ergötzung der Augen von der umliegenden Landschaft sich beschäftigen kan. Ausser des braunen Bierbräuhauses ist es mit keinem Gewerbe versehen; doch bauet man allda gut Getraid; ist auch hierum gute Fischerey, mittelmäßiger Viehzügl, und gute Wildfuhr zu haben. Ist das Stammhaus der Grafen von Isareck.

Kirchdorf, adel. Sitz zwischen Nandlstadt, und Mainburg in etwas bergiger Gegend an der Abens; dasige Waldungen geben Aichen, Puechen, Feichten, und Thannenholz. Die dasige Landsbeschafenheit lasset nicht mehrer zu, als eine mittelmäßige Fruchtbarkeit am Getraide. Ist von denen von Reisach anf den Baron von und zu Sandizell gekommen.

Leiberstorf, Sitz und Hofm. in einem Thale, allwo fast um und um Gehölz, Waldungen, unebnes Land verhanden. Liegt der Gegend nach 4. Stunden von Landshut, 1. von Mainburg, 3. von Mosburg, und 2. von Pfeffenhausen. Dieß Orts Traidboden ist eng, und zugleich von minderen, als mittlern Erträgnüß. Ist das Stammhaus der Abgestorbenen Leiberstorfer.

Mauren, Graf Seiboltstorfischer Hofm. in einer Ebne 1. Stunde von Mosburg gegen Mainburg. Nebst dem Hofm. Tuelbach wird allda die meiste Losung aus dem Traide gezogen.

Palzing, Gerlhausen, unde Helfenbrun, diese Oerter sind Hofm. an der Amper, ohngefähr 3. Stunden von Mosburg. Sie haben in den herum entlegnen Waldungen die Jagdgerechtigkeit sowohl für das kleine als grosse Waidwerk. Ist Graf Haimhauserisch.

Pfettrach, und Prandtlohe 2. Hofm. in einer Ebne 3. Stunden von Freysing, und 1. von Au hinter den Waldungen, dahero sind keine andere als gemaine Handthierungen und schlechtes Gewerb verhanden. Ist Graf Törringisch.

Pilhofen, Hofm. und Sitz 1. halbe St. von Mosburg an der Amper in ebner Gegen, so wegen diesem Fluße als umliegenden

Auen

Auen angenehm ist. Es hat ringsherum einen Weyer und fruchtbaren Traidboden. Ist heut auf die von Clingensperg gekomen.

Pruckberg, Sitz und Hofm. unweit Iseneck, nnd nahe dem Iserstrome an einem ziemlich hohen Berge; wo sich auf einer Seite ein ebnes Land ausbreitet, und die Fruchtbarkeit im mittelmäßigen Feldbaue bestehet. Hier sassen die Waller, die Juden, Thurner, die von Götzengrien, Lungheimer, Baron/Pruckberg.

Sandelzhausen, Homf. an der Abens 1. kleine halbe Stunde von Mainburg; ansonst in Mitte zwischen Freysing, Landshut, und Ingolstadt, von jedem Orte 4. Meilen weit entlegen, hat nicht gar ebnes Geländ, und ist mit kleinen Hölzern umgeben: ja auch kein sonderbares Gewerb wird daselbst getrieben; ausser was wegen des alldasigen Bräuhauses, und derentwegen ersprießlichen Viehzügls, dann dem im mitlern Stande sich befindenden Traidboden genutzet wird. Ist von denen von Reisach auf die von Käpler durch Kauf gekommen.

Sinzhausen, Hofm. allwo wegen bergiger Gegend schlechter Nutzen aus der unfruchtbaren Erden gezogen wird. Hier sassen die Flützinger.

Sießbach, Sitz und Hofm. den Freyherren von Lerchenfeld zugehörig, liegt 4.

Stunden von Landshut in der Tiefe wegen des Weyers, so das Schloß umgiebet. Die einzige Handlung und Einkommen bestehet alldort in wenigem Getraide; dann der Boden nicht am besten, sondern sehr sand- und steinig ist. Ist Baron Lerchenfelderisch.

Tegernbach, Hofm. und Sitz 1. Stunde von Au in einem Thale zwischen den Hölzern: hieselbst ist ein marianische Wallfahrt. Ist Graf Törringisch.

Thann, Hofm. unweit der Amper, ziemlich hoch auf einem Berge; genüsset jedoch erträglichen Traidschnitt, und Viehzügl. Ist von Flützingern auf die Grafen von Lodron mit Haag erblich gefallen.

Tuelbach, Baron Seyboltstorfischer H. auf einem bergigen Orte zwischen Isereck und Pruckberg: ist am Getraide eine fruchtbare Gegend.

Wolferstorf, Hofm. gegen der Halerthau zu gelegen ziemlich unter dem Gehölze: da die Fruchtbarkeit an dem Feldbaue mittelmäßigen Eintrag hat. Ist Baron Löschisch.

Zolling, ein dem Hochstifte Freysing zuständiger Hofm. 1. Stunde ausserhalb dieser Residenzstadt an der Landstrassen nach Regenspurg zwischen Haag und Kirchstorf an der Amper, und auf flachem Boden entlegen. Hat einer Seits schöne fruchtbare Felder, anderer wohlträgige Wiesmatern

nebst

nebst einem guten Viehzügl, schönen Fischwasser, jedoch ohne sonders Gewerb.

## Gericht Natternberg.

Natternberg, Churfürstl. Schloß und Kastenamt, zwischen der Donau, und Iser nahe Deggendorf. Das alte Schloß liegt auf einem hohen abgesönderten Berge, das Dorf aber oder der Hofm. nebst Fischerndorf hart daran auf ebnem Lande. Alldort herum bestehet das Gewerb mit der Nahrung hauptsächlich im Getraide und Viehzügl: wovon die Unterthanen ihre Ausgaben bestreiten, und sich samt denen ihrigen erhalten müssen.

Plädling, Mark ebnen Landes zwischen Straubing und Vilshofen an der Iser, welcher Fluß sodann 2. Stunden von hier sich unterhalb Deckendorf in die Donau ergüsset: der Ort liegt an der Poststrassen von Wien nach Regenspurg. Der Unterhalt bestehet im bürgerlichen Gewerbe, und Nahrung der Handwerksleuten, darunter theils mit wenigem Feldbaue versehen; die Fruchtbarkeit der Erden aber ist mittelmäßig.

Aholming, ist ein schönes Landgut, zu welchem Iserau, Penzling, Tabertshausen, und Pillweir gehören, und alle die Hofmarksgerechtigkeit besitzen: ziehet sich auf einer weiten Ebne (ausser was gegen Plädling etwas morastig und wässerig) mit trocknen auch fruchtbaren Getraidlande aufwerts der Donau bis hinter Regenspurg auf die 12. Meilenwegs im Aussehen, und abwerts bis gegen Pleinting; hat die Iser auf eine Stunde, die Donau aber auf ungefähr 2. Stunden vorbeyflüssend: die nächste Angränzung ausser Landes ist das Biß. Passau. Der Ort ist jedoch im Hochstifte Regenspurg gelegen. Ausser des schönen Traidwachses findet sich in andern Gewerbs Nutzungen allda keine sonderbare Erträgnuß. Ist von denen von Cammerau auf die Grafen von Nothhaft gekommen.

Peitzkofen, Hofm. zweene Stunden von Straubing; giebt kein anders Gewerb, als den Feldbau, und Viehzügl. Hier sassen die Trennbeck, Hund von S[illegible], und die Furter.

Pillweix, Hofm. ganz an der Iser gelegen: ist nach Aholming gehörig.

Stephansposching, nächst an der Donau; woselbst Churfürstl. Traidkästen [illegible]handen. Hier sassen die Baron [illegible]genberg.

Yrlbach, Sitz und Hofm. an [illegible]che Erla, zwischen Straubing und [illegible]dorf, ohngefähr bey einer halben [illegible]stunde von der Donau ebnen [illegible] doch etwas sumpfig; dahero die [illegible]

keit mittelmäßig. Ist der Erlbecken Stammhaus. Gehört heut den Baron Tirnitz.

## Gericht Neumark.

Neumark, ein Markflecken auf ordinari Landstrassen zwischen Neuötting, und Vilsbiburg auf ebnem Lande an der Rott, 3. Stunden von Mühldorf im Erzstifte Salzburg.

Garsch, gleichfalls ein Mark, gehört dem Hochstifte Salzburg, mit hoher Oberkeit aber Churbayern zu. Liegt am Inn 3. Stunden von Wasserburg im bergigen Holzlande an der Gränitz zwischen Ober- und Niederbayern. Hier hat es ein Kloster der regulierten Chorherren des Heil. Augustin; welches ein Archidiakonat ist, und einen grossen Distrikt in sich begreift.

Puechbach, auch ein Mark und Hofm. ist gleichmäßig dem Erzbiß. Salzburg wie Garsch, aber mit hoher Gerichtbarkeit dem Churfürst unterworfen. Der Puechbecken Stammhaus.

Adlstain, Sitz im Erzstifte Salzburg, Gerichte Neumark an dem Rothfluße, und gleich ausser diesem Markflecken abwerts erhoben. Dasiger Feldbau giebt mittelmäßigen Ertrag; ausser dessen aber ist von einig anderm Gewerbe nichts sonderliches anzumerken. Ist Baron Neuhausisch.

Au,

Au, reguliertes Kloster der Chorherren des Heil. Augustin nächst an dem Inn, unweit der Canonie zu Garsch. Kommet von Grafen zu Mogling her.

St. Veit, Benediktiner Abbtey auf einem hohen Bühel jenseits der Roth, und nechst Neumarkt. Hat 3. kleine neben anliegende Hofmärken, nemlich St. Veit, Köning, und Kündhofen.

Altenmühldorf, Hofm. nach Salzburg gehörig, doch mit hoher Obrigkeit nach Bayern nächst an der Stadt Mühldorf ganz ebnen Landes auf der Landstrassen unweit dem Inn. Ist mit guter Baustate, und zum Traidzügl günstigem Boden versehen. Das Stammhaus der Mühldorfer. Es ist allda eine Probstey, das ist, eine Anzahl Baurngüter und 2. Wirthstafern.

Aschau, Hofm. hat guten fruchtbaren Traidboden. Ist Graf Törringisch. Sassen auch die von Ueberacker allda.

Baumburg, Sitz im Erzstifte Salzburg an der Rott, und nahe Neumarkt, ebnen Landes. Dem Baron von Neuhaus zu Greiffenfels und Ehrenhaus angehörig.

Dornberg, adel Sitz nacher Erharting, von welchem Dorfe selbiger durch den Bach unterschieden wird. Hier saß Graf von Taufkirchen zu Guetenburg.

Eggl-

Egglkofen, Sitz und Hofm. auf der ordinari Landstrassen zwischen Vilsbiburg, und Neumark: es liegt der Hofm. am ebnen Wege, das Schloß hingegen auf einem hohen Bühel. Ist das Stammhaus der abgestorbenen Egglhofer.

Gräsing, Sitz und Hofmark auf ebnem Lande an der Rott, zwischen Mäßing und Neumark: wo ein guter Traidboden zu sehen. Man haltet hier einen sogenannten Feurmark. Dem Baron von Widersbach zugehörig.

Harpolln, Hofm. liegt im Biß. Freysing; und ist der Ort zum Kastenamte gehörig; ansonst aber wegen gar geringen Gütern Scharwerks frey.

Haslach, adeliches Landgut auf 1. Stunde weit von dem Inn gegen einem Berge in der Pfarr Aschau entlegen. Dem Baron Schmid angehörig.

Hellesperg, Schloß und Edelmanssitz unweit der Rott auf einem nicht gar hohen Bühel, mittelmäßige Getraidbaustat. Hier sassen Trenbach, Baumgarten, Closen, Freyberg.

Hochenpuechbach, auf der ordinari Landsträssen zwischen Neumark und Neuötting auf ebnem Wege gelegner Hofmark. Hier sassen Hechenkircher, Pelkofer, Fränking, und Mändl zu Deutenhofen.

Hochen-

Hochenthann, Hofm. welcher ein Fidei commiß Gut ist; ein anderer Ort dieß Namens ist ein Sitz zum Heil. Geist Spital nach Mühldorf gehörig; liegt 1. Viertelstunde weit vom Schloße Schwindegg. Der von Deuring hat es von den Taberphofern an sich gebracht.

Hofgiebing, Sitz und Hofm. ziemlich im Thale, jedoch kann neben gesunder Luft des Ortes Fruchtbarkeit am Getraide und Viehzügl geschätzt werden. Hat sein Lager hart an der Reichsgrafschaft Haag. Dem Gobeli angehörig.

Kay, ein Sitz und Churfürstl. Lehen, nahe der Rott. Ist von Sonderstorfern auf die von Armansperg erblich gekommen.

Kirchrambach, Hofm. in der Gegend Reichersham. War Baron Elsenheimisch.

Leoprechting, adel. Sitz. Dieß Stammhaus der Leoprechtinger ist an die Baron Hörwart gekommen.

Mödling, ein alter Burgstall, Schloß und Hofm. der Graf Törringischen Familie, hat mittelmäßigen Traidboden, und das kleine Waidwerk.

Oberndorf, adel. Sitz unterhalb Neumark oberhalb Gängkofen; allwo der Unterthanen Nahrung und Gewerb im Feldbaue und Viehzügl mehrentheils bestehet. Dem Baron von Viereck angehörig.

Obern-

Obernbergkirchen, Hofm. und Sitz, wo die Rott vorbeyflüßt; dahero die Erden fruchtbar, die Luft auch der Gesundheit bequem ist. Den Baron von Alt- und Neufrauenberg angehörig.

Salomonskirchen, Hofm. 1. halbe St. von Zangberg und Ampfing, wie auch 2. Stunden von Neumark in einem Thale. Ist von dem Graf von Taufkirch auf die Baron Hund gefallen.

Schönberg, Sitz und Hofmark. Ist von denen von Sonderndorf auf die von Armansberg gekommen.

Schwindach oder Ginsham, hat der ersten Namen von dem mitten dadurch flüssenden kleinen Wasser, den andern aber wegen der allda ehemals gewesnen Ginshaimischen Familie. Liegt auf ebnem Lande zwischen Dorfen und Schwindeck. Ist ein Herrensitz. Hier sassen die von Ginsheim, und die von Thannenberg.

Schwindeck, Hofm. und Schloß zwischen Dorfen und Mühldorf unweit der Isen eines kleinen Wassers. Ist Graf Fuggerisch.

Srög, Hofm. 2. Stunden von Velden und eben so weit von Dorfen. Hier sassen Stöckel von Hörtenberg, der von Ruemhofen, und der Baron Mändl.

Tay-

Taybrechting, adel. Sitz nur 1. kleine Stunde von Neumark; hat gar wenigen Feldbau und Wiesmater. Ist vom Gottfrid ans Kloster Raitenhaslang gekommen.

Teysing, Sitz und Hofmark eine halbe Stunde von Neumark in einer Tiefe: allhier sassen die Magensreiter und Puechleiter; ist mit Feldern und Waldungen umgeben: hat aber gegen Mittag ein schönes Aussehen. Ist Baron Pelkofisch.

Vattersham, ist ein Chufürstl. Lehensitz in der Pfarr Obernbergkirchen. Die Atzingerin von Malling hatte hieran einen Theil.

Walkersaich, Sitz und Hofm. dem Kloster Fürstenfeld zuständig. Dem Baron von Puech zu gehörig.

Weydenbach, dieses Dorf erkennet für seine Herrschaft das Fürstl. Stift Berchtolsgaden.

Wörth, Hofmark von Schwindeck und Walkersaich 1. halbe Stunde nächst an der Iser entlegen. Ist Baron Mändlisch.

Zangberg, Sitz und Hofm. unweit dem Innstrome auf einem Berge; gehört nebst Palmberg der Baron Neuhausischen Famlie. Ist Baron Neuhausisch.

Ortenburg, bestehet in 2. Schlössern, nemlich Alt- und Neuortenburg, welcher Namen auch die ganze Reichsgrafschaft, und der darinnen befindliche Mark führet.

Sie

Sie ist gegen der Donau und Gr. Neuburg am Inn in Niedernbayern Biß. Passau, an der Gränitz des Landgerichtes Vilshofen und Griesbach gelegen. Beede Schlösser aber stehen am Ende zweener 1. Viertlstunde von einander liegenden Bergen; auf welchen zuruckwerts eine fruchtbare mit Ackerbaue und Waldung vermengte Ebne anzutreffen. Die Gegend ist meistentheils eben, und flüsset die fischreiche Wolfsbach hindurch. Das Feld ist fruchtbar, auch nothdürftige Viehzügl, Wildpret, und Fischerey vorhanden. Nebst deme hat es hierum sehr gesunde Luft; deßwegen die Inwohner zu hohem Alter gelangen.

## Gericht Osterhofen.

Osterhofen, ein Städtlein, liegt auf ebnem Lande im Biß. Passau 1. halbe Stunde von der Donau: woselbst die Fruchtbarkeit am Getraide sehr gut; der Ursachen dann ein Churfürstl. Traidkasten daselbst vorhanden: wohin die Urbarsunterthanen ihre schuldige Traidgülten liefern müssen. Es hat hier einen der Länge nach gelegnen Fischweyer, und nächst daran ein eben also genanntes Prämonstratenser Kloster, welches seinen Namen von der 1. Viertlstunde davon entlegnen Osterwiesen bekommen. Unten am Berge dieses Klosters ist auch eine schöne Wasserkunst zu gerichtet, mittelst welcher durch bleyerne Röhr in einem hohen Thurne, hernach durch einen Abfall das Wasser an unterschiedliche Orten des Klosters geführet wird.

Aicha, Hofm. und Sitz an den Passauischen Gränzen: allwo die Gegend etwas bergig und also vom mittelmäßigen Traidboden ist. Der vorbey flüssende Bach wird auch Aicha genannt, und scheidet die Gränitz. Hier sassen die Sigertshofer, die Stehr, Schmidt, Sinzl, Rehling, Asch.

Giglberg, zu Ettling ein Edelmannssitz, bey Oberpöring unweit der Iser auf einem Berge hat eine schöne Au in der Ebne. Ist Baron Nothhaftisch.

Kurzeniserhofen, gehört mit Grund und Boden zu dem gleich hinnach benannten H. Moos; wohin sie unweit auf einem in der Ebne erhebten Platze liegt. Dasige Gegend hat theils spröden, theils moosigen Grund: dahero das Getraid selten wohlgeräthig, und die Fütterung sauer ist. Obschon der Iserstrom jetzt bey Plädling 1. gute halbe Stunde vorbey streichet; ergieset sich selber jedoch in hiesiger Gegend manchesmals also, daß er Acker, und Wiesen bedecket, mithin grossen Schaden verursachet. Ist Graf Preysingisch.

Moos,

Moos, Graf Preysingisches Schloß und Hofm. zwischen Osterhofen und Plädling, nächst an der Iser und der Donau, auf ebnem Lande, hat schönen Traidboden; wovon die Handlung gehet: es ist auch ein weniger Viehzügl und Stüterey vorhanden. Ist Graf Preysingisch.

Niederpöring, Sitz und Hofm. an der Iser; weilen es allda wenig Wiesmater giebt, ist auch wenig vom Viehzügl zu gewinnen, und aus der guten zum Getraide fruchtbaren Erden die mehreste Nutzung zu ziehen. Gehört den Freyherren von Pienzenau.

Ottmaring, Sitz Hofm. und Probstey dem Reichsstifte Obermünster zu Regenspurg Lehenbar, unweit Aholming auf einer Ebne. Die Unterthanen nähren sich mit dem Feldbaue; zu welchem der Boden fruchtbar ist. Hier sind begraben die von Starzhausen, und die Reschen.

Pöding, Hofm. 1. halbe Stunde von der Donau: liegt zwar eben, doch nicht gar fruchtbaren Landes. Dieß Stammhaus der Pöttinger ist durch den Baron Edlweck an den Graf Trauner gekommen.

Rambstorf, Sitz und Hofm. 1. Churfürstl. Lehen nächst dem Hardter Forste auf einer Ebne; an welchem Orte guter Feld- und Ackerbau ist. Ist der Graf Goderischen Familie angehörig.

## Gericht Reichenberg.

Reichenberg, Sitz und Hofm. an dem Rottfluße: giebt mittelmäßigen Nutzen am Getraide.

Pfarrkirchen, Mark an eben besagtem Wasser: allwo zwar eine Getraidschrannen zu finden; aber weil die Fruchtbarkeit in den Feldfrüchten nicht überflüßig, ist auch deren Zufuhr gar nicht überhäufet.

Triftern, ein Churfürstl. Mark unweit der Rott zwischen Pfarrkirchen und Köstlarn in einem Thale mit Waldungen umgeben. Es ist hier die Fruchtbarkeit nach Beschaffenheit des Grundes schlecht, oder höchstens mittelmäßig.

Afterhausen, Sitz nahe an der Rott in einer feinen Gegend, unweit Pfarrkirchen. Ist Baron Imslandisch.

Anzenkirchen, Hofm. gehört zum Graf Ortenburgischen Schloße Neudeck, nächst am Rottfluße, und rinnet ein Bächlein hier durch von Triftern herab: hat eine schöne Ebne zwischen Wiesmat- und Feldern unweit Pfarrkirchen. Der Ort ist glückseelig an schönen Traidboden, Heuwachse, Gewilde, Fischerey, und Viehzügl. Ist das Stammhaus der Schenken von Anzenkirchen.

Aesenham, Hofm. und Churfürstl. Lehen mit Waldungen umgeben; daselbst ist mitteltelmäßiger Getraidzügl befindlich. War dem von Mayrau angehörig.

Emerstorf, und Pörndorf, 2. Closnische Hofmärkten, deren erster an der Sulzbach von Vilshoven 2, und auch so weit in 2. Meilenwegs zwischen umliegenden Bergen sein Lager hat; entgegen genüsset der andere eine schöne Landes-Ebne an der Kolba; hat zu Nachbarschaft Pfarrkirchen auf zwo und eine halbe, Vilshofen aber auf 2. Meilenwegs. Die Fruchtbarkeit ist jeden Ortes Gründen gemäß, schlecht unter den Büheln, mittelmäßig im flachen Lande.

Grueb, ein nächst an dem Rotthale gelegner Sitz. Ist Baron Schrenkisch.

Guttenegg, Sitz und Hofm auf einem Berge, unten aber flachem Lande: wo ein guter Traidboden und Viehzügl das beste Einkommen giebt; darzu auch der daselbst vorhandene grosse Fischweyher den Zusatz beyträget. Ist von den Baron Neuhaus auf die Grafen Tättenbach gekommen.

Kirchberg, adel. Sitz auf einer Höhe. Ist Baron Closisch.

Loderham, Hofm. zwischen Gehölze und Hügeln 1. halbe Stunde von Triftlarn; ist von mittelmäßigen Getraidzügl.

Mitichkirchen, Hofm. und Sitz liegt im Rotterthale zwischen Arnstorf und Münchsdorf, beederseits bergig, jedoch in der Mitten von Wiesen und Ecker ebnen Landes an der Kolba, in welchem Fluße die Fischerey auch der Feldbau das Mittel hat. Es ist desgleichen in dem dahin gehörigen Jagdgezirk das Gewild sehr wenig: der Viehzügl bestehet in soweit, als man zur Hausnothdurft vonnöthen hat. Ist Baron Pfättenisch.

Münichhausen, adelicher zum Kloster Allerspach gehöriger Sitz auf einem Berge nächst dem dazu stehenden Gehölze, unweit der Kolba: allwo die Fruchtbarkeit allein im Getraide, und wenigen Viehzügl bestehet. Ist das Stammhaus der München.

Münchsdorf, Sitz und Hofm. an der Kolba in einem ebnen Thale: meistentheils wird dort nur die Nothdurft am Getraide erobert. Ist Baron Mändlisch.

Neudeg, Sitz und Herrschaft; worzu etliche Dörfer, und viele einschichtige Güter mit aller hofmarklichen Gerichtbarkeit, auch ziemlich grosse Erbjagen gehören; liegt nächst am Rottfluße auf einem hohen Berge mit schönem Aussehen 3. Meilen von Schärding, ringsum mit verschiedenen Büheln, Gehölzen und Traidboden, welcher fruchtbar, versehen: das Gewild hat auch der Orten Gelegenheit sich heuen zu lassen, und die umliegende Bauerschaft kann Pferde, Rindviehe, Schaafe, und Schweinen erzüglen.

Ist

Ist denen Grafen von Ortenburg zuständig.

Nöhaim, Sitz 1. Stunde von Pfarrkirchen auf einer etwas erhobenen Ebne zwischen dem Rott- und Kolbaflusse. Daselbst bestehet das Einkommen am Traidbaue und Viehzügl, wie auch am Obste. Ist den Scheibln einstens, heut aber den Gruberischen angehörig.

Ober- und Untergrässensee, auch Hechenberg, die erste beede liegen 3. Viertelstunden von einander an dem grossen Seerbache; der erste ist ein Hofmark, die zweene aber werden nur für Sitzen gerechnet. Sind heut zu Tage Baron Edlweckisch.

Paumgarten, Sitz und Herrschaft zwischen Waldungen entlegen; hat mittelmäßigen Getraidwachs, und hohe Jagdbarkeit: der Viehzügl ist jedoch schlecht. Ist Graf Töttenbachisch.

Pürenbach, Sitz an der Rott zwischen Berg und Thale, auch Wäldern. Hier wird meistens mittlerer Traidboden, auch dergleichen Viehzügl und weniges Wildpret genutzet. Ist Baron Schmidisch.

Prombach, S. und H. auf einem mittelmäßigen Berge an der Roth in einer annehmlichen und gesunden Gegend: giebt am Getraide und Viehzügl keine schlechte Fruchtbarkeit. Hier sassen die von Sigertshofen, von

Pürring, von Pöckenzell, und die Molzerischen.

Schreyerhof, adel. Sitz auf ebnem Lande an der Roth, giebt ebenfalls guten Feldbau und Viehzügl. Dieß Stammhaus der Schreyer ist heut Graf Törringisch.

Rospach, Hofm. auf der Ebne an dem Kolbaflusse, welcher eine halbe Stunde unterhalb in die Vils fallet. Die Uebung der Einkünfte bestehet im wenigen Geldstifte und Zehendtraidern. Der Ort ist nicht von gar gesunder Luft; giebt auch nur mittelmäßige Traidfruchtbarkeit. Ist Baron Lerchenfeldisch.

Triftern, Sitz an einigem moosigen mit Berg- und Thale auch Hölzern umgebnen Orte zwischen Pfarrkirchen und Braunau. Neben sich hat es den Märk dieß Namens, allda ist ein mittelmäßiger Traidwachs und Viehzügl, am Gewilde wenig. Ist heut zu Tag Graf Königsfeldisch und Baron Nothhaftisch.

Thurnstain, oder Postmünster, Sitz und Hofmark, liegt auf einem mittelmäßigen Berge an der Roth; genüsset auch wegen seiner Gelegenheit sowohl gesunde Luft, als eine absonderlich Annehmlichkeit. Ist Baron Imslandisch heut zu Tage.

Gericht

## Gericht Reispach.

Reispach, Churfürstl. Mark auf ebnem Lande an der Vils, und einem andern kleinen Fluße, der Reispach genannt, entlegen; giebt schlechtes Gewerb, auch einen mittelmäßigen Traidwachs.

Riedenburg, Herrschaftliches Schloß, liegt in der Ebne an dem Inn, gehört dem Hochstifte Passau, wie eben auch die gleich gegen über gelegne Herrschaft Obernberg: daselbst der Ackerbau den Inwohnern nebst andern Bauernarbeit die Nahrung und Gewinn giebet: Hier ist ein schöner Phasanen Garten; aber der Ort ist von morastiger Lage und wegen vielen Feuchtigkeiten ungesunder Luft.

## Gericht Rottenburg.

Rottenburg, Mark, woselbst eine mittelmäßige Fruchtbarkeit der Erden in dem Getraidwachse, und die schlechte burgerliche Handlung geben der Gemainde ihre nothwendige Unterhaltung bey gesunder Luft. Ist das Stammhaus der Grafen von Rottenburg.

Pfeffenhausen, Mark in einer mittelmäßigen Ebne zwischen Landshut und Neustadt an der Donau; mithin an der Landstrasse auf Nürnberg und Salzburg, entzwizwischen habend einige Hochhölzer: womit der Ort behülzt werden kann. Einen Theil von diesem Orte genüsset das Jesuiter Collegi zu München, oder vielmehr die Residenz zu Ebersperg. Das gemainschaftliche Einkommen giebet den Inwohneren einen mittelmäßigen Feldbau und Viehzügl; übrigens genüsset der Ort vor andern eine gesunde Luft.

Furth, Hofm. anderthalb Stunden von Landshut in einem Thale, so bis Altdorf reichet, entlegen; hat beederseits ziemlich bergige Felder und Wälder: weil nun auch nebst diesen ein sandiger Traidboden hinzu liegt; so ist die Fruchtbarkeit nicht am besten bestellet. Hofmarks Inhaber sind die Grafen von Lodron.

Gisselzhausen, Hfm. in ebnem Gefilde gelegen, und nach Regenspurg zu dem Jesuiten Collegi gehörig. Was von den wenig alldasigen Unterthanen am Getraide jährlich erbauet wird: machet den ganzen Gewinn. Hier sassen die von [illegible] Aschach.

Griesenbach, Sitz und Hofm. an der Landstrasse, so von Landshut nach Straubing führet, auf einem Moose gegen der Iser. An Fischereyen, Weyern, und Gehölze hat der Hofmarksherr sein proportionirt, und zur Hausnothdurft wohl erkleck-

liches

liches Auskommen. Das Stammhaus der Griesenbeckischen Familie.

Hätzkofen, Sitz und Hofmark in einem Thale an der grossen Laber. Gehört denen Freyherren von Nothhaft.

Hörmanstorf, Sitz und zweene Hofmärken, deren andere Mosberg heißt, von einander eine Viertlstunde entlegen: wo das Gewerb in einem wenigen Feldbaue bestehet, das meiste aber am Weingewächse. Ist Trainerisch.

Hörnbach, Sitz und Hofm. dem Jesuiten Collegi in München zuständig: so wohl dieses als der Unterthan bekommet seine Einkünften und Vermögen von dasigen Feldfrüchten.

Lauterbach, Sitz dem Fürsten von Portia zuständig 3. Meilen von Landshut in einer Tiefe; hat alles was zu einem wohleingerichteten herrschaftlichen Gute gehörig.

Mettenbach, ein dem Reichsstifte Obermünster in Regensburg zuständiges Dorf, einerseits gegen flachem Lande, und dem Moose, anderer aber an dem sogenannten Veitsberge gelegen. Die Unterthanen nähren sich theils mit habendem Feldbaue, theils mit dem alldasigen Weingewächse.

Mirskofen, adelicher Sitz und Schlaß auf ebnem Lande 1. Stunde von Landshut hat guten Feldbau. Hier sassen die Planken, die Hörl, und die Hailischen. Ober-

Obercöllnbach, Sitz und Hofm. [illegible] Au, Tegerau, Unholzing, Veichtsbuch, Armansperg, alle Ger. Rottenbur. [illegible] Prämb, Ger. Kirchberg, und Ger[illegible] Ger. Kellham, samt einschichtigen [illegible] zu Mühlhausen, Ger. Dinglfing geh[illegible] Di Fruchtbarkeit dieser Orten giebet [illegible] gutem Traidwachse auch den Landwein [illegible] nebst macht das Bräuhaus und die [illegible] waid zu Au Gelegenheit ein guten [illegible] zu erhalten. Hier sassen die Cölln[illegible] Zenger, Zillenhart, Vötter, [illegible] Törring, Pflueg, Haunsperg.

Oberndorf, Hofm. und Schl[illegible] höret denen von Asch.

Paindlkofen, Sitz und Hofm. [illegible] de von Ergoltspach, mit einem [illegible] rig grossem Gehölze umgeben. [illegible] zu Tage dem von Harscher.

Pättendorf, Hofmark eine hal[illegible] von Rottenburg an der Laber ziem[illegible] Landes, dabey mittelmäßiger [illegible] und Viehzügl. Hier sassen die [illegible] Wildenberg.

Pfetterach, von dem [illegible] bache zwischen 2. Gehölzen an[illegible] ebnen Landes gelegner Hofmark [illegible] von Mändlisch.

Pogenhausen, Hofm. [illegible] der Ebne, [illegible] hin und [illegible] und Bergen umgeben. Die Einkünften bestehen bloß im Getraide, jedoch schlecht wegen griessigem Grunde. Dem Freinhuber zu Adlzhausen angehörig.

Kernbach, Hofmark und Sitz genüsset wenig und schlechten Traidboden. Hier sassen die Auer, Fuhrmänner, Wieser, Rieder.

Türrenfeld, Hofm. ziemlich bergig und nächst einiger Waldung gelegen; hat eben die Beschaffenheit am Nutzen der Felder wie Pogenhausen. Ist Freinhueberisch.

Wenng, Graf Seinsheimischer Hofmark anderthalb Stunden von Dingelfing mit einem darzu gehörigen schönen Walde. Neben gutem Traidwachse hat sich dieser Ort an einigen Weinbergen, kleinem Waidwerke und Viehzügl zu erfreuen.

Weystöphan, Sitz und Hofm. ringsum mit Bergen eingeschlossen; wobey ein enges Thal zu sehen. Ist Baron Etzdorfisch.

Wildenberg, Hofm. und Sitz in ziemlich bergiger Refier und darzu gehöriger Waldung 2. Stunden von Pfeffenhausen, und 1. von Siegenburg. Dabey sind 4. kleine Weyer befindlich, ist mit mittelmässigem Getraidwachse, und Viehzügl versehen. Hier sassen die von Lautterbach und die Ebron.

Gericht

## Gericht Teyspach.

Teyspach, Mark 3. Viertelstunden von Dingelfing, und 1. halbe von Löhning, woselbst die Pfarrkirch auf einer Höhe ungefähr 1. Viertlstunde von der Iser. Die gewöhnliche Nutzung hiesiger Gegend bestehet allein im Getraidbaue.

Ergoltspach, Mark an der ordinari Regenspurger Strasse, hat ein kleines vorbeyflüssendes Bächlein zum Behülfe: diese Landung ist sehr uneben, und mit Sandbergen erhebet; unweit davon sind 2. Churfürstl. Förste, worinnen rothes Wildpret, auch der Mark nebst 2. Dorfschaften ihr gebührendes Jahrholz und Strähe zu nehmen hat.

Frontenhausen, Mark in dem Vilsthale an einem lustigen Orte nächst der vorbey rauschenden Vils, deren Seits die Wiesmater, andern die Feldungen habend zwischen Vilsbiburg, und Reyspach. Im ergiebigen Traidbaue und wenigem Viehzügl bestehet daselbst die Gewerbschaft, wie auch in gemainen wenigem Fischwerke.

Gerzen, Hofmark dem Freyherrn von Vieregg gehörig, nächst an der Vils zwischen Frontenhausen und Vilsbiburg oberhalb Ahaim in einem schönen Wiesthale gelegen. Hat ein grosses Schloß; und ist die Gegend fruchtbar am Getraide, wie nicht

weni-

weniger die Fütterung wegen den bemelten schönen Wiesmatern.

Pilsting, Mark auf einem ebnen Moose eine kleine Stunde von Landau entfernet. Die ganze Schätzbarkeit giebet ihm, und der übrigen Gegend der im Getraidwachse sehr fruchtbare Boden.

Niederviebach, ist ein Frauen Kloster Eremiten Augustiner-Ordens, nebst einem kleinen Hofm. hat eine feine Gegend; weilen es an einem Berge auf der Höhe stehet, unter sich in der Tiefe das Dorf habend, wo die Iser vorbey lauft: von dessen ungezaumten Furt so wohl dem Kloster, als dessen Unterthanen viele Felder ja auch Hausstäte zu weilen wegflösset.

Ahaim, Hofm. und Schloß an der Vils 1. Stunde von Frontenhausen und Gerzen im ebnen Vilsthale entlegen. Ausser dem Feldbaue, und dem darzu erforderlichen Viehzügl, auch dem herrschaftlichen braunen Bierbräuhause wird der Orten kein absonderliches Gewerb getrieben. Ist Lerchenfeldisch, wie auch das Stammhaus der Ahamer im Vilsthale.

Deutenkofen, Hofm. und Sitz, allwo die Fruchtbarkeit das Mittel nicht übertrift, und ist ausser des Traidbaues sonst keine Nahrung zu suchen.

Ginz-

Ginzkofen, Sitz und Hofm. 1. halbe Stunde von Landshut; hat eben jene Beschaffenheit wie bey dem jetzt gleich vorgedachten Hofmark. Hier sassen die von Lerchenfeld.

Lungenkirchen, Sitz und Hofmark eine Viertlstunde von der Vils entfernt, und 1. Stunde von Frontenhausen; geniesset des Landes gemaine Fruchtbarkeit von Feldfrüchten und Viehzügl. Ist Baron Lerchenfeldisch.

Mangern, Baron Viereggischer Hofm. auf einem Hügel ganz frey liegendes Schlößlein habend. Ist mit Gerzen von gleicher Fruchtbarkeit und Viehzügl.

Marklkofen, Hofm. Hier sassen Puechberg, Eheingen, Mächtling.

Niederaichbach, Graf Königsfeldischer Hofm. und Sitz im Biß. Regenspurg 2. Meilen von Landshut nächst der Iser. Hier giebet dem Unterthane die Nahrung der Feldbau; so meisten an denen Bergen von schlechtern Grunde erzwungen wird. Was die Natur aber an lustig schöner doch etwas bergiger Gegend gegeben; das vermindert eines theils der bemelte Strom mit Hinreissung der Unterthanen Gründe, und grossem Schaden derselbigen.

Ober-

Oberaichbach, der hierzu gehörige H. ist nur ein Stunde weit davon diesseits der Iser in einem Thale entfernet.

Oberviebach, Hofm. 3. Viertlstunden von obermeltem Kloster.

Niedernviebach, in einem Thale gelegen, recht und linker Hande mit Holz umgeben. Ist Königsfeldisch.

Rädlkofen, adel. Sitz an der Landstrasse von Dingelfing über Frontenhausen nach Gängkofen 2. Viertlstunden von Seemanshausen meistens mit Waldungen umgeben. Schier allein der Pflug giebet denen Inwohnern die Nahrung.

St. Johannesbrunn, Baron Vieregg- gischer Hofm. an der Vils hinter einem Gehölze theils am Berge theils im Thale; allwo der Unterthanen Nahrung allein im Feldbaue und Viehzügl bestehet.

Schönbrunn, Hofm. und adel. Sitz 1. kleine Stunde ebnen Feldes unterhalb Landshut an der Iser. Es giebt diese Refier einen ziemlich guten Traidboden zu genüssen. Das Stammhaus der Baron Schönbrunner.

Thurn- und Ziegendorf, Kloster Allerspachischer Hofm. in einer angenehmen Gegend des fruchtbaren Vilsthales nächst Frontenhausen, und der vorbey flüssenden Vils, allda einerseits die Wiesmater, anderer die Feldungen sind. Aus welchem zu schliessen:

daß das Einkommen davon meistens aus dem Traidbaue und Viehzügl gezogen werde. Hier sassen die Ecker von Lichteneck.

Zum Thurn Marklkofen, lieget an einem lustigen Orte nächst der Vils zwischen Frontenhausen und Reispach nahe der Vils: wo einerseits Wiesmater, anderer aber Feldungen zu sehen.

## Gericht Vilsbiburg.

Vilsbiburg, dieser Churfürstl. Marktflecken liegt in einer Ebne an der Vils im Biß. Regensburg, hat guten Feldbau; wovon sich die Burgerschaft meisten ernähret: es ist hierdurch die gemaine Landstrassen von Nürnberg, Augspurg, und Landshut, nach Oetting, Burghausen, und Salzburg.

Eberspeunt, ein dem Hochstifte Regensburg zugehöriges Pflegamt mit einem Schl. im Vilsthale an der grossen Vils, zwischen Velden und Vilsbiburg.

Gängkhofen, Mark 4. Meilen von Landshut nahe bey Eggenfelden zwischen der Iser und dem Inn hat das vorbeystreichende kleine Wasser die Pinnach. Die Gegend ist etwas uneben, doch am Getraide mittelmäßiger Fruchtbarkeit, absonderlich ist dieser Ort bekannt wegen seinen 3. privilegirten Garn- oder Flachsmärkten; massen dahin eine solche Mänge des Garns gebracht wird, daß

daß nicht nur die benachtbarten Oerter der Nothdurft nach versehen: sondern es wird eine grosse Quantität durch die herzukommenden Lein- und Parchetweber von München, Augspurg, Fridberg, Landshut, Braunau, und so gar aus Schwaben verführet. Es ist daselbst ein sogenannte Kuinturey des deutschen Ritterordens.

Mäßing, Mark an der Rott. Die Atzinger sind hier gesessen.

Velden, gleichfalls ein Mark hat neben sich die vorbeyflüssende grosse Vils, um sich aber ebnen Landes von guter Fruchtbarkeit am Getraide.

Angerbach, Hofmark. Ist Viereckisch.

Bynabiburg, 1. Stunde von Vilsbiburg an der Byna, Hofmark. Ist Baron Neuhausisch.

Bschällesöedt, Hofm. und Schloß auf einem Berge. Ist auch Neuhausisch.

Eckerstorf, adel. Sitz. Ist Graf Taufkirchnerisch zu Gutenburg.

Freyenseyboltstorf, Sitz und Hofm. nahe Vilsbiburg. Das Stammhaus der Grafen von Seyboltstorf.

Gerspaint, Hofm. und Sitz an der grossen Vils. Hier sassen die Geratspainter, die Hag zu Haarbach, Hautzenberger, und von Neuhaus.

Haunzenbergersöhl, Hofm. und Schloß unebnen Landes zwischen kleinen Waldungen. Das Stammhaus der Haunzenberger.

Herrenfelden, bestehet in einem Baurnhofe und Sölden.

Hilling, Sitz nächst an der Byna zwischen Neumark und Vilsbiburg, auf schönem ebnen Lande. Die Huefnagel sind da gesessen.

Königsperg, adel. Sitz ganz auf der Ebne an der Byna. Dem Baron Imhof zu Glinzlhofen angehörig.

Languardt, Hofm. und Sitz zwischen Panbruck-und Hilling. Dem Graf von Cessana und Colle angehörig.

Lichtenhag, Hofm. und Sitz zwischen Seiboltstorf und Gerzen ziemlich hoch gelegen. Dem Baron von Everhard zuständig.

Löberskirchen, Hofm. wo die Vils vorbey streichet; ist Sommerszeit ein Ort von schöner Annehmlichkeit. Ist gleichfalls Everhardisch.

Neuenaich, Sitz auf der ordinari Landstrassen zwischen Vilsbiburg und Neumark. Dem Baron von Eisenreich angehörig.

Niedernaich, adel. Sitz auf einem ebnen Orte an der Binna zwischen der Iser, und dem Inn nächst Vilsbiburg. Ist Leoprechtingisch.

Pan-

Panbruck, Hofm. und Sitz. Ist auch Everhardisch. Ehedem sassen hier die Tabertshofer.

Pittenbach, jenseits der Vils in einem Thale gelegner Hofmark. Ist dem Baron von Sigertshofen angehörig.

Rottenwörth, Sitz auf der ordinari Landstrassen an der Binna auf ebnem Lande zwischen Biburg und Gängkofen. Ist Eisenreichisch.

Satling, Hofmark 3. Viertlstunden von Vilsbiburg an der Strassen nach Gängkofen und Eggenfelden. Hier sassen die Gözengrien und die von Seyboltstorf.

Seyboltdorf, Hofm. und 3. Schlösser, die in 4. Gerichtern, als Vilsbiburg, Teyspach, Dingelfing, und Neumark entlegne Unterthanen haben ihre Nahrung vom Feldbaue.

Sölgering, Hofmark. Hier sassen die Locher, Aueren, Atzinger von und zu Malling auf Atzing, die von Auerbach. Jetzt ist es Viereckisch.

Vilsöhl, Sitz und Hofm. im Pflegamte Vilsbiburg, liegt hart an der grossen Vils; ist mit schönen Wisen, ebnen Feld- und Waldungen sehr angenehm versehen. Hier sassen die Baron Atzinger, die Schlich zu Haarbach und letzlich die Baron von Neuenfraunhofen.

Wurmbsham, Sitz und Hofm. unweit des gewöhnlichen Wegs zwischen dem Marke Velden, und der Stadt Mühldorf auf ebnem Lande. Hier sassen Viereck, Leoprechting, Riemhofen, Altersheim.

## Gericht Vilshoven.

Vilshofen, eine Stadt an dem also genannten Flusse, welcher sich alldort in die Donau ergiesset; obwohl Berge und Waldungen diesen an das Hochstift Passau gränzende Ort etwas unbequem machet: so hat es doch gesunde Luft, und Bürger von allerley Gewerb und Hanthierungen; also das sie dadurch Mittel bekommen, alles in guten baulichen Würden zu erhalten: und giebet zu derselbigen besserm Fortkommen das vorhandene weisse Bierbräuhaus und Salzniederlage eine merkliche Beförderung.

Pleinting, Mark zwischen Vils- und Osterhofen nahend an der Donau, welcher Strom denen unweit davon entlegenen Häusern öfters durch den Eysstoß bey selben grossen Schaden verursachet. Obwohlen jenseits dieses Flußes hiesige Burgerschaft genüsset; hat sie doch eine geringe Gewerbschaft.

Tirling, Mark und Schloß hat die Pertinenzhofmärken Loderstorf und Perz; lieget an der Waidung und etwas Gebürg, gränizt in dem Hochjagen mit dem Bisthume Passau.

Passau. Ist meistentheils wegen des Rechts der vielen Jahrmärkte, so des Jahrs hindurch 10. sind, benamset. Des Ortes Fruchtbarkeit verschaft der Burgerschaft mittelmäßigen Nutzen. Dem einen guten Beytrag geben die Freyheiten nebst den besagten Jahrmärkten, ein Bräuhaus, Jagdbarkeit, und Traidkästen. Denen Zieglerischen zugehörig.

Allerspach, Eistercienser Ordens Abbtey nebst einem Hofm. 1. halbe Stunde von der Vils in diesem Thale gelegen; genüsset einerseits ebne Feldungen und Wiesmaten, am Rucken aber hat es Bühel und Waldungen; lieget 2. Stunden von Vilshofen, und etwas weniger von des Hochstiftes Passau Gränitz. Daselbst ist die Fruchtbarkeit mittelmäßig, daß also die Getraidkästen und Viehzügl allein die Nothdurft geben. Die Familie der Alderspacher ist abgestorben.

St. Nicola, Stift und Kloster der regulierten Chorherren des heiligen Augustin samt darzu gehörigem Hofm. ganz nahe an der Stadt Passau, und der Innstatt gelegen.

Aicha vorm Wald, Sitz und Hofmark jenseits der Donau in einem Thale nächst an dem Osofluße, und nahe an der Passauischen Gränitz. Hier sassen die von Sigertshofen, die Sterischen, Schmidtischen und

 die

die Sünzl von Seldenau. Heut ist es Baron Schrecklebisch.

Aydenbach, Mark den Freyherren von Closen zuständig; hat neben sich den Eggl- oder Aspacherfluß und die Stadt Vilshofen, ist ein Pertinenz zu Haidenburg, und an fruchtbaren Boden mittelmäßiger Erträgniß.

Englburg, Graf Taufkirchnisches Schl. an einem mit Waldungen umgebenen Berge, von weitem und schönem Aussehen, 1. Meile von Passauisch, und 3. von Böhmischen Gränitzen. Aus dem Viehzügl und Getraidwachse ziehet man gute Nahrung, welcher einen merklichen Zusatz geben die dabey erblich vorhandene Hoch- und Niedere-Jagdbarkeit, dann die Fischwässer und Weyer. Hat anfänglich denen Landgrafen zu Leichtenberg gehört.

Fürstenstain, Graf Perousisches Schloß, an einem zwar etwas bergig doch angenehmen Orte mit etwas Waldung umgeben 1. Meile von Passau, und 3. von der Böhmischen Gränitz. Am Getraide hat es einen ehrlichen Ertrag: der Viehzügl ist mittelmäßig, auch die Nutzung des Gewildes und der Fischereyen. Gehörte vormalen der Graf Taufkirchnerischen und Nothhaftischen Familie.

Garham, ist zur Herrschaft Hilgartsperg gehörig: und heut dem Graf Fugger vom Landesherrn zum Lehn gegeben. Grueb-

Gruebhofen, Sitz, er wird rundum her mit Waldungen umgeben, in einem Thale an der Donau entlegen. Ist an die Grafen von Fugger gekommen.

Gunzing, Rittersitz, so zu der Reichsgrafschaft Ortenburg lehenbar, lieget in dem sogenannten Egglhamerthale nahe Aydenbach. Das beste Einkommen bestehet bloß dahier an Getraidfrüchten. Die Auer haben diesen Rittersitz über 100. Jahren besessen. Heut Baron Schrecklebenisch.

Harbach, ist ein Closnisches Gut und Hofm. an der Wolfa, 3. Stunden von Vilshofen, und anderthalbe Stunde von Griesbach. Der Ort hat für sich selbsten zwar eine Ebne, entgegen um sich ein ganz unebnes Land von schlechter Fruchtbarkeit. Ist heut Baron Schleichisch.

Haslbach, Schloß und Hofm. an dem also genannten Wasser hat einerseits die Gränitz gegen Passau, von dessen Residenz-Orte man 1. Meilewegs zählt, andererseits gegen dem Walde mit 3. Weyern und schönen Gehölze versehen. Die Fruchtbarkeit dasigen Bodens ist mittelmäßig: es wachset mehrentheils Korn, Brein, Haber und Flachs herum. Die meiste Freyheit bestehet neben der völligen Nieder Jagdbarkeit, und Wildbahne in dem, das man das Gerstenbier daselbst bräuen darf. Hier sassen die Pfeil und Rhädinger, und sonder Zweifel die Haslbecken.

Haydenburg, Closnisches Herrschafts Schloß nahe am Gehölze auf einem Berge von Vilshofen anderthalbe Meilenwegs entfernet, unweit dem Wasser Sulzbach, an 3. Weyern gelegen. Hat einen sehr weitschichtigen Gejaidsbezirk, also daß selbige Markungen kaum in anderthalb Tagen zu umreiten sind. Hier sassen die von Laiming und von Closen.

Haybach, adel. nach dem Kloster Osterhofen gehöriger Sitz in einer schönen Gegend. Hier saß Scheibl von Thurnstain.

Hinderholzen, auch ein Sitz der Closnischen Familie zuständig, und Haidenburg zu gelegt, dritthalb Stunden von Vilshofen in bergiger Refier. Hier sassen die Sidler und Closner.

Höft, ebenfalls ein der vorbesagten Herrschaft eigner Hofm. an dem sogenannten Egglbache; wo die Fruchtbarkeit wenig einträgt. Ist Closnerisch.

Hofreith, adel. Sitz lieget an einem Aufwurf, sonst in der Ebne gegen einem Holzwinkel: hieselbst laufet die Nutzbarkeit am Getraide und Viehzügl zu den Einkünften. Ist das Stammhaus der adelichen Hofreiter.

Holler-

Hollerbach, ein Closnischer unter Haidenburg stehender Hofm. von Aydenbach 1. Viertlstunde, von Vilshofen aber dritthalb Stunden entlegen, hat sehr unebnes Geländde, schlechte Fruchtbarkeit, jedoch gesunde Luft.

Kriestorf, mehrmals ein Haidenburgischer Hofm. oder Antheil; hat vor andern Orten guten Traidboden und Viehzügl. Ist Closisch.

Leuthen, Edelmannssitz, ein Dependenz zu der Herrschaft Hilgartsperg, und Churfürstl. Lehen; lieget nächst dem Marke Hofkirchen auf einer Höhe. Hier sassen die von Leuthen, und der Weissenfelder.

Oberegglham, von dasigem Egglbache also benamset, darzu auch Unteregglham, 1. kleinen Feldweges davon entlegen gehört, ist ein Haidenburgischer Hofm. wobey zwar schöne Waldungen und Jagdbarkeiten, aber unebnes Land, doch nicht gar zu bergig, zwischen Aidenbach und Baumgarten an der Landstrassen von Vilshofen gegen dem Roth- und Vilsthale: es sind alldort herum gute Traidböden; giebet auch Gewild, und in dem Egglbache schöne Krebsen.

Oeging, gehört zu Fürstenstain, und ist ein Graf Perousischer Hofmark: liegt auf einer kleinen Höhe zwischen Passau, Vilshofen, und Gravenau in der Mitte.

Peirl.

Peitlspach, nach Haidenburg gehöriger Hofm. hat Vilshofen 2. Stundenwegs, und um sich einen ganz unebnen Bezirk, aber keine sonderbare Fruchtbarkeit.

Säldenburg, Sitz und Hofm dem Grafen von Preysing zu Moos zuständig; lieget im Walde auf einem Berge gegen dem Hochstifte Passau. Dieses Orts ist das Erdreich nicht fruchtbar, sondern ein sandiger Grund, als nicht so viel zur Korn- und Haberfrucht tauglich: es erhalten sich die Bauersleute meistentheils mit dem wenigen Viehzügl: ebengemelte Tröckne und Erhöhung hiesigen Geländes geben jedoch eine gesunde Luft.

Saxenham, Churfürstlicher Hofmark, ist dem Kastenamte Griesbach einverleibt, ringsum mit Berg- und Waldungen umgeben; jedoch lieget der Ort ziemlich eben.

Schennerting, wird gleichfalls unter die Closnischen Güter gerechnet: lieget an der Vils 1. Stunde von Vilshofen in ziemlich ebner Gegend, und auf mittelmäßigen Traidboden. Hat ein zum Hofmark gehöriges Fischwasser.

Schöllnach, Sitz und Hofmark jenseits der Donau gegen dem Walde auf der Ebne an dem sogenannten Fluße Oso gegen Mitternacht 3. Meilen von der Böhmischen Gränitz. Hier sind meistentheils Werkleute von unterschiedlichen Handthierungen: und

vor-

vorgedachter Fluß ist mehr Krebs, als Fischreich. Dem von der Linthen auf Götterstorf angehörig.

Schwarzhöring, oder Gruebhofen, ein kleines Dorf 1. Stunde von der Donau, und Hofkirchen gegen dem Walde, an der sogenannten Schöllnach. Ist Graf Fuggerisch.

Waldendorf, Churfürstl. Ritterlehen, lieget jenseits der Donau eine Stunde von Titling an der Ilz: hat einen ehrlichen Traidboden, auch wenigen Viehzügl. Hier sassen die Nußdorfer, Waltenberger, Brandtner, und Krieger.

Walxing, Graf Goderischer Sitz an der Vils; bringt einen mittelmäßigen Getraidwachs.

Wützmansperg, Sitz und Hofm. auf einer kleinen Höhe an der Passauischen Gränitz ziemlich mit Waldungen umgeben. Allda flüsset der Tättenbach vorbey, welcher Perlhaltig ist. Und zumalen diese Refier mit vielem Holze verwachsen: bezeiget sich der Traidboden nicht allerdings gut; mit dem Viehzügl hingegen kann in etwas Nutzen geschafet werden. Hier sassen die von Nußdorf, von Rheindorf, Edlweck, Trauerische Familie.

Rem-

# Renntamt Straubing.

Straubing, hat jederzeit die Ehre gehabt, denen Hauptstädten in Bayern zu gesellet, und gleich geschätzet zu werden. Es mag die schöne, und zu aller Zufuhr vortheilhafte Gelegenheit derselben auch ein hohes Haupt anreitzen, allhier zu wohnen: massen die Donau hier vorbey flüsset, und der sogenannte gegen Böhmen liegende Wald zu den Lebensmitteln, ferners die sehr weitschichtige und fruchtbare Landes Ebne zur Ergötzlichkeit nicht ein geringes beytragen. Was an Künsten, Uebungen, Gewerbe, oder Handlungen in andern Hauptstädten findig, ist auch allhier anzutrefen; vor allen jedoch ist es am Getraide bekannt, von dessen Fruchtbarkeit die Sache selbst genugsames Zeugniß giebet: dann wochentlich 2. Schrannentäge gehalten, und an solchen eine unglaubliche Menge allerhand Getraides auf die Donau angeschüttet, nach Passau, Oesterreich, Salzburg, und Tyrol abgeführet wird. Sie lieget zwischen Regensburg: dahin sie zür geistlichen Gerichtbarkeit gehörig, und Deckendorf.

Gericht Abach.

Abach, Sitz und Mark 2. Stunden von Regensburg; nächst am Mark streichet die Donau

Donau vorbey; und hat den Ort die Natur neben der Feldfruchtbarkeit auch mit einem weitberühmten Wild- oder Gesundbade beglücket; dessen Wasser schier mit dem Eiß streiten kann; wann es dann zum Gebrauche gewärmet wird: hat es wieder allerley Zuständе bey Jungen und Alten gute Würkung. Der Ort ist in Feindeszeiten auch haltbar wieder einen geringen Anlauf.

## Gericht Bernstain.

Bernstain, Churfürstl. Hauptmannschaft und Schloß in einer ganz steinig und wilden Gegend nächstens am Böhmer Walde entlegen. Ist ansonst die Gränitz vor demselben, und Hochstifte Passau: unter dem Schloßberge flüßt die kleine Oso vorbey. Die Bauerschaft dieses Orts ernähret sich mit der Ochsenmastung und Viehzügl; ferners geben die in hiesigern Pflege zugerichtete drey Glashütten Gelegenheit; daß darbey viele Leute mit gelaistete Arbeit ihren Unterhalt verdienen können. Was aber diese Gegend billich schätzbar machet: ist der Perlenfang oder Fischerey, welcher allzeit nach Verlauf einigen Jahren angestellet wird. Der Ort ist fast mit genugsamer Munition versehen.

Gravenau, Gränitzstadt, stosset einerseits am Böhmerwalde, anderer an das Biß.

Passau

Passau nahe der Oso, hat eine unebne bergig und waldige Gegend am Ende der Bayerischen Landen. Der Feldbau ist von mittelmäßiger Fruchtbarkeit, aber so eng, und klein: daß das gesamt erbaute Traid kaum dem vierten Theile der Burgerschaft seinen nothwendigen Unterhalt zu geben erklecket. Ihr Salzhandel ist nach Regensburg übersetzet worden.

Schönberg, ist ein Mark auf einer mittern Höhe mit Bergen und Waldungen umgeben, unweit der Oso, und dem Röhrwasser eingeschlossen: hat jene Gränzen wie Gravenau. Wegen des geringen Traidboden erbauet der wenigste Theil der Burgerschaft seine Nothwendigkeit; dahero die Handwerkungen den Abgang der Fruchtbarkeit ersetzen müssen.

St. Oswald, Benediktiner Kloster der Abbtey Niederaltaich einverleibt: hat zur Gränitz das Hochstift Passau und den Böhmerwald, in einer sehr wild, hochbergig, und derowegen unträchtiger Gegend.

Bibereg, dieser Hofmark scheidet Bayern von dem Bistume Passau. Dem Wieninger von Plaibach angehörig.

Eberhardsreith, Sitz und Hofm. Das Stammhaus der Eberhardter.

Haus, Sitz und Hofmark; allwo der Traidboden nicht am besten: weilen es viele

Berge

Berge und Waldungen hat; allein der Gewwachs ist gar gut: daß also mit dem Viehzügl Nutzen geschafet werden könne. Eine halbe Stunde von hier gleich an dem darzu gehörigen Hofm. Furth, flüsset der Ilzfluß vorbey, so von Perlein, auch unterschiedlichen Fischen, sonderlichen Aeschen und Huechen berühmt, und hat die Hofmarks Herrschaft die Fischerey auf demselben bis 2. Stunden weit. Ist Traunerisch von Adlstötten.

Klebstain, Sitz auf einem Berge und hart am Walde, auch ringsum mit dergleichen umgeben, im ganz wilder, unebner, und stainiger Gegend; an der Gränitz gegen Böhmen und an das Passauische. Hier sassen die von Thumberg, und von Pelkofen.

Ramfölß, Hofm. und Sitz 3. Stunden von Vilshofen auf einem Berge, an dessen Fuß die Oso laufet, auch rund umher mit anderen Bergen umgeben: darzu wird gleichfalls Innerazell genossen. Ist Baron von Daxberg angehörig.

Rümblsperg und Fürsperg, 2. Hofm. samt einem Schloße, haben um sich ein stainiges Geländ, unweit Schönberg. In beeden Oertern ist man das braune Bier zu bräuen berechtiget. Nebst welchem auch zum Behufe der Hauswürthschaft einiger Feldbau und Viehzügl, das kleine Waid-

 werk,

werk, und die Fischerey auf der Oso, welcher Bach nächst unter dem Schloße vorbeyrinnet, genossen wird. Gehört dem von Thengler von Ried.

## Gericht Chamb.

Chamb, Stadt, wovon die ganze Grafschaft den Namen führet, dessen Bezirk der sogenannte Wald an den Gränzen, berühret also nebst Niederbayern eines Theils Böhmen, andern Theils die obere Pfalz. Jenseits des nächst vorbeylaufenden Regenflußes eröfnet sich eine Ebne, anderseits aber erheben sich Berge und Waldungen. Hier ist ein Zeughaus; und die Stadt ist schon von Schweden eingenommen, letzhin aber vom Baron Trenk abgebrennet und geplündert worden.

Arnschwang, Sitz und Hofm. an der Chamb, geniesset Traidbau, Viehzügl, Fischerey, und Wildbahn. Hat zwar ebnes aber mehrer berg- und waldiges Gelände. Dem Baron von Altersheim angehörig.

Aetzenzehl, Hofm. den Baron Manteuflischen zuständig. Hier sassen die Popel, Wagerern, Haimgenberg, Etzenberg.

Cammereg, Landsessen Gut. Hier sassen Reitterner, Schönbrunn, Wager.

Döfering, auch ein solches auf ziemlich ebnem Lande an der Oberpfälzischen Gränitz.

Guet-

Guermaning, Sitz hat neben sich ein Wäldlein, sonst ebenen Landes mitten im Grunde der Stadt Chamb, ferners ein weniges am Feldbaue und Fischerey. Ist Baron Schrenkisch.

Hözing, Landsessengut an einem kleinen Bachflusse unweit Roding. Ist dem von Reck angehörig.

Hof, bey Chambmünster; woselbst der Genuß am Traidbaue bestehet, wie ingleichen in wenigem Viehzügl, und einer Schäferey. Denen Gerblischen Erben angehörig.

Rager, dieses Landsessengut lieget in einem abseitigen Orte an dem Böhmischen Walde. Hier sassen die Kolb und die Schwenk.

Rahlenberg, auch ein Landsessengut hat seinen Ort nur 1. Stunde von Chamb gegen Waldmünchen auf einem Berge in ziemlich hölzigem Gebürge. Den Kohler von Kolleg angehörig.

Ratzberg, Hofm. auf einem Berge nächst Chamb, hat zwar keinen Fluß neben sich, jedoch zur Nothdurft die Brunnen- und Weyerwässer: von dannen reiset man auf Waldmünchen in die Pfalz, und in selbige Oerter. Hat ein Schloß, und in der Gegend allein den Traidbau, Viehzügl, und was wenige Weyer-Nutzung mit mittelmäßiger Fruchtbarkeit zu ziehen. Gleichfalls dem Kohler von Kolleg zuständig.

Loysling, Hofm. dessen Nutzbarkeit im wenigen Feldbaue, und kleiner Fischerey eingeschränket. Der Boyslischen Familie angehörig.

Neuhaus, Törringischer Hofmark; nach Beschaffenheit dieses Landtheiles ziehet man die Einkünften von einem nur mittelmäßigen Getraidwachse und Viehzügl; dann auch von einem vorhandenen Bräuhause. Vermuthlich ein Stammhaus der Neuhauser.

Pergerdorf, Landsessengütl nächst bey Chambmünster. Hier sassen Hörl, Kellner, Koch, Vischl.

Pidenstorf, Sitz nur eine Viertelstunde ausserhalb Chamb an dem Regenfluße hat ebnes Land: davon nur etwas Feldbau, und kleiner Viehzügl das Eintragen giebt. Dem Baron von Gleissenthal angehörig.

Pernbrunn, Hofm. zwischen Bergen im Thale im Walde: ist auch allda der Viehzügl und Feldbau so schlecht; daß der Unterthan ihm davon seinen nothwendigen Unterhalt nicht schaffen mag. Ist Baron Schrenkisch.

Raindorf, Graf Nothhaftisches Schloß; dem eine grosse Schätzung der gute Traidbau, Viehzügl, Waidschaft, Holzwachs, schöne Weyer, dann ein Stainbruch geben; woraus zu unterschiedlichen vornehmen Kirchen und Schloß-Gebäuen wohlanständige

Stain-

Stainmetzarbeit verfertiget wird. Ist das Stammhaus der Raindorfer.

Ronkamb, Sitz und Hofmark zwischen Chamb und Furt etwas an Waldung sonst mittel-ebnen Landes; dabey geniesset man etwas Feldbaues, einen Viehzügl, Fischerey zur Nothdurft, und wenig zum Verkaufe. Ist Baron Haunzenbergerisch.

Rundting nebst Tälking, Zänching, Leckerthorn, und Liebenstain, sind Hofmärken, welche der Graf Nothhaftischen Familie zuständig, und zwar Rundting, 1. Meilwegs von Chamb auf einem Berge hat auf viele Stunden weit in der Ebne ein schönes Aussehen. Diese Güter geben samt dem Getraide auch einen tauglichen Viehzügl, Schäfereyen, und sowohl in den unweit vorbeyflüssenden Wässern, als verhandenen Weyern sattsame Fischerey, samt der hohen und niederen Jagdbarkeit in umliegenden grossen Waldungen.

Sächendorf, Sitz auf einer Ebne, dabey 9. Weyer 1. Stunde von Chamb, hat neben sich einen Hofmark. Dem B. Schuß von Peilnstein zugehörig.

Satelbogen, Hofm. hat um sich Berge und Waldungen; wird auch nur mit Traidbaue, Obs, und Viehzügl genutzet. Dem Baron Wager von Vilsheim angehörig.

Thierlstain, Sitz und Hofm. unweit des Regenflußes, hat freye Aussicht: weilen es nicht bergig oder waldich; also daß es in die 4. Meilen gegen Böhmen, dann 1. St. von der Obernpfalze, und dem Marke Rodtingen entlegen. Dahin ist Untertraubenbach, gehörig. Das Stammhaus der Thierlinger. Jetzt ist es Baron Köckisch.

Traubenbach, das obere hat auch mit Thierlstain ganz gleiche Bewandtniß: es zählet sich unter die hofmärkliche Güter.

## Gericht Deckendorf.

Deckendorf Stadt, unweit der Donau; welche von der Vorstadt aus mit einer Brücke belegt ist; im Bistume Regensburg auf einer Ebne: die landgerichtlichen Unterthanen aber wohnen ziemlich an Wäldern und Bergen zwischen den Pflegämtern Regen, Mitterfels, und Hengersperg. Der Viehzügl giebet daselbst den besten Gewing, neben dem auch eine gute Fruchtbarkeit am Obs. Die sogenannte Probstey darinnen gehört eigenthumlich zum Reichsstifte Niedermünster in Regenspurg: sie liegt in der untern Vorstadt nächst dem Bogenfluße.

Berg, ein Sitz 1. Stunde von Deggendorf zwischen dem Kloster Metten, und der Herrschaft Egg auf einem Vorberg des Walds.

Diesen unansehnlichen Ort machen groß die Feldungen, schöne Wiesen, und Waldungen von Früchten und Birkenbäumen. Dem Baron Schuß von Peilnstein angehörig.

Diessenstain, Sitz an der Ilz, hat eine Churfürstl. Pfleg, der Ort aber ist weder am Gewerbe, Handlung, oder Getraide sonderbar bekandt. Gedachter Fluß scheidet auf einem Büchsenschuße die Gränitz zwischen Bayern und Passau; es ist auch die Gegend meistens mit Waldungen und Gebürgen umgeben.

## Gericht Dietfurt.

Dietfurt, eine Gränitzstadt gegen dem Hochst- Eichstett, und Pfalzneuburgischem Lande; liegt auf der Ebne nebst einem hohen mit Keckwässern angefülltem Berge, und wird mit der sogenannten Laber, welcher Fluß sich oberhalb der Stadt theilet, zu beeden Seiten eingeschlossen; ausserhalb aber streichet die Altmühl vorbey gegen Kellhaim zu. Um diese Gegend ist ein schön weites Thal von Wiesen und Feldern fruchtbar; davon jedoch der meiste Theil der Nutzbarkeit fremden Besitzern zu kommet. Die umliegenden Berge sind mit hierauf stehendem Gehölze versehen. Der Traidboden und Viehzügl hat ziemlich enge Schranken: von Fischen, wie auch schönen grossen Krebsen, doch ohne Menge erhaltet die Altmühl gleichfalls alldort ihren alten Ruhm.

Gimpperhausen, Hofm. auf ebnem Lande Biß. Eichstett, stosset an die Herrschaft Hollnstain und Braittenbrunn. Hier saß Baron Muggenthal von Hexenacker.

## Gericht Furth.

Furth, soll die älteste Stadt in Bayern seyn; liegt an der Böhm- und Oberpfälzischen Gränitz, ohngefähr 1. St. von dem Böhmerwald, 3. von Waldmünchen, in Bergen und Waldungen. Es hat hier ein Schloß, weisses Bierbräuhaus, Zeuhaus, und die Freyheit der freyen Pürsch auf das Gewild. Der Ort ist in etwas haltbar.

## Gericht Haydau.

Haydau, auf ebnem Boden 3. Stunden von Regensburg, und 6. von Straubing; dahin ist das unweit entlegne Dorf Mindraching einverleibt; genüsset gute Getraids Fruchtbarkeit.

Alteneglofshaim, Sitz und Hofmark 2. kleine Meilen von Regenspurg an der von da nach Landshut gelegnen Landstrassen. Dieser Graf Königsfeldische Ort kann sich billich glückselig schätzen: weilen ihm der gütige GOtt vortrefliche Feld- und Waldungen nebst den Waidenschaften zu grosund

und kleinem Viehe verliehen hat: dem der menschliche Fleiß seinen Theil mit Pflanzung der Obsgärten beygesetzet, und jedes Hauswesen darmit nutzlich versehen. Hier sassen die Schaden.

Auburg, ein dem Hochstifte Regensburg zuständiger Hofm. in einer flachen Weite 2. Stunden von Regensburg hinabwerts gegen Straubing an der Donau entlegen. Die ebnen Felder geben mittelmäßige Fruchtbarkeit am Getraide.

Aufhausen, Hofm. stehet in Handen des Hochwürdigen Domkapitels zu Regensburg: seine Gegend ist mit Berg und Thal vermischet; unweit der grossen Laber, 3. Meilen oberhalb Straubing, allda sich die Fruchtbarkeit über das Mittel nicht erstrecker.

Burgweinting, hochstiftischer Hofmark 1. kleine Stunde von Regensburg an der Landshuter Strassen auf ebnem Lande: allwo die umliegende Gegend anderen wegen des schönen Feldbaues billich mag vorgezogen werden.

Dechbetten, hat mit vorgehendem Hofm. gleiche Unterwürfigkeit, gleiche Landebne, aber ungleiche Fruchtbarkeit. Stosset an den Burgfriden der Stadt Regensburg, nur 1. halbe Stunde von dieser gegen Prüfling abgesöndert.

Neueneglofsheim, sonst zum Hause genannt, ein der Carthause Prüel zugehöriger Hofm. dero noch folgende Dörfer beygelegt sind: Hachelstatt, Ob- und Untersanding, Thalmässing, Moshof, Pockenberg. Sein Lager ist um die Regensburg. Gegend.

Eltham, Hofmark den Freyherren von Lerchenfeld von Prennberg gehörig: daselbst findet man einen genüglich guten Traidboden. Dieser Familie ist auch zuständig der Sitz und Hofmark Zu

Gebelkofen, 2. Stunden von Regensburg im Thale: hat was weniges von Berg und Gehölze; das gewöhnliche Eintragen aber giebet meistentheils der Traidbau; wobey sich auch der Erbwildbahn befindet.

Geisling, auch von diesem Hofm. hat das Regersburgische Hochstift Besitz, und ist auf eine halbe Stunde benachbart mit Pfäder auf ebner Landstrasse, so mitten durch das Dorf lieget. Giebet an Feldfrüchten soviel; daß sie nicht unter die besten, noch schlechtesten Güter zu rechnen.

Härting, dem Collegi der Jesuiten in Regenspurg angehöriger Hofm. anderthalb St. davon auf ebnem Lande, von der Donau aber nur 1. halbe Stunde entfernet. Hier sassen die Auer von Premberg.

Ihrl,

Ibrl, Domkapitlischer Hofm. auf der Ebne 1. Stunde von Regensburg unweit Wäbing; ist mit einer am Getraide wohlträchtigen Erden versehen.

Irnkofen, und Geilspach, 2. Hofmärken; von deren Inhabern sich das Kloster Oberaltaich nennet: sie liegen an der in selbigen Gründen allernächst flüssenden Laber auf ebnem Lande in der Mitte zwischen Regensburg und Straubing: die Nutzung bestehet im guten Traidwachse nebst einem wenigen Fisch- und Krebsfange in obermeltem Fluße. Hier sassen die vom Gumpenberg, Seyboltstorf, Lerchenfeld, Purching.

Köfering, Graf Lerchenfeldischer Sitz und Hofm. auf ebnem Lande; wo sich die Inwohner mit dem ihnen von der Natur verliehenen guten Traidboden, und Obswachse befriedigen.

Kumpfmühl, ein zu dem nächst Regensburg gelegnen Karthäuser Kloster gehöriges Dörflein. Es machet sich solch schlechter Ort mit dem allda gemahlten zarten schönen weissen Mehl, so in weite Gegenden verführet wird, sonderbar bekannt.

Mosham, hochstiftischer Hofm. lieget im Dunkel auf der Ebne und unter gesunder Luft zwischen Straubing und Regensburg fast in der Mitte. Dasige Unterthanen sind mit gutem Traidbaue versehen. War ehedem Lerchenfeldisch.

Nie-

Niedertraubling, Sitz und Hofm. denen Freyherren von Berchen zuständig; lieget im Muckhau genannt, ganz ebnen Landes 5. Stunden von Straubing und 2. von Regensburg. Die Nutzung giebet hier ganz allein der Traidbau.

Oberehring, unter 2. Ehring einen Unterschied zu machen, heißt dieses wegen der besondern Entlegenheit der H. Oberehring, und der unterhalb gelegne Niederehring. Ist Graf Königsfeldisch.

Oberisling, dem Reichsstifte St. Emeran zuständiger Hofm. auf der Ebne 1. halbe Meile von Regensburg; ist mit guten Traidboden und Feldbaue versehen.

Obertraubling, dem Reichsstifte Obermünster gehöriger Hofm. zwischen Burgweinting und Köfering in der Ebne.

Pfackhoven, gehört nach Zaitzkofen; ist ein Graf Königsfeldischer Hofm. an der grossen Laber 5. Stunden von Regensburg und 6. von Straubing; hat unebnes Land. Neben mittlern Traidfruchbarkeit geben bey wohl gesunder Luft die Obsgärten einen Gewinns Beytrag.

Pfätter, ist eine Churfürstl. Probstey, so hofmarkliche Gerichtbarkeit, und eine Poststation hat. Sie stehet auf einer Ebne unweit der Donau, und dem sogenannten Gmündtner See, welchen die hiesigen Fron-

fischer

fischer genüssen. Ist heut zu Tage ein Mark.

Pfelkofen, dieser Hofm. hat zur Grundschaft das Domkapitel zu Regensburg, lieget zwischen Aufhausen, und Schierling, dem der Hofm. Pimkhofen mit einem gemainen Holze beygeleget ist.

Pruel, das bekannte Carthäuser Kloster hat sein Lager nahe der Stadt Regensburg auf einem fruchtbaren Boden, auch hin und wieder eingemengten kleinen Holzwachsen, und darbey entspringenden Brunnen, welche Lag zu einem angenehmen Spatziergange von da aus einladet.

Rieckhoven, Sitz und Hofmark ebnen Landes anderthalb Stunden von Straubing und 3. von Regensburg im Dunkl entlegen: daselbst guter Traidboden, und ziemlicher Viehzügl dem Bauersmanne tröstliche Arbeitserquickung geben. In der Fischerey ist der Ort befugt mit den benachbarten Dörfern; soweit nehmlich die Niedergerichtbarkeit gehet; in der unweit davon durchstreichenden Pfätter zu fischen, nicht weniger mit der Gemain Taimering das Gehölz, der Zantenbühel, und das Gererach genannt zu nutzen. Ist Baron Limpöckisch.

Särching, Hofm. nach dem deutschen Ordens Ritterhause in Regensburg gehörig 2. Stunden von dar zwischen der Straubingerbingerlandstrassen und dem Donau Strome entfernet: allda liegen die Felder und Wiesmater im guten fruchtbaren Grunde. Hinter dem Dorfe befinden sich 2. Fischwässer die Rinsen und Renn genannt.

Senkhofen, Hofm. in dem sobenamsten Tunklboden oder Sinkhau, zwischen Moshaim und Tannering: ist zum Hochstifte lehenbahr.

Sinching, Hofm. und Schloß ist nebst den Dorfschaften Heitenkofen, Mörzing, Hainbuech, Griesen, Gmündr, und Irrfing, sodann den eigenthumlichen Höfen zu Hörfurt, und Schafhöfen dem Graf Seinsheimischen Geschlechte angehörig: lieget an der grossen Laber im Thingau; bestehet meistens im Getraide und Viehzügl nebst etwas Gewildes, und weniger Fischerey.

Taimering, dieser Hofmark Grundherrschaft ist das Kloster Walderbach in der Obernpfalz: lieget 2. Meilen von Strawbing im Dunkl an dem gemainen Wasser der Pfätter; ist mit guten Traidböden, schönen Holzwachse, und Waidenschaft, auch Bräuhause versehen. Denen Innsassern giebet ihre meiste Einkünften das liebe Getraid, und der Viehzügl ist wie anderstwo gemein.

Tristl-

Triftlfing, Graf Königsfeldischer Hofm. und Sitz liegt im ebnen Dunklboden; darzu neben andern das Dorf Langenehrling gehört: hat einen schönen breiten Weyer nebst welchem unterschiedliche andere Teiche auch ihren Nutzen beytragen. Ist mit doppelten Holzwachse versehen, und mag billich unter die vom Traidbaue berühmten Gelände gezählet werden. Man rechnet von hier nach Regensburg 2. starke Meilenwegs, und hat die von dannen nach Salzburg führende Landstrassen zum Behufe.

Unterbärbing, ist ein Hofmark: so dem Hochstifte Regenspurg zu geaignet; lieget nur 1. Stunde weit von dieser Reichsstadt an der Landstrasse gegen Donaustauf in der Ebne.

## Gericht Hengersperg.

Hengersperg, ein dem Kloster Niederaltaich grundbarer Markflecken; lieget zwischen 2. Bergen an der Gränitz von Deckendorf, Weissenstein, Vilshofen, und Winzer Gerichtern; haltet verschiedene Waldungen und 3. perlhaftige Bäche in ihrem Bezirke: obschon er auch zwischen vorgemelten Bergen gelegen; hat er doch zu beeden Seiten ebnes Land: dessen Fruchtbarkeit fast allein in allerhand Getraidwachse bestehet.

Hof-

Hofkirchen, Mark der Graf Fuggerischen Herrschaft Hilgartsberg unterwürfig. Um selbigen ziehet sich ein ebnes Gelände: wird doch von der vorbeystreichenden Donau, nächst daran liegendem Berge, und Waldung eingeschränket, 1. Stunde vom Winzer gegen dem Passauer Bistume. Unterschiedlicher Handwerker-Uebungen verschaffen dem Orte gleich andern Märkten im Lande seine Nothwendigkeiten.

Niederaltaich, Benediktiner Abbtey im Bist. Passau nächst an der Donau, 1. Meile unterhalb Deckendorf gelegen. In der Nähe aber und meistens in der Ebne herum hat es ihre eigenthumliche Güter und Hofmärke, als unter viel andern Flinspach, und Aichberg, Thundorf, und Aicha. Neben dem, daß auf der Donau gewiese Fischerey zu genüssen: sind die Klostergüter in dem Feldbaue, Heuwachse, und Viehwaide wohl zu nutzen; wann durch Ergiessung der Donau, wie öfters unversehens geschihet, ein und anders nicht verderbet wird.

Allhartsmaist, Hofm. neben dem sogenannten Sonnenwalde auf einem sehr hohen Berge. Derowegen ist es ein hartnährlicher, schlecht-fruchtbarer winter- und wetterlicher Ort; allda nur was weniges von Haber und Korn erbauet werden kann.

Jedoch

Jedoch neben gesunder Luft hat man am Gehölze einen Ueberfluß: worinn sich zuweilen roth und schwarzes Wildpret zeiget. Aus Abgang des Getraides muß der Hausmann seine Unterhaltung grösten Theils von dem Viehe zu haben suchen. Denen Riden von Collenberg angehörig.

Fronstötten, Hofm. mit dem Gute Ramsöls vereiniget. Dem Baron Tachsbergischen Geschlechte angehörig.

Grätterstorf, im Walde und Gebürge einer nicht annehmlicher Gegend gelegner Hofm. wo nur ein weniger, doch guter Viehzügl und Feldung Nutzen bringet. Ist Baron Pienzenauisch.

Hilgartsberg, Sitz auf einem hohen Berge an der Donau; worzu nebst dem Marke Hofkirchen 5. Hofm. und Edelmannssitze gehören, als Schölnstain, Garham, Rammersreith, Leuthen, und Obergschwandt. Hiesige Gegend giebet wenig Nutzen an Feldfrüchten; wegen unterschiedlichen Verhinderungen, als unzahlbaren Büheln und Waldungen, welche zwar grosse, aber aus Abgang des Gewildes magere Gejaider geben. Die Gerechtsamkeit das Bier zuverschleissen ist zu obgedachtem Garham. Uebrigens lieget Hilgartsberg, zwischen Berg und Gehölze an der Passauischen Gränitz. Gehört dem Graf Fuggerischen Geschlechte.

## Gericht Kellhaim.

Kellhaim, dieses schöne Städtlein stosset an die Pfalzneuburgische Gränitz in einer Enge oder Zwickel: worinnen sie einer Seits die Donau, andererern Seits die Altmühl, und an der dritten einige Bergen und Felsen einzwengen; gleichwohl nicht ohne Nutzen, welchen die Berge durch die gepflanzten Reben, die Flüße aber durch die Fischerey beybringen. Was den Ort auch ausser Bayern bekanndt machet; ist das Churfürstl. Bräuhaus allda: so von dem guten weissen Bier weit berühmt, welchem die Salzniederlage zu in- und ausländischer Nothwendigkeit beygefügt ist.

Languaidt, Mark unweit des Forst Sünspuch, und der Laber.

Prüfling, Benediktiner Abbtey unweit der Donau, und Naabe; wo beede Flüsse zusammen stossen.

Weltenburg, das erste, mithin älteste Kloster; so den PP. Benediktinern eingegeben worden, an der Donau 1. Stunde von Kellhaim, und 3. von Neustatt.

Aedelhausen, Sitz und Hofm. an der Ebne des Laberflusses zwischen beeden Märkten Rohr und Languaidt. Die Unterthanen ziehen aus alldortigen Traidbaue und Wiesmaten eine gute Unterhaltung. Ist

von

von denen Schrenkischen zu Notzing an die Freinhueber gekommen.

Affegging, Hofm. und Sitz an der Donau ebnen Landes; allwo die Erden am Getraide fruchtbar.

Allkoven, und Schierling: von dem erstern Namen befinden sich 2. in diesem Pflegamte Kellhaim, und zwar das erstere nächst Sünzing an der Donau, das andere Allkoven an der Regensburger Strassen zwischen Postsaal und Lengfeld. Schierling aber ist eine zu dem Jesuiten Kollegi in Straubing gehöriger Hofmark.

Eichenhoven, Hofm. und Sitz an der Laber, stosset an die Pfalzneuburgische Gegend; gedachter Fluß scheidet also die Gränitz: daß die Helfte bis gegen Stainapruck Bayerisch, und die anderte Helfte Neuburgisch zum Hofm. Loch gehörig. Hier hat es einen Eisenhammer: der Ort ist mit vielen Waldungen umgeben; der Ursachen halber es kalte Felder zeiget, und kann zum etwas Verkaufe allda wenig am Traide gebauet werden. Die Waid wurde in denen Holzwachsen genohmen; dahero hierum kein sonderbarer Viehzügl.

Gitting, Hofm. und Sitz stehet auf ebnem Lande an der grossen Laber. Ist von dem von Reindl an die Baron von Nothhaft Weissenstein gekommen.

Graß, ein zum deutschen Ritterordens Hause in Regensburg gehöriger Hofmark; lieget 1. Stunde von da ausserhalb Prüel in einem Thale, zwischen erhöhten Büheln, und den zum Hofm. gehörigen Waldungen; die Feldungen sind etwas daselbst lainig, jedoch von gutem Grunde, und gleicher Fruchtbarkeit.

Grueb, dieses Schlößl hat mit dem H. Gitting ganz gleiche Beschaffenheit. Es gehört darzu

Haslbach, Hofm. und Sitz samt Mitter- und Unterhaslbach, stehet dem Kloster Prüfling zu.

Herrngierstorf, Hofmark und Schloß, hat guten Traidboden zwischen 2. Weyern gelegen. Ist Baron Guggenmosisch.

Hochengebraching, zum Unterschiede des ohngefähr 1. Viertlstunde davon entlegnen Dorfes Niedergebraching von Regensburg nur anderthalbe Stunden abgelegner Hofm. oder Probstey nach Kloster St. Emmeran zum Reichsstifte gehörig. Die umliegende Feldungen sind daselbst an der Traidfruchtbarkeit nicht zu tadeln.

Kepfelberg, adelicher Sitz hat zu seinem Grunde einen fruchtbaren mit einem Weinberge besetzten Bühel. Ist dem Senser zugehörig, heut aber Graf Spretisch.

Nieder-

Niederlindhardt Probstey, dem Reichsstifte Niedermünster in Regensburg zuständig; hat um sich den Donau- und Laberfluß.

Niederviehhausen, Sitz und Hofm. unweit der Pfalzneuburgischen Gränitz zwo Stunden von Regensburg; stosset mit seinen Gründen an Oberviehhausen; und ist ihm das an der Laber gelegne Dörfl Alling beygelegt. Ist Baron Rosenbuschisch.

Oberviehhausen, gleichfalls ein Schloß und Hofm. liegt ziemlich hoch; die verhandenen Feldgründe sind bergig und stainig; bey dem Viehzügl ist allda auch nichts mehrers, als was zur Gailung der Feldgründen höchst nothdürftig zu halten; massen auch einiges Roßmöneth nicht vorhanden, sondern alles mit dem Ochsenviehe gearbeitet werden muß. Gehört gleichfalls der Baron Rosenbuschischen Familie.

Offenstetten, Sitz und Hofmark, deren Unterthanen Nutzung bestehet im Viehzügl und Traidbaue, und zwar meisten im Korn: gedachte Herrschaft ist das ganze Jahr hindurch des Blumbesuches auf 16. bis 18. umliegenden Dorfschaften und Einöden berechtiget. Ist Baron Kreitmayerisch. Hier sassen ehedem die Offenstetter, Schmiehen, Preysing, Rohrbach, Aicher, Frenau.

Pentling, nach St. Emmeran dem Regensburgischen Reichskloster angehöriger H. liegt 1. Meilewegs von Abach an der Landstrassen, in etwas unebner und bergiger Gegend.

Peterföcking, Hofm. und Sitz. Hier sassen Lichtenauer, Trautskircher, Pliterstorfer, von Widmann.

Peyrn, Graf Törringisches Gut. War ehedem Seyboltstorfisch.

Sanspach, Probstey nach dem Kloster Geisenfeld gehörig; da der umliegende Landstrich meistentheils in einer zum Feldbaue tauglichen Ebne bestehet; deßwegen der Nutzen schier allein aus den Feldfrüchten genossen wird.

Schönhofen, Sitz und Hofm. zwischen felsächten Bergen an der Laber; ist die Gränitz zwischen Bayern und Pfalzneuburg. Hat eine Hammerschmidten. Hier sassen die Saurzapf. Heut der von Elingenberg.

## Gericht Kötzting.

Kötzing, Mark und Schloß: Grund, und Boden giebet ihm der sogenannte Wald, aber zwischen Bergen und in der Unebne, 2 Meilen gegen der Böhmischen Gränitz, an dem nächst vorbeyflüssenden perlhaltigem Fluße dem weissen Regen. Die Erden muß hierum den Wässern in der Fruchtbarkeit

wei-

weichen. Von denen sich der erste den Ramelspergerbach, der andere den schwarz-oder grossen Regen, und der dritte sich den kleinen oder weissen Regen nennet. Die Perlfischerey aus diesen 3. Flüssen machen diese Wildnuß verwunderlich. Nächst dem Dorfe Lamb im sogenannten Eckerberg und Fürstenzöch sind vor etwann 40. Jahren Bergwerke zugerichtet worden. es ist aber nicht bekannt, wie reich sich das Erzt hierbey an dem sich befindlichen Silber und Kupfer zeige. Weilen hier keine Landstrassen, auch sonsten zur Treibung eines absonderlichen Gewerbes die Gelegenheit nicht ist: machet alles denen Bürgen nicht viel Vorschlag; sondern selbe müssen zu frieden seyn. daß sie sich bloß zur Nothdurft fortbringen mögen.

Altenramsperg, Leoprechtingisches Schl. wird mit Oberdorf, Liebenau, Hardt, und Auckenbach, von diesem freyherrlichen Geschlechte genutzet.

Clainaigen, und Schachten, Sitz und Hofm. 1. Stunde von Furt, etwas hoch zwischen Bergen und einerseits Waldung, hart an der Böhmischen Gränitz und dem Cambfluße. Dem von Hanzenberg angehörig.

Grafenwiesen, ein dem Kloster Rott lehenbahrer Hofmark und Sitz eine halbe Stunde von Kötzting zwischen 2. hohen bergigen Waldungen am weissen Regen, 3. Stunden von der Böhmischen Gränitz. Aus den zu diesem Hofmarke gehörigen 9. Weyern werden jährlich 12. bis 15 Centner Fischen nebst der Nothdurft Besatz-Fische erzüglet und verkaufet: zu welchen auch ein der Oertern mittelmäßiger Viehzügl zu rechnen. Hier sassen die Hohenwarter, Pöck, Poissel.

Grueb, adel. Sitz ebenfalls dem Kloster Rott zuständig; lieget nächst an Kötzting, 2. Meilen von der Böhmischen Gränitz auf unebnem Gelände.

Haydenstain, Zenching, und Lederthorn, sind nach Rukding gehörige Nothhaftische Güter.

Haus, Hofmark eine halbe Stunde von Kötzing, 2. Meilenwegs von der Böhmischen Gränitz, auch soviel von Furt, Camb, Neukirchen und Eschelkam, ansonst zwischen Berg und Thale; wo die Nutzung mit dem Feldbaue, Schäferey, Viehzügl, und Holzverkaufe gegeben wird. Dem Katzenberger angehörig.

Hochenwarth, Hofm. hat an der Seiten den weissen Regen, zum Grunde eine Henge des Hochwaldes Reittersperg, und auf 2. Stunden zur Nachtbarschaft die Böhmische Gränitz. Dessen Nutzung bestehet meistens, weilen das Ort ganz berg-

und

und stainig und dahero von Getraide gebauet werden kann, in dem Viehzügl; zu dem das Bräuhaus eine gute Beyhülf giebet. Weiters hat man die Fischerey in dem Regen, dann einen wenigen, so weit sich der Hofmarks Holzwachs und Waldenschaft sich erstrecket, Wildbahn zu genüssen. Hier sassen Gembl, Pelkofen, Poysl.

Kolbenstain, Hofm. von Neukirchen 1. halbe Stunde hat die Böhmische Landgränze auf 1. Stunde an der Hande, und ist bey einem Berge an der Heng nächst des Hochenbognerwaldes entlegen: in dem Thale scheidet ein Forellenbächel das March zwischen hier und Lamberg. Der Traidbau allda als an einem winterisch-kaltem Orte macht wenig aus; hingegen der Viehzügl ein mehrers. Der sonst gemainen Hofm. Gerechtigkeit ist ein Mühl und Sägstatt beygesetzt. Dem Walser von Süenburg angehörig.

Liechteneg, Hofm. und Sitz, woselbst die Fruchtbarkeit nicht groß, sie bestehet allein in Korn, Gersten, und Haberfrucht, ohne Zusatz eines Fischwassers. Hier sasseu die Satlbogen, Ahaim, Eyb, Pelkofen in Mooswеng.

Miltach, Hofm. an dem Regen, welches Wasser von Kötzting herkommet, auch die Zuführ mit Flössen nach Regensburg zu-

 lasset;

lasset; allwo es sich in die Donau ergiesset. Um das Dorf giebet es wenig ebnen Landes, sonst meistens gebürgigen Holzgrund; dieses siehet gegen Kötzting zu, zwischen Chamb, Viechtach, und Mitterfels fast in der Mitte gestellet. Weilen also dieser Ort im raucher Wald-Refier lieget; vielen Ungewittern, Kälte, und Wassergüssen unterworfen: als erbauet man die Feldfrüchten ziemlich hart, und gefährlich: doch wann man mit göttlichen Segen die Nahrung davon bringet, so nothwendig ist; giebet die gute Luft zur Erhaltung der Gesundheit das Seinige. Der Baron Schönbrunnerischen Familie angehörig.

Playbach, Pelkovischer Sitz und Hofm. lieget ziemlich eben an dem Regenfluße, doch zwischen hohen Bergen und Wäldern, hat einen Schloßfeldbau, braunes Bierbräuhaus, 4. Weyer, dann auf eine Stunde weit die Fischerey im kleinen und grossen Regen. Die Fruchtbarkeit bestehet im Mittel. Sonst auch Baron Nothhaftisch.

Raidenstain, Hofm. eine Viertlstunde von Kötzting, 4. von der Böhmischen Gränitz auf einer Hänge des Ritterspergerwalds. Hier sassen Schillerer, Pellkofen, und Göring.

Sattlpeilstein und Tragschwandt, sind Hofm. 4. Stunden von Kötzting, 7. aber von Straubing. Gehört dem Baron von Schuß.

Seelingthal; die Nämen, wo die kleinen Seelingthalischen Unterthanen wohnen, sind Schwarzberg, Lening, Rützenried, Ober, und Untersästern, alle insgesamt werden das Seelingthal genennet: weil sie zu dem Kloster Seeligthal bey Landshut gehörig; sie liegen am Hohenbogner-Walde allenthalb bergigen Landes nahe Furt, und Eschelkam.

Stächersried, Baron Pelkoferisches Schloß und Hofmark.

Zanndt, Sitz und Hofmark 2. kleine Stunden von Chamb, zwischen Berg und Thale. Hierselbst bestehet die Einträgigkeit in der Hauswürthschaft, als im Feldbaue, Schäferey, und Viehzügl. Ist Gleissenthalisch.

Zittenhof, Sitz im bergigen Lande und einem Thale nächst am weissen Regen, unweit Grafenwiesen, und 4. Stunden von der Böhmischen Gränitz. Hier sassen die Nobl.

## Gericht Leonsperg.

Leonsperg, Churfürstliches Schloß 6. Stunden von Straubing, und eine halbe von der Iser, über das Mooß auf einem nicht gar hohen Bühel; hat zur nächst das schöne

schöne Raiger-Geständt, in welchen sich etliche 100. Raiger aufhalten, und ausziehen. Nebst diesem hat der vortrefliche Wildbahn dieses Ortes sondere Schätzung sowohl an roth als schwarzen Wildprät. Es erhebet ingleichen diesen Landtheil vor andern auch ein schönes Weingewächs, und guter Traidboden. Lieget nahe dem Marke Pilsting.

Cöllnbach, das grössere nennet sich einen adelichen Sitz in einer hübschen Gegend, und mit fruchtbaren Traidboden beglücket. Das kleinere Cöllnbach, lieget nächst Leonsperg, und ist den Grafen von Preysing zum Moos gehörig; wobey der wenigen Unterthanen Einkommen in einem geringen Feldbaue bestehet.

Hälling, Hofm. dem Jesuiten Kollegi in Regensburg zuständig, 3. Stunden von Straubing an einem bergigen Orte und Waldung, jedoch am gemainen Obst, und und Traide ziemlich fruchtbar.

Hochenholding, adel. Sitz 3. Meilen von Straubing, anderthalb von Dingelfing, und 1. von Landau in dem Dorfe grossen Cöllnbach gelegen. Die Fruchtbarkeit der Erden wird hier für gut erkennet. Hier sassen die Rütt von Cöllnberg.

Kölln-

Köllnbach, Tattenbachischer adel. Sitz in eben besagtem grossen Köllnbach gelegen.

Mörting, Graf Törringischer Hofmark im Thale zwischen Holz und Bergen. 2. Meilen von Straubing.

## Gericht Lündten.

Lündten, vom Fluße Teisnach 1. halbe Stunden vom Böhmerwalde ein Gränitzort 3. Meilenwegs rauchen Landes. Daselbst am Getraide, Gewilde, Fischerey, und Viehzügl mittelmäßiger Nutzen gezogen wird. Hier sassen die Baron von Degenberg.

Altennußdorf, vergleichet sich in dem Traide, Viehzügl, und Fischerey mit Lündten; hat sein Lager vom schwarzen Regen 1. Viertlstunde, von Böhmischen Gränitzwalde aber 4. Stunden. Das Stammhaus der Nußberger.

## Gericht Mitterfels.

Mitterfels, Sitz auf einem Felsen erhöhet, und am Ende desselben hat es ein tiefes Thal gegen einem perlhaltigen durch Kluft und Stein durchrauschenden Bache. Dieser Ort ziehet sich eine Meilewegs von der Donau gegen dem Walde herein, 2. Meilen von Straubing. Der Traidboden kann allda kaum mittelmäßig genennet werden: massen von den Unterthanen an Korn das

Aus-

Auskommen, an Waitzen urd Gersten aber als in Berg- und ringhaltigen Feldern sehr wenig, und also das meiste am Haber, so der Unterthan zu Geld machet, erbauet wird.

Falkenstein, führet den Titul eines Gerichtes mit beygefügtem auf einen Berge liegenden Schloße; woselbst die Nutzung forderist in einen Perlbache, dann mittelmäßigen Getraidwachse, dergleichen Viehzügl, und etwas Fischerey bestehet. Ist Graf Törringisch.

Bogen, Mark an dem Fluße Bogen, welcher 2. Meilenwegs dem Walde heraus, neben und hinter dem Mark vorbey in die Donau flüsset, 2. Stunden von Straubing auf der Ebne nahe dem Bogenberg: auf welchem die Marianische Wallfahrtskirch befindlich; deßwegen auch hiesige Burger von dem dahin wallenden Fluße durch ihre Einkehr die meiste Nahrung haben.

Elisabethzell, Oberaltaichische Probstey. War ehedem Leiblfingisch oder Schwarzenbergisch.

Frauenzell, Benediktiner Kloster nächst dem Donaustaufer Forste am berg- und sandechtigen Orte, 3. Meilen von Regensburg; stosset an die Pfalzneuburgische Herrschaft Wiesen, Reichsgrafschaft Wörth, und Schloße Prennberg. Zu einigem Behufe der Haushaltung ist man mit etlichen

Bayeri-

Bayerischen Weingewächsen in vorgedachten Herrschafts Gütern dahin versehen.

Metten, gleichfalls ein Benediktiner Abbtey an dem Bächlein Metten 1. kleine Stunde ober Deggendorf 4. kleine Meilen von Straubing, eine halbe Vierlstunde vom Donaustrome gegen dem Walde auf der Ebne an einem angenehmen gesundem Orte entlegen.

Oberaltaich, mehrmalen ein berühmtes Kloster des Benediktinerordens, und gleichsam eine Schwester der Niederaltaichischen Abbtey, auf annehmlich ebner Gegerd nächst der Strassen in Böhmen, und unweit einer Viertlstunde von der Donau; welchen Platz eine Au von Unterschiedlichen Gehölzen zieret. Anderseits zeiget sich der sogenannte Wald; darzu kommet dem Kloster eines Theils zur Bequemlichkeit die auf anderthalbe Stunden benachtbarte Stadt Straubing. In der Fruchtbarkeit geniesset hiesiger Ort schier ein gleiches mit eben jetzt ermeltem Straubing; hat guten Feldbau und Viehzügl, etwas von Fischerey, auch einiges Weingewächs am Bogenberg.

Windberg, Prämonstratenser Prälatur 1. Stunde von der Donau, und dem Marke Bogen: lieget auf einer annehmlichen Höhe vorm Wald; ist einer temperierten Lufts, aber wegen dem grossen Berge schlechten Traidbaues.

Au

Au vorm Walde, ein 3. St. v. Straubing entlegnes Schloß; hat wegen lustig, ganz ebner, sowohl am Getraide, als Heuwachse sehr fruchtbarer Gegend, auch ringsum bergigem Umfange, und schönen Fischteichen besondere Schätzung: ist auf dem vorbey rinnenden Perlbache des Fischens berechtiget. Ist Baron Schrenkisch.

Conzell, und Roßhaupten, Hofmark. Ist von Godern an die von Schuß gekommen.

Egg, Schloß und Hofm. Ist von der Graf Spauerischen an die Graf Montfortische Familie gekommen.

Falkenfels, Baron Weixischer Hofmark mit Aschn, Rigmanstorf, und Loysendorf hat etliche Weyer.

Gosserstorf, Churfürstl. Hofm. Schloß und weisses Bierbräuhaus.

Gswendt, zum Spital der Bedürftigen in Straubing gehöriger Hofmark.

Haag, Landgut; dero Insassen allein der Feldbau und Viehzügl ihre Nahrunsmittel giebet. Dem Baron von Prugglach zu Wisenfelden angehörig.

Haggen, Hofm. im Thale 1. Meile von der Donau in der Waldgegend entlegen. Hier sassen Kirmbrieter, Preu, Rehling.

Haunkenzell, Sitz und Hofm. 3. Meilen von Straubing in einem tieffen Thale, bey

2. Stunden von Mitterfels. Dem Baron von Keck zugehörig.

Haybach, Sitz und Hofm. der Oßingerischen Familie zuständig.

Herrnfelburg, Sitz und Hofmark. Hier sassen die Eudters-Erben, von welchen es an den Keller gekommen.

Loham, Baron Schrenkisches Gut.

Neuenrandsperg, Churfürstl. Sitz an der von Straubing nach Viechtach abgehender Landstrassen. Hat einen Wildbann, und ergiebige Fischerey.

Niedernwinkling, Waldwerts unweit Obernschwarzach, und Welchenburg gelegner Niederaltaichischer Hofmark.

Oberpragstetten, 1. Stunde von Straubing jenseits der Donau in einer Ebne gegen dem Walde gelegen. Der Pichelhof aber ist darinnen Kloster Widenbergisch.

Oberwinkling, dieser Hofmark ist dem Kloster Oberaltaich einverleibt.

Offenberg, Graf Montfortischer Hofm.

Prennberg, dieses Baron Lerchenfeldisches Schloß, so 1. Meile von der Donau und der Herrschaft Wörth ist auch ein Mark, hat hohe und niedere Gerichtbarkeit, deßgleichen allen Wildbann. Diese Herrschaft lieget in der Gegend des also genannten Walds, und sehr hoch, hat ein unvergleichliches Aussehen, und sonderbar gegen Mittag höchst

 ange-

angenehm; da man nicht nur die ganze Ebne von Winting bis weit über Straubing hinab, sondern mehr dann 50. grosse und kleine Oerter, ja auch die tyrolerischen Gebürge bey heiterem Himmel, und also mehr dann das ganze Bayern in der Breite von Mitternacht bis Mittag vor Augen hat. Das Getraid hiesiger Refier ist Korn und Haber, so am meisten und ziemlich gut wachset; jedoch an theils Oertern der grossen und vielfältigen Steinen wegen sehr sauer ankommet; die Gersten ist gemeiniglich schlecht, der Viehzügl mittelmäßig.

Pürggl, nach Hagen, von welchem H. oben gemeldet ist, gehörig. Dem von Rehling zu Haag augehörig.

Rattiszell, Hofm. 3. Meilen v. Straubing. Ist Baron Tirnitzisch.

Reiberstorf, ein zum Churfürstl. Kastenamte in Straubing gehörender Hofmark. Was allda der enge Traidbau, und weniger Heuwachs nicht giebet; ersetzet etlichermassen die ziemlich gute Waidschaft: woraus die Inwohner fast allein ihren Nutzen nehmen, und hiervon ihren Ertrag mit dem Vieh- und Roßzügl ausschätzen müssen.

Sattelbogen, Hofm. in Wäldern und Gebürgen entlegen: hier hat der Traidbau und Viehzügl einen mittelmäßigen Stand. Ist Baron Wagerisch.

Sau-

Saulburg, Hofm. 2. kleine Meilenweges von Straubing gegen dem Hofm. Wiesenfelden in einer unebnen abseitigen Gegend, gleichsam im Holzlande; da der Viehzügl und Fischerey von 8. verschiedenen Weyern guten Genuß reichet. Ist Baron Auerisch.

Scheubelsgrueb, Hofmark, zu welchem noch Uttendorf, Weingarten, Schoppichel, Puechberg, Aign, Höfling, und Dunk gehören. Ist vermutlich das Stammhaus der Scheibl. Heut ist es dem Rosenkranz zuständig.

Schönstain und Wetzlasperg, 2. Hofm. gehören sonst mit dem rechten Eigentume der Churfürstl. Lehenstüben zu Amberg in der Obernpfalz. Ist das Stammhaus der Schönstainer.

Sicklasperg, adel. Sitz. Ist heut Graf Pöttingisch, zu- und von Seyboltstorfisch.

Sigenstain, Hofmark und Schloß dem Hochstifte Regensburg einverleibt: lieget 4. Meilen von dannen gegen dem Walde hinter dem Kloster Frauenzell: theils an das Prenbergische, theils an das Kloster Walderbachische Gebiet stossend.

Spärr, Sitz, wird zu Pürggl genossen.

Stainberg, Sitz und Hofm. an einem perlhaftigen Bache 1. Meile von der Donau und dem Bogenberge, nächst an der Waldrefiere. Ist Baron Schusisch.

Stainburg, Sitz 3. St. von Straubing, 3. von Bogen, und eine halbe Stunde von Windberg steht auf einem felsächten Berge, hat übrigens eine hübsche Landes-Gegend, und einen Perlbach; worinn man des Fisch- und Krebsfanges berechtiget, wie auch 7. Weyer. Ist Baron Lerchenfeldisch.

Urschenbach, Sitz und Hofmark. Dem von Ort zugehörig, ehemals war es Closisch.

Welchenberg, Sitz und Probstey dem Kloster Oberaltaich zuständig.

Wisenfelden, Sitz und Hofm. zwischen Falkenfels, und Falkenstain. Hier liegen begraben Graf Schwarzenberg, von Pruggelach, Nothhaft. Jetzt ists Baron Megerlisch.

Wolferszell, gegen dem Walde jenseits der Donau auf der Böhmischen Strassen zu und in der Ebne. Gehört unter das Kastenamte nach Straubing.

## Gericht Neukirchen.

Neukirchen, Mark ansonst zum heiligen Blut, wegen dasiger wunderwürkenden marianischen Bildnuß genannt. Lieget mehrentheils zwischen Berg und Bühel, absonderlich dem Hochenbognerwalde ganz nahe. Der Ort hat den Genuß vom halben Gewinne bey dem allhier vorhandenen Churfürstl. weissen Bierbräuhause.

Eschel-

Eschelkam, Mark an der Gränitz; da derselbe auf eine Stunde weit von Böhmen lieget: derohalben zugleich als ein Paß angesehen wird. Den Platz giebet ihm ein am Hochenbognerwalde gelegner Berg von mitler Höhe zwischen dem Campfluße, und dem sogenannten Freybache. Obschon die Landstrassen aus Bayern und dem Reiche in Böhmen, Sachsen, Mähren, Schlesien, und nach Wien hierdurch vorhanden; so ist doch der Enden das Gewerb nicht sonderlich groß, auch der Getraidbau nur mittelmäßig, wie auch der Viehzügl zur Hausnothdurft erklecklich. Das fruchtbare Campwasser aber erhaltet von guten Fischen und Krebsen den Ruhm.

## Gericht Regen.

Regen, Churfürstl. Bann-Mark an dem schwarzen oder grossen Regen ringsum mit Bergen umgeben auf einer sumpftigen Gegend, anderthalb Meilen von der Böhmischen Gränitz von dem untern Walde über Zwiesl hinaus, und 1. Meile von Podenmais; es ist an der Fruchtbarkeit wegen ermelten Bergen der Traidboden etwas gering: es werden allerhand burgerliche Gewerbe daselbst getrieben; absonderlich aber ist daselbst alle Samstag ein Wochen- oder Ochsenmarkt von magern Vieh: zu andern gefreyten Märkten aber werden nicht nur allerhand Failschaften, und magers Viehe, sondern auch absonderlich eine Menge gemästen Viehes dahin gebracht, und solche Märkte von vielen Inn- und Ausländern besuchet.

Rinchna, Kloster und Probstey zu Niealtaich gehörig an den kleinen Fluß Rinchna.

Au, Sitz und Hofm. an dem Osobache, in welchem die Perlein gefischet werden: lieget zwischen den Waldungen auf einer Unebne nächst Zwiesel. Dem Baron von Donnersperg angehörig.

Klein Witzenried, Hofm. zwischen 2. Hölzern und wenigen Bergen in einer Tiefe, gegen Aufgange der Sonnen aber etwas hoch gelegen, mit Wiesen und kleinem Feldbau umzingelt. Hier sassen die Thurnreiter, Rampilshofer, Ziegler.

## Gericht Schwarzach.

Schwarzach, Sitz und Churfl. weisses Bierbräuhaus, welches nicht geringen Nutzen bringet, und viel Meilenweges seiner Güte halber verführet wird. War ehedem dem Freyherrn von Degenberg angehörig.

## Gericht Stadt am Hof.

Stadt am Hof, lieget hart an der berühmten steinernen Brücke zu Regensburg in einer Ebne, gegen Mittag an der Donau,

gegen

gegen Mitternacht an dem sogenannten Stainwege, und dem Regenfluße: gegen Aufgang ist sie dem Churfürstl. Bräuhause Weix, und gegen Niedergange dem Hofm. Winzer benachtbart. Die gemeine Gefälle giebet allda der einzige Pflasterzoll: und die hierum gelegnen Berge waren vor diesem mit Weinreben besetzet; nun aber sind sie Ackermäßig gemachet worden.

St. Mang, ist das in Stadt am Hof gelegne Augustiner Kloster der regul. Chorherren genannt: welches nur von den Traidgülten, und denen in besagter Stadt einzunehmen habenden Grundzinsungen ihren Unterhalt, weilen es mit keinem sonderlichen Einkommen versehen, haben muß.

Adelmanstain uud Liechtenwald, 2. Hofmärke sie gehören zu dem deutschen Ritterordens Hause in Regensburg: liegen 3. Stunden davon unweit der Prager Landstrassen, gränzen etwas an das Pfalzneuburgische, und an die Herrschaft Kürn: haben eines Theils den Donaustaufer-Forst zur Seite, und hat dasige Herrschaft zu dem groß und kleinen Wildbanne das Recht, welcher jedoch fast allein in dem Wechsel aus dem Hochstift Regensburgischen Walde bestehet.

Niederwünzer, kleiner H. dem deutschen Ordenshanse in Regensburg angehörig; die demselben zuständige 8. Sölden liegen

 nebst

nebst dem Schlößlein zwischen der Landstrassen und der Donau.

Kager, dem Reichsstifte St. Emmeran in Regensburg zuständiger kleiner Hofmark auf einer Höhe unweit der Donau, gränzet an das Pfalzneuburgische Amt Burglengenfeld. Daselbst sind die meisten Unterthanen lauter Weinzierl, aus welchen nur etliche wenige einen kleinen Feldbau haben.

Weix, Sitz und Churfürstl. weisses Bierbräuhaus nächst an der Donau bey Regens- auf einem ebnen Orte; dahin dienet sonderlich der allhier vorhandene schöne Holzwachs.

## Gericht Straubing.

Aholfing, Hofmark zwischen Straubing und Pfäder fast in der Mitte, und ebnen Landes; wodurch die Reichsstrassen auf Regensburg gelegen. Die Gemainde hat von ihren schlechten Feldungen über die Nothwendigkeit geringen Genuß.

Ainhausen, adel. Sitz dem Graf Leiblfingischen Geschlechte zuständig; von da aus ist nicht nur allein die bekandte (davon die Entfernung eine Stunde austräget) sich weit ausstreckende Ebne, sondern auch das Aussehen weit auf die Donau, und Weinberge zu genüssen.

Aitterhofen, Hofmark eine Meileweges von Straubing: deßhalben es auch noch seine ne schöne Landes Ebne hat. Ist Graf Törring Seefeldisch.

Anßelfing, Hofm. dem Frauenkloster Seelingthal bey Landshut angehörig, auf ebnem Boden 1. Stunde weit von der Donau: dessen Nutzung zwar in dem einzigen, doch guten Traidwachse bestehet.

Geltolfing, Hofm. hat ebnes Land, und nach Straubing nur 1. Meileweges. Hier sassen die Sattlboger, Perchlochinger, Closn, Tannberg, Graf Hohenwaldeck, und Maxlrain.

Henhardt, Sitz und Hofm. 2. Meilen von Straubing, und eben soviel von Landau. Auf den 3. vorhandenen Weyern befinden sich viel Raiger: so sich den ganzen Sommer hindurch darinnen aufhalten, und ernähren, auch wegen der Lustbarkeit, so der Churfürst mit deren Paissung von Leonsperg ausnehmen, nicht dörffen ausgerottet werden. War vom Graf von Sulz dem Türnitz zu Atzlburg verkaufet.

Irlbach, Hofmark und Sitz 2. Meilen von Straubing nächst der Donau hat meistens die Einkünften vom Feldbaue und Viehzügl zuziehen. Daselbst ist man besorgt, die vorhandene der ganzen Gegend wegen der Donau sehr bequeme Traidanschütt zuerhalten. Dem Baron von Keck zugehörig. Sonst sassen hier die von Frauenberg, Zenger, Closen, Tabertshof, Fränking.

Itling, Ober- und Niederobling: diese Hofmarken sind dießhalb der Donau nächst beyeinander, und eine Stunde vo Straubirg entlegen; dahin sie zum Kastenamte gehörig. Dem Domcapitel zu Augspurg angehörig.

Ragers, Hofm. nächst bey Straubing hat Ihro Churfürstlichen Durchlaucht zur Grundherrschaft.

Mosdorf, Hofm. und Sitz nur 1. kleine Meile von mehrbesagter Regierungsstadt, dessen umliegende Gegend ein ziemlich angenehmes Aussehen giebet. Die Waidung und Viehzügl verschafet den Inwohnern gute Nutzungen, forderist wann das Wetter nicht gar zu regnerisch ist. Dasiger Traidboden kann auch kaum verbessert werden. Dem Baron Zehetner angehörig. Hier sassen die Jung.

Oberhartshausen, Hofm. auf flachem Lande 2. Stunden von Straubing dem Domkapitel in Regensburg zuständig.

Obermozing, Sitz und Hofm. hat einerseits die Donau, anderer die grosse Laber: giebet der Reichspost sowohl nach Wien, als Regensburg den Weg; massen es ganz auf der Ebne entlegen. Ist ein Pertinenz

zu

zu dem Leiblfingischen Gute Rhain. Neben gesunder Luft geniesset der Ort zu Wasser und Lande eine ihme aigentumliche Annehmlichkeit.

Oberschneiding, Hofm. hat für seinem Grunde eine kleine Tiefe, zwischen Straubing und Landau, von jeder Stadt 2. Meilenweges unweit dem Schneidinger Forste entfernet; woselbst der Traidbau nicht zum besten, sondern mittelmäßig ist. Ist Baron Türnitzisch.

Pfack- und Zaitzkofen, 2. Graf Königsfeldische Hofmärken, beede haben die vorbeyflüssende Laber, und etwas bergiges Geländ.

Pfaffenmünster, dieser nach dem Kollegiat Stifte in Straubing angehörender H. ist eine kleine Meile von da entlegen, welcher samt dem 1. halbe Stunde von Straubing gelegnen Hofmarke Eberau einverleibt. Die Natur hat dasige Gegend mit guter Fruchtbarkeit am Getraide, und sonderbar am Obste begünstiget.

Puech, ein zum Kloster Prüfling unweit Straubing auf der Ebne gelegnes, und nur mit einem Viehzügl versehnes Hofmarksgut.

Rhain, Sitz und Hofm. 1. kleine Meile von Straubing in einer angenehmen Refiere, 5. Meilen von Regensburg unweit der Donau,

Donau, zwischen der groß und kleinen Laber, in welcher dasige Inhaber das Recht zufischen genüssen, entlegen. Hierzu gehören als Antheile Obermotzing, Bergstorf, Wiesendorf, Oberpiebing, Kirchmätting, und Meindliug, samt andern einschichtigen Gütern; den Ort umgiebet auf einer Seite ein kleiner Wald; auf der andern aber lauter Felder, Wiesen, und Weyer. Dieses Graf Leiblfingisches Gut hat nebst sehr gesunder Luft guten Traidboden, Schäferey und Viehzucht. Ist das Stammhaus der Rainer.

Schambach, nach dem Reichsstifte St. Emmeran in Regensburg gehöriger Hofm. bey 2. Stunden von Straubing an einem ganz ebnen Orte entlegen; hat einen guten Traidwachs, und rinnet die Schambach, so unweit von hier entspringet, allda vorbey.

Schennach, Sitz zwischen Rhain und Sinichen an der grossen Laber 2. Stunden von Straubing auf ebnem Lande. Bestehet der Nutzen daselbstigen Erdbodens meistens in Wiesen und Kornfeldern: an Fischwasser, Wildbahnen und andern Nutzbarkeiten ist nichts sonders zu melden. Ist Graf Arcoisch. Hier sassen Seybolstorf, Nothhaft, Leibelfing, Königsfeld.

Stainach, Hofm. und Schloß auf einem mittlern Berge gegen Straubing ebnes

Landes; auf der andern Seiten gegen dem Walde etwas von Hüglen habend. Nebst gutem Feldbaue trägt hiesige Gegend etwas bey mit Viehzügl zur Haushaltung samt der Fischerey, dann auch mit kleinem Wildbanne.

Straßkirchen, Sitz und Hofm. 2. Meilen von Straubing dasig gemeiner Stadt zugehörig, abwerts gegen Plädling zu auf ganz ebnem Lande. Hier saß der Preu.

## Gericht Thonaustauf.

Thonaustauf, Sitz und Mark an der Donau, über welche eine Brücke geschlagen; so fast jährlich wegen des Eisstosses abgetragen werden muß: lieget an dem zum Pflegamte gehörigen in die 4. Meilenweges sich erstreckenden Forste; gränitzt an theils Oertern an das Pfalzneuburgische Gebiet, nur 1. Meile von Regensburg entfernet. Das Schloß ist auf einem hohen spitzigen Berge, woraus ein sehr angenehmes Aussehen zu haben, erhebt; es ist selbiges dem Hochstifte Regensburg zuständig. Hiesige Gegend ist mit schönen Weinbergen versehen, welche nebst dem nicht gar guten Feldbaue dem Landesmanne seine Lebensmittel beybringen.

Adelmanstain, Sitz und Hofm. in dem sogenannten Donaustaufferwalde und Bergen an dem Pfalzneuburgischen Gränitzhofmarke Bernhartswald unter mittelmäßigem

Traid-

Traidgrunde entlegen. Hier sassen Zenger, Muggenthal, Stich.

Altenthann, Sitz und Hofm. dem Benediktiner Kloster Frauenzell zuständig; hat waldichte Gegend nächst dem vorgenannten Walde zwischen Prennberg, Frauenzell, Haunzendorf und Sigenstain gelegen. Hier sassen die Zenger, Haunolden, Riederer, Reithorner.

Schönberg, Graf Lerchenfeldisches Gut und Schloß, waldwerts zu an der Pfalzneuburgischen Gränitz auf einem Berge: dabey im Thale das Menzenbächel vorbeyflüsset. Ist vermuthlich das Stammhaus der Bayerischen längst abgestorbenen Herren von Schönberg.

Schwäblweis, ein dem Hochstifte Regensburg gehöriges Hofmärklein nur eine Viertlstunde unterhalb Weichs auf ebnem Lande an der Donau entlegen.

Rhoit, von Regensburg anderthalb St. jenseits der Donau an der Neuburgischen Gränitz gelegnes Dorf dem Kollegi der Jesuiten in besagter Reichsstadt zuständig; hat ausser des jenigen Getraides, so die Unterthanen allda jährlich anbauen, nichts sonderliches alldort zu genüssen. Hier saß der Freidl.

Gericht

## Gericht Viechtach.

Viechtach, Churfürstl. Bannmark, liegt in dem Walde, zum Theil in einem Thale, theils aber auf einem Berge, an dem schwarzen Regenfluße gegen der Oberpfälzischen Gränitz. Von sonderbarer Fruchtbarkeit ist in rauch- und stainiger Waldgegend nichts zu melden.

Ruebmannsfelden, ein dem Kloster Gottszell angehöriger Mark; hat seinen Platz unweit davon zwischen Deckendorf und Viechtag, einerseits an der Deißnach; wird mit umliegenden Waldungen und Bergen in einer hängenden Gähe eingeschlossen: daß also der Traidbau nicht sonderbar anzuziehen ist. Die Handelschaft dasiger gemeiner Handwerker bestehet nur in gemeinen Krämereyen: im kleinen Waidwerk, einem Fischweyer, und Viehzügl aber ist der ganze Zusatz herrschaftlichen Einkommens beschränket.

Gottszell, Cistercienserordens Abbtey gegen Böhmen im gebürgigen Walde unweit Ruebmannsfelden entlegen; woselbst von Gewerbe, Viehzügl, und Getraide dieser Ursachen halber nichts zu nutzen ist.

Aernpruck, zum Kloster Niederaitaich gehöriger Hofmark zwischen Tällerstorf und Träxelsried vor einem Gebürge auf der Ebne. In diesem schlechten Waldorte haben

Die

die Unterthanen genug zu thun, daß sie sich mit dem geringen Traidbaue, und Viehzügl ernähren.

Kholmburg, Sitz und Hofm. nächst dem Walde, und Böhmischen Gränitz. Ist dem von Ort auf Urschenbach angehörig.

Kreilling, Hofm. und Sitz mit lautern Bergen umgeben; hat auch ziemlich viel Gehölz umher, und neben sich einerseits auf eine Stunde weit Viechtach, anderer etwas weiters Kötzting. Diese Gegend hat wenigen Traidbau und Viehzügl zum nothdürftigen Unterhalte; und wäre zwar die Fruchtbarkeit mittelmäßig: das Geländ aber ist denen Ungewittern sehr unterworfen. Ist Baron Schönbrunnerisch. Ist das Stamhaus der Greil.

Neuennußberg, Hofm. 1. halbe Stunde von Viechtag, hat schlechtes Einkommen und ganz wilde Gegend. Das Stammhaus der Nußberger. Gehört heut zu Tag dem Stängl.

Podenmaiß, Churfürstl. Hofmark im Walde zwischen Viechtag und Zwiesl wird mit Waldungen und Gebürge, sonderbar aber mit dem hohen Berge Arba (unweit welchem 2. See zu finden, die mit Forellen versehen: davon den Fischfang hiesiges Bergamt genüsset) ringsher umgeben; gränzt nächstens gleich über den Arba an Böhmen.

men. Allhier ist besonders schätzbar das Bergwerk; woraus Eisen, Kupfer, und Silber-Aerzt gewonnen, und diese durch die vorhandenen Oefen geschmelzet werden: man trift auch reine Vitriolärz an, welche versotten, und der hieraus gemachte Vitriol, oder das sogenañte Kupferwasser vielen Ländern in grosser Menge zu Nutzen kommet. Sonst hat der Ort 4. Forellen- oder Ferchenbäche, schönen Wildbann, und starken Viehzügl.

Tällerstorf, Hofm. nächst Aernpruck an einem Gebürge in der Ebne. Ist Baron Gleissenthalisch.

Träxelsried, Hofm. bey welcher sich ein des durchgehenden Verschleises berechtigtes Bräuhaus befindet: ist mit ziemlichen Bergen umgeben, doch mit einem solchen Forellenwasser begabet; welches auch perlfängig an theils Orten geachtet wird. Der Feldbau an Korn und Haber, Flaxlande und schönen Wiesmaten kañ hierum ziemlich gut genennet werden. Es gehört der H. Wetzell gleichfalls dahin; welche 2. Stunden von Viechtach gegen Kötzting auf derselbigen Strasse vom Kaittersperger Walde hinüber im hohen Gebürge entlegen ist. Selbiges geniesset am Traidbaue mittelmäßige Fruchtbarkeit, wie auch am allerley Wildprät in den darzu gehörigen Waldungen das Genügen, und beyneben einen guten Viehzügl. Ist Baron Frenauisch.

## Gericht Weissenstain.

Weissenstain, Churfürstl. Pflegort auf einem hohen Felsen; um welchen viel weisse Steine gefunden werden, eine kleine Stunde vom Marke Regen; wobey keine große Waldungen anstossen. Die Unterthanen daselbst ernähren sich mit ihrer Hand- und Feldarbeit. Hier sassen die Freyherren von Degenberg.

Bischofmais, und Hofdorf, oder Diepoltsmais, sind diesem Gerichte einverleibte Hofmärken. War auch Baron Degenbergisch.

## Gericht Wünzer.

Hoch- und Oberwünzer, Churfürstliches Schloß hat vornher gegen der Donau ein ganz annehmliches Aussehen, von hintenher ist es mit ganz bergiger Waldrefiere bedecket. Die Nachtbarschaft sind Niederaltaich, Hengersperg, Diessenstain, Schölnach und Hilgartsperg; die Traidböden wegen bergigem Gelände haben dieses Ortes geringe Schätzung, doch gehet der Hanfbau in ziemlichen Schwang; nebst welchem auch Weingärten gebauet werden. Eine andere Zugehör machen 16. unterschiedliche grosse und kleine Waldungen samt einem Churfürstlichen Bräuhause.

Engelsperg, oder Tobl, ist ein um und um mit Bergen und Gehölzern eingeschloßnes Schloß. Hier sassen die Puechberger.

Händlab, gehört als ein Zuekirchen nach der Pfarr Ickenspach, welches Dorf anderthalb Stunden von Wünzer gegen Schölnach gelegen ist, sonst aber um und um mit Waldungen umgeben: dessen Inwohner sich wegen den unträchtigen Bau- und Wiesgründen ziemlich hart nähren.

Oehlberg, ein Dorf auf einem hohen Berge in ziemlicher Wildniß und Einöde 1. Stunde von Taidling; wobey wenig Feldbau: daß also die Inwohner in größter Mühe und Arbeit ihre Gütlein besitzen. Hier sassen die von Puech, und die Grafen von Schwarzenberg.

Schwanakirchen, ein unebner Ort unweit Hengersperg.

## Gericht Zwiesel.

Zwiesel, Mark zwischen beeden Regenflüssen vor dem Böhmerwalde 2. Meilen von desselben Gränitz in bergiger Gegend entlegen. Hier hat man kein Gewerb als nur den Salzhandel zu genüssen: wogegen vom Böhmerlande am Getraide, weilen allda so viel nicht erbauet werden kann, eingehandelt wird. Es ist auch der Ort das Gewild, Fischerey, und Viehzügl mittelmäßig.

mäßig. Hier sassen die Herren von Degenberg. ꝛc.

Und dieses, was wir bishero vom Gerichte zu Gerichte kürzlich gemeldet, trift hauptsächlich den Ackerbau eines jeden Ortes an. Jederman siehet hieraus hinlänglich ein, daß Bayern ihren Ackerbau ungemein hoch bringen könnte, wenn sie denselben auf die neue Art anstellen wollte: es wird aber durch den Feldbau, verstanden eine Wissenschaft ein Feld so anzubauen, das man davon einen so grossen Ertrag und Nutzen habe, als es immer möglich ist. Alle unsere zeitliche Güter haben ihren letzten Grund in den Erdgewächsen: und gleichwie ein wohlbestellter Feldbau die Grundsäule des Staates und der Handlung ist, dergestalten, daß, wenn der Feldbau wohlbestellet, das Land reich; daß es aber arm werde, und alle Glieder des Staatskörper noth leiden, wenn durch üble Bestellung des Feldbaues diese ergiebige Quelle des Reichstums versieget: also lassen sich in allen Provinzen Deutschlandes nunmehro Herr und Unterthan die Beförderung des Feldbaues angelegen seyn.

Freylich saget mancher, die Verbesserung des Feldbaues habe nur einen Zeitverlust nach sich gezogen, anbey auch Verdruß und

Kosten

Kosten ihm verursachet. Unterdessen ist die Schulde bey ihm allein. Hätte er sich um ein ächtes Erkänntniß seiner Erdarten umgesehen, so würde er ohne Anstand und ohne mislingende vorhergehende Proben sein Feld mit der für dasselbe taugende Pflanze bestellet haben. Allein die meisten Menschen haben nur ein sinnliches Augenmerk auf den Ackerbau, und urtheilen vom Unterschiede, wie der unbelesene Paur; sie kennen die Bestandtheile nicht anders als insgemein die Ackersleute: diese unterscheiden die Arten des Erdreichs nach der Farbe, oder nach einer andern Eigenschaft ihrer Oberfläche, welche zu nächst in die Sinne fällt, und sehen weder die Bestandtheile des Erdreiches, noch des Getraides oder der Pflanze, welsie anbauen. Da aber dergleichen äussere Eigenschaften selbst ihren Grund in den Bestandtheilen der Körper haben, so können wir niemalen von der Farbe auf die zusammensetzung oder auf die Bestandtheile der der Körper schliessen.

Seheten sie die Versuche ein, und erkenneten sie, wenn man z. E. in einem frisch gegrabenen und hinlänglich feuchten schwarzen Boden einen sehr angenehmen Geruch empfindet, daß dieser Geruch nicht denen Ausdünstungen der Pflanzen zu zuschreiben sey, sondern denen flüchtigen Salzen und

 Oelen,

Oelen, welche zusamen in grösserer Menge aussteigen, wenn die natürliche Gährung der Erde durch eine gehörige Befeuchtung vermehret worden; so wurden sie das Distilliren und die Scheidekunst zu Rath ziehen, so oft sie in ihren Gartenbeeten oder auf ihren Feldern eine Veränderung oder Verbesserung vornehmeten. Und also nicht nur von obgedachter guten schwarzen Erde, die man auch sonst Leimen oder Hasselerde nennet, sondern auch vom thonichten, sandichten, kreidichten, und moosichten oder torfartigen Boden, wie auch von der wilden Erde zu reden.

Fast aus keiner andern Ursache klaget hier der Ackersmann, über die neue Bauart und über die mislingenden Proben, die er hat angestellet, als weil ihm dieß Erkänntniß gemanglet und er also sein Feld mit der für dasselbe taugende Pflanze nicht bestellet hat. Er hat zwar durch die Praktik zu Hause gelehrnet, welche Lage das Feld für eine gewisse Gattung vom Getraide oder von Pflanzen haben müsse, ob darzu gute Erde erfordert werde, oder auch eine geringere zulänglich sey: ob der Boden müsse locker oder tief seyn und wie er müsse zubereitet werden. Allein es saget ihm Niemand und vieleich glaubete ers auch nicht, was für Bestandtheile diese Erde müsse in sich halten,

ten, wann in ihr die Pflanze und besonders der an ihr vornehmlich gesuchte Theil, die Wurzel, oder Blüthe, oder Saamen soll zur grösten Vollkommenheit gelangen. Je mehr Nahrungssaft eine Erde in sich hat, und je leichter er durch die Wurzel der Pflanze kann zugeführet werden, desto fruchtbarer ist die Erde. Die beste für den Waitzen ist die Erde, welche, wenn sie trocken ist, weislich aussiehet, die braune kommet nach dieser: die rothe ist auch noch gut in nassen Jahren: taugt hingegen am besten zu Sommerfrüchten, künstlichen Wiesen und zu Wicken: warum? die Ursache stecket in Bestandstheilen, welche durch Chymie und Physik erkannt werden.

Ein Paumann muß aber in den physikalischen Betrachtungen nicht zu weit gehen, noch in verschiedene Systematen sich einlassen: er soll sich ans gewisse oder ans wahrscheinlichste halten, und niemalen untersuchen, wie dieß und jenes geschehe. Erfahrung zeiget, daß Aschen und Salz dünge, ob man schon nicht weis, wie es zugehet. Der Kalk und Mergel düngen, ob sie schon ganz mager sind, und weder Salz noch Oel sich in ihnen äusseren: der Mist dünget, ob man gleich noch nicht bestimmen kann, ob er würke, durch Bewahrung der nöthigen Feuchtigkeit, oder durch Lockermachung der

Erde, oder durch eine in die Erde gebrachte Gährung oder durch Einführung gewisser denen Gewächsen zu ihren Wachstume nöthiger theile. Doch ist eine Theorie vom Ackerbaue deßwegen nöthig, weil die Vollkommenheit des Ackerbaues auf die Festsezung tauglicher Regeln, und hernach erst auf die schickliche Ausübung derselben beruhet. Eine Distallation und eine chymische untersuchung wurde eine so gute Lehrmeisterinn als die landübliche Bauart für sich alleinig nimmer mehr ist.

Es gibt eine einfache, ursprüngliche, zu Latein, elementarische Erde, und giebt eine zusammengesezte: jene ist der Grundstof aller Körper im Thier- Gewächs- und Mineralreiche: diese lasset sich in verschiedene Gattungen wieder eintheilen. Jene trieft man niemalen allein und unvermischet an. Ihr kommet sehr nahe die reine Thier- Erde, welche nach einer vollkommenen Auflösung aller Theile eines Thieres übrig bleibt und unveränderlich ist. Aus dieser Erde und aus dem Wasser bestehet nach Meinung der berühmten Physiker Bechar und Stahl alles Salz, aller Schwefel und Merkuri, welche 3. Körper von den Chymikern insgemein für die Anfänge aller übrigen Körper gehalten werden: diese ist viererley, als Kalkerde, Gipserde, Thonerde, und Glas- oder

Kies-

Kitserde. Alle diese Erdarten trift man in Bayern an, und wenn einer dieselbe kennet, so wird er sich niemals beklagen, daß ihm seine mislingende Proben Zeitverlust, Verdruß und Kosten verursachet. Wir können die Kalkerde oder Alkalinische an dem Wiesenbaue im Lande beobachten.

Die Stadt Aichach liegt flach: auf einer Seite sind gute Wiesen, wodurch die Paar fliesset, auf der andern ist zwar Sandfeld, aber durch Kunst und Fleiß kann es zum fruchtbaren Boden noch werden. Es sind ja ohne das Erde und Steine in der Sache selbsten einerley und nur in dem Unterschieden, daß sich jene zerreiben, oder mit dem Messer schaben, die Steine aber nicht lassen. Wann die Erden durch einen noch nicht sattsam bekannten Kleber fest zusammen backen, so werden sie Steine. geschlemmter Töpferthon an die Luft gesetzt, und mit Brunnenwasser öfters befeuchtet, wird nach etlichen Jahren so hart, als ein Kisel. Wie hart wird der Thon im Feuer? wie feste werden die zu Ziegeln gebrannten Erdarten? das heftige Feuer macht die Erde allein oder untereinander gemischt zu Glas, und so hart, daß sie an einem Stahle Feuer schlagen. Hingegen zerfallen die Steine in Erden, wenn ihr Kleber durchs Wasser oder durch die Luftfeuchtigkeiten, oder durch das Feuer oder durch die Salze, aufgelöset wird, oder sie kleine mit stossen, reiben, schlagen, zermalmet werden. Der gebrannte Kalkstein zerfällt in der Luft und im Wasser; der sogenannte Leberkieß, eine Art Mergelsteine, zerfällt in der Luft; Erzsteine verwittern; der härteste Kiselstein, wann man ihn etlichemal ausglühet, und gleich darauf jedesmal im kalten Wasser ablöschet, zerfällt in Staub. Die Wiesen zu verbessern ist dieses zu wissen dienlich.

Ampfing, ist wegen der sogenannten Hirschkühewiese auch bekannt. Um den feinen Markflecken Au Renntamts Landshut an der Iser trift man schönen Wiesewachs an, wovon die Leute allda gute Nahrung ziehen. Um Dietfurt, einen Städtlein in einem angenehmen Thale, wo der Laberfluß mit der Altmühl sich vereiniget, ist treflicher Wiesewachs herum, wie auch um Eggenfelden am Wasser Rott, da die Mersee einfliesset zwischen Pfarkirchen und Gänkofen. So hat auch Fürstenfeld und Bruck wegen der schönen Fläche, die gegen Ost und Westen von Feldern und Wiesen gemacht wird, seine recht anmüthige Lage. So ist auch ein besonder guter Wiesewachs zu Furt einer Stadt an dem Wasser Cham an Böhmischen und Pfälzischen Gränzen, allwo die Bürger freye Pirschung aufs Wild haben. Die

Herr-

Herrschaft Hohenaschau hat treflichen Wiesenwachs, so, daß jährlich zu 300 Judern Heu und Grumet können gesammlet werden. Um Pfaffenberg, einem Marktflecken am kleinem Laberfluße ist treflicher Wieswachs und Feldbau. Zu Pferter, aber am kleinen Pfetterflusse einem Marktflecken, wachsen viele gute Rüben, so zu Straubing Pfetterrüben, zu München aber Bayerische Rüben heissen. Das Churfürstliche Schloß und Sommerlusthaus Gelting unweit von Aenzing im Gerichte Schwaben hat ein weites und angenehmes aussehen auf den guten Wiesen und Feldern dahin.

Nichts destoweniger ist der Wiesenbau in Bayern das jenige Stück, welches, obschon es die stärkste Verbesserung anzunehfähig ist, aus keiner Ursache am meisten verabsäumet worden, als weil der Landmann keinen richtigen Begrif von besserer Warung und Nutzung der Wiesen hat: die im hiesiger Akademie herausgekommenen monatlichen Intelligenzblätter könnten freylich manchen in Stand setzen eine merkliche Verbesserung seiner Wiesen vorzunehmen: allein sein Känntniß von den Bestandtheilen der Pflanzen, der Erden und Steinen ist noch allzu eingeschränkt, als daß er sich etwas zu wagen getrauete. Und man hat auch billich bey allen Neuerungen und Versuchen behut-

behutsam zu Werke zu gehen. Wiesen nennet man solche Plätze, welche von selbsten verschiedene Kräuter und Gras hervorbringen, ohne daß man diese jährlich pflanzet; und in nasse und trockne eingetheilet werden: jene werden von einem nahen Wasser leicht überschwemmet, und wofern das Wasser den grösten Theil des Jahrs darauf stehet, Sümpfe genennet, dergleichen es genug in Bayern giebt; und es bleibt nichts übrig, als dieselben, weilen sie ein schlecht Futter für das Rindvieh geben, mit vielen Ableitungsgräben durchzuschneiden, die daraus gegrabene Erde auf der Wiesen auszubreiten, und in die Gräben Erlen zu pflanzen, auf solche Wiesen aber eine andere Erde, sie mag noch so schlecht seyn, auszustreuen: es ist auch allda gemeiniglich torf. Die trockenen hingegen, sie mögen an einer Anhöhe liegen und also die Wässerung verlangen, oder eben liegen, sind eigentlich die guten Wiesen. Allein wer nicht genug natürliche Wiesen hat, muß diesem Mangel durch Anlegung künstlicher Wiesen abhelfen, und einige seiner Felder mit solchen Pflanzen bestellen, welche frisch wachsen, viel Kraut haben, und für das Vieh sowohl dienlich als demselnen angenehm sind: einige diese Futtergewächse sind jährliche, z. E. Erbsen, Wicken, Rogen, Türkischkorn, Ger-

Gersten und Spergel: andere sind beständige z. E. Luzerne, Esbarserte, Klee, Genster ꝛc. über dieß, da in Bayern die Wiesen gemeinilich mit Wäldern und Holzungen umgeben sind, so wird ein jeder wissen davon seinen Vortheil zu ziehen, damit keinem zu viel noch zu wenig zu gehe noch durch das Wild zu grosser Schaden geschiehet. Absonderlich verwahren die schicklich angebrachten Bäume einen hitzigen oder heisgrätigen Bodē.

Altfrauenhofen ist zu beeden Seiten mit Feldern und schönen Waldungen umgeben, darinnen die Besitzer ihre Jagdbarkeit ausüben. Eine anmüthige Wildniß wer die Lust hat zu sehen, der besteige nur den bey Aurburg am Instrome hohen Berg des zerstörten Schlosses Kiermstein, allwo auf der einen Seite alles mit Gebürgen, und diese mit dick gewachsener Waldung umgeben. Es sind aber auch viele Wildnissen ausgereitet zu allen Zeiten geworden. Also ist schon längst die unweit des Walchen- und Kochelsees am Innstrome 8 Meilen von München entlegene öde Wildniß, so Bayern geheissen, in das dermalige Benediktiner Kloster, Benediktbayern genannt, verwandlet worden. Und also von andern zu reden. Von denen um das Pfleggericht Cling liegenden Wäldungen hat dieser Flecken seinen Namen Kling empfangen, wegen des

aus

aus dasigen Thälern und Wäldern erschallenden Klanges oder Echo. Einige bayerische Geschichtschreiber nennen den Berg Telmos gleich an der Stadt das Seherohr der Jäger, weilen von daaus ein unvergleichliches Aussehen weit und breit ist. Der sogenañte Veilenforst umgiebet einen Theil des Markflecken Geisenfeld und seine Gegend allda.

Zu Haag, das ist zu Gurenhaag, wie es vor Alters hiesse, befindet sich gegen Occident eine grosse Waldung, der Schachen genannt, und überhaupt hat diese Grafschaft eine starke Wildbahne: zu Haltenberg aber am Lechfluße, welcher hier recht Schlangenweise lauft, giebt es eine schöne Raigerbaize wegen der unvergleichlichen Lage an dem in den Geschichten so berühmten Lechfelde; indem auf dieser weiten Gegend und geraumen Ebene, bisweilen ganze Armeen gemustert worden. Das Lustschloß Lichtenberg liegt auch nicht weit davon. Ohnweit Ergoltspach einem Marktflecke im Pfleggerichte Teyspach sind zweene Churfürstl. Förste, worinnen rothes Wildprät. Zu Albartsmaist im Gerichte Hengersperg einem geschlossnen Hofm. hat man neben der gesunden Luft einen Ueberfluß am Gehülze, worinnen sich zuweilen roth und schwarzes Wildprät zeiget. Der Markflecken Hohenwart liegt gegen Mitternacht im Gehölze, der Heidenforst genannt, und gebete eine gute Festung ab. So ist auch der in Oberbayern gelegene Rösingerforst bekannt, welcher 8. Meilen im Umkreise haben soll. Er liegt ohnweit dem Marke Kösching und wird in Stammhammer, Weittenhüller, Oettinger und Röschinger Bogen getheilet. Der Hof ist zu Zeiten zu Leonsperg in Niedernbayern, jenseits der Iser wegen der schönen Raigerbaitze und Wildbahnen: und weilen der Landsherr von dem Schloße Leonsperg seine Lustbarkeit mit der Paissung bis auf Henhart zu nimmet, so dörfen die sich auf denen in gedachtem Henharterhofmarke vorhandenen 3. Weyern befindenen viele Raiger, welche sich den ganzen Sommer hindurch darinnen aufhalten, und ernähren, nicht ausgerottet werden. Zu Mattigkofen einem zwischen Mauerkirchen und Fridburg auf einer Ebne gelegenem Marke haben die Unterthanen von den Büschen und Gehölzen gute Nahrung. Der Weilhalterforst bey Mauerkirchen ist auch nicht der letzte. Zu Rauchenlechsberg ohnweit des Lechstroms und des Schwäbischen Etthalergebürges waren nicht nur allein schöne Jagden, sondern auch ein Jagdgericht, welches nunmehro abgekommen. Das Kloster Wessenbrunn liegt in absonderlich schönen und dicken Waldungen.

Die

Die Herrschaft Falkenstein, zwischen Cham und Donaustauf an dem Fluße Müettnach hat hohe Gebürge, viele Gehölze, und Obst, davon sich auch die dasigen Bergunterthanen ganz gut nähren. Der Hofmark Herrenwart ist mit schönen Holzungen nebst Wiesen und Feldern versehen. Im Ämerforste bey diesen findet man grossen Theils Aichen, Thannen, und Feichten. Das Schloß Hochenaschau in der Herrschaft gleiches Namens liegt auf einem ziemlich hohen mit Lercherbäumen bewachsenem Berge, an welchen abhangende Steinfelsen zu sehen: gegen Mittag aber siehet man durch das schöne Sachrangerthal, welches vor Zeiten ein gefährlicher Wald gewesen, nunmehro aber annehmlich und sicher ist. In dem Hofmark Inzl nähren sich die Unterthanen von Küfern Holz, welches sie nach den Salzörtern, und ämtern Reichenhall und Traunstein verhandlen. Um Neuburg vorm Wald ist trefliches Weidwerk nebst guten Flachsbaue anzutreffen.

Die vielen und grossen Wälder nämlich geben das schönste Holz, dessen jährlich viel ausser Lands geführet wird: und sie sind eben wie die Felder, voll des schönsten und besten Weidwerkes und Wildprets, wovon grosse Nutzungen nicht minder zu vermuthen stehen, als vom zahmen Viehe, Schaafen, Schweinen,

nen, Rindern, und Federviehe. Ueber Landsberg werden jährlich viele tausend Schweinen, Ochsen und andere Heute hinaus geführt, woraus Leder gearbeitet zu werden pfleget. Zu Obing einer Hofmark im Gerichte Kling giebt es Irl, Puechen, Ferchen, Thennen und Feichten. Das Churfürstl. Schloß Wolnzach hat feine Waldungen von Puechen, Feichten, Ferchen, und etwas von Aichenholz. Die Waldungen um Kirchdorf im Gerichte Mosburg geben Aichen, Puechen, Fichten, und Thannenholz. Im Schneidingerforste giebt es das schönste Bau- und Brennholz. Der Hofmark Altenkhann im Gerichte Thonaustauf ist waldächtiger Gegend nebst dem Thonaustauferforste, worinnen grosse Lustbarkeit ist.

Obschon nun Gras, Kräuter, Stauden und Bäume, das ist, solche Gewächse, die vermittelst der Wärme und des Wassers aus der Erde hervorwachsen, sich in Wäldern befinden, und ihren äusserlichen Theilen nach, nämlich der Wurzel, dem Stamme, denen Aesten, Knopsen, Blättern, Blüthen und Früchten nach ganz verschieden ins Auge fallen, so bestehen sie doch aus einerley innerlichen Theilen, die nur immer etwas anders zusammen gesetzet sind. Es sind aber diese innerlichen

Theile Saftröhren, Luftröhren, Bläslein und Häutlein, wie uns die Vergrösserungsgläser was sowohl das Holz als die Rinden von verschiedenen Bäumen betrift belehret. Das Holz bestehet aus Fäserchen als ihren Saftröhren, davon die gröste Menge längst dem Stamme hinaufgehet. Doch gehen auch andere aus dem Marke des Baumes horizontal, nach dem Umfange des Stammes bis an die Rinde: das Mark aber bestehet aus lauter Bläschen, voller Saft, der ihnen von den umstehenden Röhrlein zu geführet wird. Nach allen Knopsen, Blättern und Reisern zu gehen aus dem Holze des Stammes solchen Röhrlein und Holzfäserlein, die mit einem Marke von Bläslen versehen sind, dadurch ihnen die Nahrung zugeführet wird, und die aus der Wurzel in einem fortgehen. In jedem Blatte zertheilen sich die Röhrlein aus dem Stengel als kleine Aeste nach beyden Seiten: diese spalten sich aber wieder in kleinere und noch kleinere Fäserlein, so lang, bis sie gleichsam ein zartes Netz weben, dessen Zwischenräumlein mit lauter Saftbläslein angefüllet werden. Kirschen, Aepfel, Birn, und andere Früchte sind eben also beschaffen. Die Knopsen halten im kleinen schon ein ganzes Reis mit seinen Blättern und Blüchen in sich. Der zufliessende Saft dehnet

und

und vergrössert sie mehr, und also wächst ein ganzer Baum daraus. Hierauf gründet sich die Kunst vom Pfrofen und Impfen.

Die Samenkörner haben zwar eine harte, jedoch schwammigte und durchlöcherte Schale, wodurch die Feuchtigkeit unter der Erde leicht bis zum Kern dringen und denselben solang vergrössern kann, bis die Schale bersten muß. Die Vergrösserungsgläser zeigen, das innerhalb der äusserssten Schale und Haut des Kerns eine kleine Pflanze sich befinde, so schon würklich ein kleines Würzlein, mit seinem Stamme, ein paar Blätterlein und einen Knospen darzwischen hat. Nun da bey grosser Dürre alle Gewächse verdorren, so ist das Wasser nebst der Feuchtigkeit der Luft nicht nur zu dem Keimen der Samenkörner und der Knospen, sondern auch zum wachsen der Pflanzen sehr nothwendig. Eine jede Pflanze nimmet in ihre kleine Bläsen hinein durch die Saftröhrlein der Wurzel gewisse irdische, das ist, salzigte und schwefelichte Theilchen oder grüne Stäublein samt dem Wasser, und durch die Saftröhrlein der Blätter und Ründen die Feuchtigkeiten der Luft. Dieß ist das Getränk und die Speise der Pflanzen, Salz, Schwefel, Thau, Regenwasser, Oel. Wiedenn die Pflanzen auch ausduften, nämlich

 durch

durch ihre Löchlein auf der Ründe und auf den Blättern die überflüßigen Feuchtigkeiten ausschwitzen und in die Luft fliegen lassen, ja bey starker Hitz gar verwelken und verdorren, welches ihre Krankheit und Todt ist, welchen sowohl eine starke Kälte und eine grosse Dürre als das Alter selbst verursachen kann, insoweit der Nahrungssaft in den Fäserchen und Gefässen gefrieren oder gänzlich austrocknen;

Da nun in das Reich der Pflanzen auch der Weinwachs gehöret, so wollen wir von demselben auch etwas weniges melden. Der edle Rebensaft erfordert nicht nur einen besonderen Erdstrich, sondern auch und zwar hauptsächlich ein unterirdisches Feuer. Denn wäre die Sonnenhitze allein dasjenige, was diesen Platz zu einen Weinberge machet, so müste der Wein nicht nur in einer oder der andern Gegend wachsen, sondern in allen Gegenden, welche unter dem nämlichen Erdstriche zu stehen kommen: allein die Erfahrung lehret das Wiederspiel, und zeiget durch eine natürliche Folge, das nicht alle Wärme der Erdkugel von der Sonne herkomme: theils weil die Sonne auch bey der grösten Hitze nicht über ein paar Fuß tief in die Erde dringet, theils weilen auch die Kälte selbst nur die oberste Fläche der Erden und des Wassers verhärtet: die Berg-

werken,

werken, die tiefen Keller und wo man sonst auch mitten im Winter tief gräbt, überzeugen uns, daß das Erdreich inwendig nicht gefroren sey, und die in den Strömmen und Brünnen von oben zu gefrieren anfangenden Wässer beweisen klärlich, daß die Erde eine innerliche und von der Sonnenhitze unterschiedene Wärme haben muß, die nach dem obigen sich aus ihrem Mittelpunkte ausbreitet. Ueber dieß ist auch eine Art des Erdreiches mehr oder weniger geschickt diese Centralwärme anzunehmen; die bergigten Landschaften sind auch höher in die kalte Luft erhoben und denen Winden ausgesetzet als die nidrig gelegenen Gegenden, welche von dieser Centralwärme mehr bekommen können. Also hat die um Oberaltach herumliegende Gegend nicht nur allein guten Ackerbau, sondern auch etwas Weinwachs: ingleichen äussert sich um Abach und um Randeck herum guter Anlag zum Weinwachs: zu Rosenheim wird zwar guter Handel von ausländischen Wein getrieben, zur Pflanzung eines Weinbergs aber ist hier kein Ort. Zu Vilshofen ist auch nur ein Weinaufschlagamt. Um Wörth an der Donau unterhalb Regensburg aber, und um Landshut, Thürndenning, Forst, Tunzenberg, Mettenbach, Au, Altorf, Hörmanstorf, giebt es einen guten Anlag zum Weinbaue, wie denn da herum der beste Bayerische Wein wachset.

Man muß nur Sorge tragen, daß man gute Weinreben hierzu erwähle; denn es kommet auch hier nicht nur auf die Bestandtheile der Erde, sondern auch des Weinstockes an. Der Mark Donaustauf und die ganze Gerichtsgegend ist auch mit schönen Weinbergen versehen. So wird auch erzehlet, man habe vor Alters noch an weit mehreren Oertern Wein gebauet, welche sodann in Traidfelder und Wiesen verwandlet worden, und wovon Zehend und andere grundherrliche Dienstgenuß entrichtet worden. Dieser Mangel nun wird durch die gesunden und wohlschmeckenden Biere ersetzet. Wer aber Necker oder Rheinwein oder Oesterreicher zu trinken verlanget, dem stehen München, Straubing, Donauwörth, Wasserburg &c. zu Diensten, allwo sich eine gute Niederlage davon befindet. Unterdessen ist neuer Most und junger Wein nicht gesund. Ein Wein 12 Monat alt, ein Brod 12 Stunden kalt, ein Ey von einem Tag, sind Dinge die ich mag. Allein wir wollen uns von dem Weingewächse und andern Arten der Pflanzen zu den Thieren wenden, an welchen Bayern einen Ueberfluß hat.

Durch die Thiere verstehen wir hier diejenige Art lebendiger Geschöpfe, welche

welche mit Empfindung begabet ist, und sich willkürlich bewegen kann. Die Austern und Muscheln gehören sogar hieher; denn obschon sie nicht viel mehr Leben haben als die Pflanzen und von allen u sern Sinnen nichts als das blosse Gefühl zu besitzen scheinen, so gehen doch ihre Bewegungen auf die Eröfnung und Schliessung ihrer Schalen. Die Schnecken und Raupen können sich schon, ob sie gleich zum Theile an gewisse Schalen angewachsen sind, von der Stelle bewegen und scheinen also schon einen Sinn mehr zu haben. Noch weit mehr aber gehören die Fische, das ist Thiere, die im Wasser leben und theils mit Lungen versehen sind, wie Wallfische, Seehunde, nnd andere, die Sprützröhren haben; theils keine Fischohren, sondern etliche Löcher am Kopfe haben, dadurch sie das Wassers herauslassen, wie Aale, Quappen, Neunaugen und so weiter, theils mit Fischohren versehen sind, wie Hechte, Karpen rc. alle Arten der Fischen werden aus gewissen Eyern erzeuget, indem unter ihnen keines ohne Aeltern entstehet. Die Früchte der Fischen haben aus keiner andern Ursache gleich in dem ersten Monate, ihre vollkommen gebildete Gliedmassen, wie andere Thiere, als weilen eines von den Samenthierlein, oder Männleinn in ein von dem Eyerstocke abgelöstes

 tes

ges Ey gerathe, darinnen seine erste Nahrung findet, auch zugleich mit demselben in die Mutter gebracht werde. Sobald nun dasselbe von der ihm allda zufliessenden überflüßigen Nahrung zu wachsen anfanget, so verwandelt sich das Ey in die Häute, damit jede Frucht umgeben ist; worauf sich das Samenthierlein aus einem kleinen Fische in ein vollkommenes Thier sich nicht anders verwandlet als etwann aus einer Raupe ein Schmetterling, oder aus den jungen Fröschen, die noch keine Füsse haben, die rechten Frösche entstehen. Sind aber zwey oder mehr Eyer mit solchen Samenthierlein auf einmal befruchtet worden, so werden auch auf einmal Zwillinge oder mehr Junge gebohren. Sind aber zwey Samenthierlein zugleich in ein und dasselbe Ey gekommen, und daselbst zusammengewachsen, so entstehen Misgeburten nicht minder als auch so oft durch einem Zufall ein gewisses Gliedmaß gedrucket, verrucket und also gehindert worden, die gehörige Nahrung anzunehmen, so daß es sich nicht hat [illegible] len, oder vergrössern können, oder [illegible] noch zart war, auf die unrechte [illegible] schoben und also seine Gestalt ver[illegible] worden. Uebrigens gleichwie viele [illegible] Sammenkörner der Pflanzen niemals [illegible] würklichen Pflanzen werden; [illegible]

[illegible]

schon würklich organisirte Pflänzlein in sich halten also sind alle jzige Fische in dem allerersten ihrer Art schon fertig gelegen, wovon verschiedene Gattungen Bayern aufzuweisen hat.

Aibling hat gute Fischereyen. Das bey Altmanstein vorbeyfliessende Wasser Schambach ist an Forellen sehr reich. Der berühmte Würmsee lifert das niedlichste Fischwerk. Benedictbayern besitzet eigentumlich die schönsten See- und Fluß-Fischereyen, wie denn der Walchensee größtentheils dem Kloster zugehöret. Zu Furt in Niederbayrn gegen dem Böhmischen Walde zu giebt es nebst dem guten Getraidboden schöne Fischweyer. Zu Helibrunn eine halbe Stunde von der Stadt Salzburg entspringet eine Menge Wasserquellen, wovon schöne Teiche, Wasserwerke, und Baßins angeleget, mit den verschiedenen von Kelber- und Ochsenzungen gefütterten Forellen und andern Fischen. Zu Hohenaschau in Oberbayern trift man ein Forellenwasser an, welches auch viele Aschen heget, die Prinn genannt. Der zwischen den Deisenberg Stauten und Rauschenberg in einer kalten Gegend gelegene Hofmark Jnzl hat seinen Ruhm daher, weilen viel grosse und kleine Weyer, auch zwey kleine Seen, der Pfrinnen und Farchensee hierum liegen und zusammenfliessen. Jn dem an dem Flusse

Mattich gelegenem Marktflecken Mattikofen verschaffen nicht nur die Büsche und Gehölze sondern auch die schönen Weyer den Inwohnern eine ganz gute Nahrung.

Um die Stadt Neuburg vorm Walde, am Schwarzachflusse ist eine schöne Gegend, welche viel Fischwerke neben Waidwerken und andern mehr um billigen Preis liefert, insonderheit guten Flachs. Zu Podenmais, welche in den inneren und äusseren Hofmark abgetheilet wird, giebt es gute Forellenbäche. Das reiche Kloster Waldsassen soll so viel Fischweyer haben, als Tag im Jahre sind. Es giebt auch in der Stadt Weinding gute Fischweyer. Trächsried ein, Hofmark im Gerichte Untervitchtach ist mit einem solchen Forellenwasser begabet, daß selbiges auch an einigen Oertern perlfängig geachtet wird. Bey Au, einem Schlosse im Gerichte Regen fliesset ein Wasser, also genannt, in welchem die Perlen zum Nutzen des Landesherrn und Zierde des ganzen Landes wachsen.

In Bayern giebt es noch mehr Perlfang. Bey Wützmansperg fliesset der zwar kleine, jedannoch sogenannte Tättenbach, vorbey, von welchem in Ansehung, daß er perlhaltig, dem Inhaber von dem Pfleggerichte Diessenstein jährlich eine gewisse Erkanntlichkeit abgereichet wird. Mit der Zeit die

wilde

wilde Pernsteinische Gegend billig schätzbar macht, ist nicht mehr der Bärn- sondern der Perlfange, welcher allzeit nach Verlaufe etlicher Jahren angestellet wird, und zwar manchesmal also glücklich, daß der Landesherr ein schönes Regale davon überkommet. In der hübschen Landgegend des Hofmarks Stainburg Gerichts Mitterfels ist nicht nur ein schöner Fisch- und Krebsfang, sondern auch ein Perlbach. So behalt auch das fruchtbare Chamwasser annoch um Eschelbach von guten Fischen und Krebsen ihren alten Ruhm. Bey dem Mark Arnstorf Rentamts Landshut, rinnet der Fluß Kollbach vorbey, welcher sehr fischreich ist, und wie der Osofluß gute Krebsen zum Vortheile giebt. Die Vils besitzet auch bekannter massen einen Reichtum an Fischen. Die Pinnach bey Gängkofen ist auch mit Fischen in etwas versehen. In dem schwarzen oder grossen Regenfluß ist eine schöne Fischerey. Wie aber das Schwimmen der Fische nach der Directionslinie und Statikischen Gesetzen sich richtet, fällt hier eben zu weitläufig zu erklären als der übrigen Thierbewegungen, welche sich nach Mechanischen Grundsetzen, und absonderlich des Hebels vermittels der mit dem ein und ausfliessenden Nervensaft angefüllten Mäuslein erklären lassen; wir wollen vielmehr das Vieh aufsuchen.

Zu

Zu Arnstorf ist trefliche Viehzucht; und die Leute, so damit grossen Verkehre machen, sind bey gutem Vermögen. Benediktbayern hat überaus schöne Viehewaide nebst ihren grossen Jagdbarkeiten. Der hübsche Marktflecken Eggenfelden oder Echenfeld ist wegen guter Viehzucht, Wiesewachs, und fruchtbaren Getraidbaues sehr nahrhaft, und hat folglich gute Einkünfte. In der altgefreyten unweit der Tyrolischen Gränze zwischen Rosenheim und Marquartstein gelegenen Herrschaft Hochenaschau waidet der weite Alm, oder die schöne Aue, der Zellboden genannt zur Sommerzeit über 1000 Stück Viehes. Zu Münchdorf, genanut St. Georg, ein Edelmannsitz und Schwaig ist eine trefliche Schäferey. Zu Tunzenberg im Gerichte Dingelfing kann die Schäferey hoch getrieben werden. Zu Taufkirchen einem Hofmarke im Gerichte Eggenfelden ist vortrefliche Fütterung zum guten Viehzügl. Im Gerichte Pernstein ernähret sich die Pauerschaft meistens mit ihrer guter Ochsenmastung und Viehzucht. Zu Laufzorn einer Churfürstl. Schwaig oder Vorwerk ist eine schöne Stuterey, wie auch Schweitzerviehzucht und türkische Schäferey. Auf der einen Seite des Churfürstl. Lustschlosses Schleisheim nach [illegible] zu sind die Churfürstl. Stutereyen, [illegible] gen München die Viehzucht, wo die sogenannten gute Schleisheimerkäse gemacht werden. Der Stadt Wemding meiste Nahrung bestehet in Viehzucht. Und in vielen Oertern muß im Abgange des Getraides der Hausmann seine Unterhaltung grösten Theils von dem Viehe zuhaben suchen.

Nun wollen wir die sinnlichen Werkzeugen der Thiere nur obenhin betrachten und sodann zun Mineralien schreiten. Alle Thiere haben Seele und Leib, und denen vollkommenen jedoch unvernünftigen Thieren raumte ich sogar eine kleine Willkuhr ein in ihren Handlungen und Empfindungen, in meinen hier verflossenem Jahre gedruckten Gedanken vom geistigen Wesen der menschlichen Seele an der 35 Seite. Ihr Körper bestehet ausser der Haut, aus Fleisch, Adern, Sehnen und Beinen. Die Beine geben allen Gliedmassen ihre Festigkeit. Sie sind gefühllos und ohne Nerven, so daß sie sich nicht ohne die Vermittelung derer Sehnen, die an ihnen befestiget sind, bewegen lassen. Die Adern führen bloß den Nahrungssaft aus dem Herzen nach allen Theilen des Leibes, und von da wieder zurück zum Herzen. Sie thun also unmittelbar zur Bewegung nichts. Wenn hingegen eine Sehne am Beine in der Kniekehle zerschnitten würde, so könnte man hernach den Fuß nicht mehr

auf

auf die Art regen als vorhin; das ist, er würde steif oder lahm werden. Woraus handgreiflich erhellet, daß die Sehnen, sonst Spannadern genannt, das rechte Werkzeug der thierischen Bewegung seyen, obschon sie alle ihre Bewegungen von dem Fleische haben, an welchem sie befestiget sind, insoweit selbiges sich in der Zergliederung, in längliche Stücke, welche in der Mitte dicker sind, gegen die Ende aber spitz zulaufen, sich in Sehnen verwandelt. Solche langliche Stücke werden von ihrer äusserlichen Gestalt Mäuse oder Meislein genennet und bestehet aus einem dichten Gewebe von zarten Fäserlen, die fast nach der Länge einander liegen, inwendig hohl sind, worinne eine sehr zarte Feuchtigkeit, kein Blut ist, deren obere Theil der Kopf, der unterste aber der Schwanz heisset. Nun lebet das Vieh, so lang es sich vermittelst dieser Mäuslein willkürlich bewegen und empfinden könne.

Dieses Leben wird durch die einem jeden gehörige Nahrung erhalten, die sehr vielerley ist. Fast überall wird selbige [illegible] Verdauung in einen rothen Saft, [illegible] genannt, bey den Krebsen und den [illegible] Ungeziefern in einen ungefärbten Saft [illegible] wandelt. Dieses Blut hat seinen [illegible] im ganzen Leibe der Thiere, und [illegible]

den

derselbe dauret, solang ist auch das Thier noch lebendig, welches an dem Herzklopfen und Pulsschlage äusserlich verspüret wird. In dem Gehirne wird von dem Blute der Nervensaft abgesöndert, und durch das Mark im Rückgerade vermittelst unzähliger Nerven, die aus demselben entspringen, in den ganzen Leib vertheilet. Weil sich durch lang anhaltende Bewegung dieser Nervensaft vermindert., so muß dieser Abgang durch die Nahrung des Thiers, durch die Verdauung derselben, und durch die Absönderung der geistigen Theilgen aus dem Blute ersetzet werden, um das Thier stark, munter und bey Kräften zu erhalten. Sobald aber die Werkstatt des Nervensafts, das Gehirn durch den gehemten Kreislauf des Geblüts zerstöret wird, so erfolget der Tod des Thiers. Wir wollen von der oberfläche des Lands uns zu der unterirrdischen Fruchtbarkeit in etwas wenden. Und zwar erstlich zum Salze und sodann zum andern Mineralien, nicht nur weilen das Leben des thierischen Körpers in einer gewissen Dose der salzigten, salpeterischen, öelichten und noch übrigen mineralischen Theilchen bestehe, sondern auch und hauptsächlich damit wir die uns vom Himmel reichlich geschenkten unterirdischen Schätzen suchen, kennen, und gebrauchen lernen.

Zu Au, einem Hofmarke bey Traunstein, befinden sich 4. Siedhäuser oder Salzpfannen, so Albrecht, Wilhelm, Maximilian und Ferdinand heissen. Die Salzwerker sind hier nicht geringer als die zu Berchtolsgaden, wo nebst einer gewaltigen Menge Hölzernes und mit mancherley Farben gemahltes Drechsler- und Dockenwerks gutes Salz verführet wird, wie auch die zu Hallen, ohnweit von welcher Stadt ein Salzberg lieget, Dürnberg genannt, allwo der Salzstein gegraben und ausgehauen, und alsdenn in Halleyn gesotten wird. Man kann in diesem Salzwerke wohl eine [illegible] herumgehen. So viel und so weit sind die Gänge gehauen. Der Salzstein ist [illegible], roth, blau, weis, und glänzet schön, daher wenn man bey angezündeten Fackeln darinnen herumgehet, so blitzet und funkelt es überaus schön.

Zu Kelheim ist eine Salzniederlage. [illegible] Stephan hat schon im Jahre 13[illegible] der Stadt Schrobenhausen die Niederla[illegible] les Lägelsalzes verliehen. Ja [illegible] Wasserburg gleichwie sie zur Han[illegible] bequem ist, auch einen starken [illegible] Getraide machet, also ist sie [illegible] beträchtlichen Salzniederlage insonde[illegible] kannt. Zu Landsberg am Lech [illegible] der Handel und anders Gewerb [illegible] so stark gehet wie zuvor, so befindet sich doch noch eine Salzniederlage allda. So ist auch Regensburg als ein wichtiges Salzmagazin anzusehen, und der Vertrieb damit gehet stark in die Oberpfalz, als auch auf der Donau in die übrige Nachbarschaft; es wird nämlich das Reichenhallersalz nach Schwaben, Schweitz, und in die Rheinlände verführet. Der Salzbrunnen zu Reichenhall am Salzfluße in Oberbayern heisset die Gnade GOttes und die kunstreichen Hebwerke und Wasserleitungen sind betrachtungswürdig. Aus diesen Salzbrunnen nämlich wird das Wasser durch ein Rad, dessen Diameter von 36 Fuß mit eisernen Ketten und endlich einem kleinen Rade, an dessen Rande kleine lederne Eymer, auf ein hohes Haus über 2000 Schritte in die Höhe gebracht, und daselbst in zweene gleiche Theile abgesöndert. Die eine Helfte wird in bleyern Röhren von der Dicke eines Heubaums über 3. Meilen weit über hohe Bergen nach Traunstein, wo man wegen Ueberfluße des Holzes mehr sieden und bequem verführen kann, geleitet. Der Gnadenfluß oder die Reichenhallersole hat schon von Natur die gehörige Stärke des Salzes, um gekochet oder raffinirt zu werden: die andere süsse Wässer aber müssen gradiret werden, wie denn zwey hohe Gradierhäuser da sind.

Im Reichenhall sind 6. Pfannen, von welchen täglich in etlichen wechselweise Salz gesotten wird, und ist das ganze Werk in 6. Tägen verrichtet. Vor Alters wohnten gewisse Geschlechter hieselbst, so sich die Siedherren genennet, und welche das Salzwesen geführet, bis es nun eines der einträglichisten Churfürstl. Einkünfte geworden, indem sie der Landsherr allein besitzet, und keine Kothe verleihet. Uebrigens hat auch Reichenhall noch diesen Vorzug, daß das Salz ihr nicht so viel Mühe kostet als zu Hall in Tyrol oder zu Hallein bey Salzburg, wo das süsse Wasser erst in den Berg, und in die Gruben geleitet werden muß, um die Salzsteine zu schmelzen.

Es sind nämlich unter dem, was man aus der Erde gräbt, allerley solche Körper, die im Wasser schmelzen, und die mit einem gemeinen Namen Salze genennet werden. Dahin gehören nun erstlich das gemeine Salz, hernach der Salpeter, der Vitriol und Alaun. Die Erfahrung zeiget uns zweyerley Gattungen des Salzes, wenn man ein gesalznetes Wasser ausdünsten lässet: denn das erste Salz, so sich auf den Boden setzet, mit dem oleo Tartari per deliquium, welches alkalisch ist, nicht in ein [illegible] gerathet: wohl aber das letztere, so darinnen übrig bleibet und dahero ein saueres Salz

heisset.

heisset. Aus dem sauren und alkalischen Salze wird das gemeine Kuchensalz zusammen gesetzet. Daß der Salpeter auch viel gemeines Salz in sich hälte, beweiset obiger Versuch. Denn so bald man ihn im Wasser auflösen lasset, so senket sich ein Salz zu Boden wie ein Krystalle, und heisset reiner Salpeter. Das letzte ist ein brauchbares Kuchensalz. Der Salpeter aber sowohl als der Vitriol und der Alaun haben in sich eine Erde wie das Salz: oder vielmehr in der Erde stecken diese Stücke, jedoch in einer mehr und in der andern weniger, dergestalten, daß auch das durchströmende Wasser daher rühret und ein warmes Bad oder Gesundsheitbrunn heisset.

Zu Abach und zu Adlholz oder Aendholz sind gesunde Bäder zu finden; absonderlich ist das letztere ein Wildbad, so wieder das Reissen und Lähmen der Glieder so trefliche Dienst leistet, als das Wildbad im Dorfe Aign, 1. Stunde von der Stadt Salzburg entlegen, so allda aus einem Felsen entspringet. Das 1½ Stunde entlegene berühmte Wildbad, Heilbrunn wird wegen seiner guten Wirkung nicht weniger besucht als das Gesundbad in dem Salzburgischen Markflecken Gastein, so gewiß gut ist. Zu Neukirchen in dem Churfürstl. Markflecken Quillet ein im Jahre 1610 glücklich entdeckter Heilbrunn, welcher jenen, so an Händen und Füssen lahm sind, es seyen gleich Menschen oder Thiere, sehr dienlich ist. Um Tegernsee ist ein Wildbad. Sonst ist auch der Tegernseeische Heilbrunn St. Quirini bekannt. Ingleichen fliesset hier unweit der See gegen Occident, jenseits der Brunnenkapelle das bekannte Stein- oder Heilöhl, so ihm Jahre 1461 seinen Entsprung genommen. Bey der Stadt Wemding ist ein berühmtes Gesundbad und Brunnen, so für den Schlag, Gicht, übles Gehör, Blutspeyen 2c. gut seyn soll. Die Wässer zu Wemding, welche bey dem Feuer müssen gewärmet werden, nehmen auch die Taubheit und Wind in den Ohren weck, vertreibet die Wassersucht und ist nutzlich denen, welche den Harn nicht halten möchten. Nächst dem Dorfe Düzenbach, welches zur Grafschaft Wiesenstaig gehöret, trift man einen Sauerbrunnen an.

Ich hab schon gesagt, daß nicht alle Hitze und Wärme der Erde von der Sonne herkomme, sondern daß es unterirdische Feuer gebe, so wissen wir auch, das gefeiltes Eisen in Scheidewasser geworfen, ein siedende Hitze verursachet: Hierinne ist nun der Ursprung der warmen Bäder und mineralischen Gesundbrünnen, die man sonderlich an bergigten Oertern antrift, zu suchen.

Es

Es entstehet in der Erde aus Vermischung solcher Materien eine heftige Bewegung und also eine Hitze, so das vorbeyfliessende Wasser erwärmet, und demselben ihren Geschmak und ihre Heilungskraft mittheilet, wie denn in den Sauerbrünnen allerhand mineralische Körper aufgelöset sind. Man vermische Kalk, der viele alkalische Theile in sich hat, mit einer thonigten Erde, und setze es in die freye Luft, so wird Salpeter erzeuget werden. Nämlich sobald die Luft, zumalen an einem Orte, wo viele unsaubere Ausdämpfungen entstehen, das sauere Salz an sich gezogen hat, so setzet sich der Salpeter über den Kalke, oder an alten Mauern, in Gestalt eines Reifes, an, welchen man abschaben und sobald er ist im Wasser aufgelöset, ordentlich in Crystallen schiessen läßt. Auf gleiche Weise ist in dem Vitriol oder Kupferwasser sowohl ein saures Salz als eine metallische Erde anzutrefen nebst den sehr vielen wässerichten Theilen, welche in einer geringen Wärme davon fliegen. Auch der Alaun ist dem Geschmacke nach sauer, verschwindet in der Wärme fast ganz, welches seine wässerichte Natur anzeiget: und kann in chymischen Sachen anstatt des Vitriols so gut gebrauchet werden als der Vitriol selbst in Eisen oder Kupfer zusammengeschmolzen werden kann: wann man das geistige Wesen

sen ausdämpfen läßt, und es von den wässerichten Theilen befreyet ist.

Es sind nebst den obgedachten Mineralien in den unterschiedenen Schichten des Erdreiches auch viele Muscheln, Fischen, Schnecken und Kräuter, die man auf den höchsten Bergspitzen, nicht nur in der Schweitz, Schweden, in Böhmischen Gebürgen und in Meißnischen Gegenden, sondern auch in Bayern antriffet. Dieses beweiset ganz deutlich, daß das Erdreich, welches wir bewohnen, sehr vielfältige Ueberschwemmungen ausgestanden habe, ehe es in diesen gegenwärtigen Zustand gekommen ist. Wie denn unter dem obern Sande oft eine schichte schwarze Erde lieget, alsdenn Laim, dann Grieß; ferners rothe Erde, Thon, Kieß oder sonst etwas anders vorkommet. Unweit Abach werden Tafelsteine, worinnen unterschiedliche Schilderungen und Zierathen erscheinen, aus dem sich allda befindenden Steinbruche gebrochen: wovon die Figuren schwarz und röthlichtbraun, die figurirten Steine selbsten aber weis sind.

Der ohnweit Altmanstein oder dem Schlosse Randeck heimliche Gang unter der Erde ist wegen einem darinne herabtropfenden Wasser, wovon alles davon betropfte Holz inkrustiret wird, sattsam bekannt. Nämlich die herabtropfenden steinigten Theile, welche

sich

sich als kleine Keile in die Zwischenräumlein des Holzes eindringen, oder sich doch rings- um anhängen, verhärten dasselbe dergestal- ten, daß durch einen solchen Wunderbrunn das Holz in Stein verwandlet oder mit ei- ner steinernen Rinde überzogen werde, wor- zu doch auch ein Holz geschickter als das andere ist. Fast wie ein fressendes minerali- sches Wesen, dergleichen das Scheidewasser in sich heget, erstlich das Eisen verzehret, hernach an dessen Stelle Kupfer ansetzet. Dahero heisset es, dieser Wunderbrunn verkehret das Eisen in Kupfer, oder setzet doch Kupfer rings um dasselbe herum im Fall daß die Materie des Wassers nicht so fressend ist, aber doch metallische Theilchen bey sich führet.

Zu Aurbach bey Michelfeld werden auch denen Fremden verschiedene Steinklüfte, Gänge, und Höhlen gewiesen, so weit un- ter der Erde fortgehen. Man weis nicht wer sich zur Verfertigung derselben zu Ran- deck und zu Aurbach die Mühe gegeben: das glaubwürdigste ist, daß solche in Fed- zeiten und bey Streifereyen zur Verbergung, Sicherheit, und auch Rauberey grossen Dienst geleistet. Um Benediktbayern giebt es schöne Marmorbrüche und die hieraus- kommenden treflichen Stücken werden weit vertrieben, welche jenen nicht weichen, die

 in

in der benachtbarten Grafschaft Werdenfels gebrochen werden. Die Chiemseeischen Steinbrüche nebst den Feldern und Wiesen, so auf der Insel sind und dem Kloster Herrenwörth gehören, sind nicht minder merkwürdig. Zu Hochenburg am Inn, wovon das Schloß auf einem sehr hohen Gebürge erbauet ist, giebt es schöne schwarze Marmorbrüche. Zu Michelfeld nahe am Pegnitzwasser im Pfleggerichte Aurbach giebt es seltsame Steinfelsen in der Gegend herum. Um die Herrschaft Neubayern oder Neubeurn giebt es gute Schleifsteinbrüche. Auch zu Ohlstadt einem Dorfe ohnweit dem Kloster Schlechdorf, wohin selbes gehöret, giebt es Wetzsteinbrüche, welche weit und breit verführet werden.

Man findet nämlich in der Erde auch Steine, die man in die gemeinen und kostbaren einzutheilen pfleget. Von den ersten, deren einige entweder inwendig oder auch von aussen allerley Figuren zeigen, hab ich die Ursache schon angegeben. Wie sie in der Erde gemacht, lehret uns die Kunst in Verfertigung der Ziegel und Töpfe. Die Verhärtung des weichen Thones geschieht hier blos durch die Wärme, dadurch [illegible] Feuchtigkeiten als Dünste herausgetrieben, die irdischen Theilchen aber desto dichter [illegible]sammen gedrungen werden, wozu auch [illegible]

mit

mit klebrichten oder gar steinigten Theilen unter der Erden angefüllte Wasser durch zusammenleimung der Sandkörner und Verhärtung anderer lockerer Körper vieles beyträget. Die kostbaren Steine aber werden hierunter nicht verstanden, obschon auch die steinern Behältnisse, darinnen man sie findet, und deren Figur sie aufs genauist angenommen haben, klar zeigen, daß sie einmal weich, oder flüßig gewesen seyen, und daß sie ohne Zweifel ihre Farben haben von gewissen mineralischen Dämpfen, als womit man Gläser, auch durch die Kunst, durch und durch färben kann. Einige davon sind ganz durchsichtig und helle, wie der Diemant und Bergkrystall: andere sind farbigt, wie die Rubinen, Soupphire, Schmaragden rc. alle aber sind insgemein also beschaffen, daß sie nicht zerschmolzen werden können. In Bayern weis man auch von ihren Behältnissen nichts. Zu Stainach im Gericht Straubing erzeiget die Natur immerfort in ziemlicher Menge kleine Steinlein, welche so hell als der Crystall, sechseckicht, und ganz spitzig, gleichsam von der Kunst geschnitten, die Schärfe haben wie der Diemant das Glas zu schneiden. Menschliche Hände vermögen nicht soviel derselben aufzusuchen, daß nicht gleich wiederum einige gefunden werden. Vermuthlich giebt die vorhandene Erde oder was anders der Sonnenkraft eine ungewöhnliche Leichtigkeit ihrer Würkung hierinn zu haben. Und was noch ausserordentlicher ist, so werden grosser zerschlagener Felsenstein hinterlassene Stücke, wenn sie ein Jahr unter denen Sonnenstrallen liegen, gleichsam zu Stainmütter, oder Muscheln, in welchen dergleichen Seltsamkeiten wachsen. An einigen Oertern wird auch Schwefelkies gegraben, so nicht einerley Natur mit dem Salpeter, Vitriol, und Alaun hat, weil er sich nicht in Wasser auflösen, wohl aber im Feuer schmelzen und anzünden lasset.

Mit dem Schwefel kommen aber die Metalle übereins, nämlich darinne, daß sie sich schmelzen lassen, obschon sie weder Feuer fassen noch verbrennen könne. Hier zu Land giebt es einige Metalle. Um Amberg inn- und ausserhalb der Stadt trieft man Eisenbergwerke an, wessentwegen nicht nur sehr viele Leute als Arbeiter und Gewerke in die Eisen- und Schmelzhütten dahin gezogen, sondern auch die Einkünfte durch den daraus entstehenden guten Eisenhandel vermehret worden. Zu Bernstein in Niederbayrn am Wasser Ilsa gegen dem Böhmerwald sind schöne Glashütten anzutreffen. Das Goldbergwerk, so noch ziemlich edel ist, macht den Marktflecken Gastein berühmt. Zu

Got-

Gottesgab in der Oberpfalz nahe am Fränkischen Gränzen am Fichtberg und an dem Nabfluß trift man einen hohen Ofen und Eisenhamer an. Auf dem unweit von dem Hofmarke Inzl liegenden Rauschberge und Staufen, giebt es Bleybergwerke, so durch die Churfürstl. Kammer gebauet werden. Das Bergwerk zu Podenmaiß einem Hofmarke zwischen Vietach und Zwiesel ist nicht uneben. Es wird daraus Eisen- Kupfer- und Silbererz gewonnen, auch viel Kupferwasser gesotten, und ist ein beträchtliches Churfürstl. Einkommen: fast wie zu Raueris in Salzburgischen, wo man Bergwerke von Silber- und Kupfererz antrift. Im Inn und an der Donau wird auch Goldsand angetroffen. In der Grafschaft Wertenfels zeigten sich auch Silberadern.

Unterdessen daß nicht alle Bergwerke einerley Metalle geben, das zeigen verschiedene Länder, indem Schweden nur Eisen und Kupfer, Ungern Gold, Norwegen Eisen, Silber und Kupfer, das Harzgebürg und Meissen nebst den schlechtern Metallen, auch viel Silber, Engeland Zinn und Bley zu erzeugen pfleget. Dieses muß sonder Zweifel der verschiedenen Art und Vermischung der unterirdischen Materien, oder auch zugleich der verschiedenen Lage der Länder, im Absehen auf die unterirdische Wärme herrühren. Die

Metalle

Metalle obschon sie in diesem alle übereins-kommen, daß sie fast allen übrigen Körpern an schwere überlegen sind, als dem Holz, der Erde, und denen Steinen, so sind sie doch nicht alle von gleich dichter Natur, indem die angestellten Versuche uns lehren, daß, wenn das Gold 100 Grane wiegt, so wieget das Quecksilber dagegen $71\frac{4}{7}$, das Bley $60\frac{10}{19}$, das Zinn $54\frac{22}{77}$, das Kupfer $47\frac{1}{19}$, das Eisen $42\frac{2}{9}$, das Silber $38\frac{18}{19}$, das Wasser endlich nur $20\frac{5}{19}$ Grane. Der Geburtsort der Metalle sind die Berge, woraus sie gegraben werden: sie werden bekanntermassen aus den sogenannten Erzstufen durch die Gewalt des Feuer von den Schlacken abgesöndert. Die geringē Metalle werden durch das Scheidewasser, das Gold aber duech eine andere mineralische Mixtur, aqua Regia genannt, so gar aufgelöset, daß sie in unsichtbare Theilchen verwandelt werden. Einige von diesen Metallen sind starr und brüchig, wie Zinn und Eisen; andere hart und elastisch, wie Stahl und Silber, andere weich und biegsam, wie Kupfer, Bley, und Gold. Ja das Vergolden zeiget, daß sich das Gold auf eine unglaubliche Weise verdünnern und ausbreiten lässet. Zum klaren Beweise, daß die Theilchen des Golds nicht nur allein sehr genau zusammenhangen, sondern auch, da man sie mit keinen Vergrösserungsgläsern ent-

De-

decken kann, fast unendlich klein sind. Gleichwie aber, daß die Metalle in ihren andern Eigenschaften sehr von einander unterschieden, und nicht aus einerley Arten von kleinen Theilchen zusammengesetzet seyn, ihre Farben nebst ihrer ungleichen Dichtigkeit zeiget: also da wir zur Politischer Beschreibung des heutigen Churfürstentums Bayern schreiten, daß der Churbajerische Staatskörper aus dreyen Haupttheilen, nämlich dem Edlmanne, Burger und Pauer, und jeder Stand wieder aus verschiedenen Arten Mittelstände von kleinen Theilen bestehe, wird die Staats-Verfassung andeuten. Wir wollen ein Stuck nach dem andern nebst ihren Verfassungen in eine kurze Erwägung ziehen.

Ende des ersten Theils.